里親制度の史的展開と課題

社会的養護における位置づけと養育実態

貴田美鈴 *Kida Misuzu*

勁草書房

はしがき

全国の児童相談所において、二〇一八年度には一三万三、七七八件の児童虐待相談対応件数が報告されており、子どもが家庭内で親からの暴力を受け死亡する事件が社会問題となっている。中には、児童相談所が介入したにも関わらず、その後、親元に戻された結果、子どもが死亡する事案もある。児童相談所や学校・教育委員会の対応は適切だったのか、新聞紙上やテレビのニュースなどで議論される。

一方、児童相談所に保護された子どもたちがその後どのような経過をたどるかといったことまで、社会の関心が及んでいるとはいえない。こうした子どもたちを親の暴力や不適切な養育環境から保護し、養育するのは社会の役割であり、社会的養護という枠組みで制度化され、運用されてきている。その制度の一つが里親制度である。里親制度は一九四七年に児童福祉法に里親の定義が記されたことで発足している。欧米先進諸国では代替的養護として里親制度が重要な役割を果たしているが、わが国では長期的に充分に活用されていない。

二〇〇二年に戦後初めての大きな里親制度改正が行われ、里親制度拡充の方向性は示されたものの、里親委託は若干の増加傾向にとどまっている。そこで、厚生労働省は二〇一七年に「新しい社会的養育ビジョン」を発表し、里親等への委託割合を大幅に増やし、施設養護から家庭養護（里親等委託）への転換を加速させようとしている。

このように、里親制度の創設からの最も大きな変わり目を迎えている今だからこそ、里親制度の歴史と里親養育の実態に立脚した制度改革と制度運用が必要であると指摘したい。

本書は社会福祉学の立場から、戦後日本の里親制度について、その研究史、制度的変遷、そして里親の認識について論じたものである。歴史的な考察により、里親制度の過去と現在への連動性を明らかにし、将来を展望することを目指したものである。

目次

序章　里親制度の政策的変遷と実相を問う意義

第一節　問題の所在

本書の主題である里親制度とは、社会的養護施策の一つであり、保護を必要とする児童を「里親」と呼ばれる養育者に委託するというものである。

ところで、現代社会は子ども虐待や貧困に代表されるように、家庭において子どもは困難な問題に直面しており、不適切な養育環境下に置かれた子どもを救うために、その親子分離は避けられない場合がある。こうして生み出される要保護児童はなんらかの心の傷を抱えており、保護先で心の傷を癒せるような精神的安定や周りの大人との信頼関係を結ぶことが必要である。しかし、児童福祉における要保護児童の措置先は、現在まで大部分が乳児院や児童養護施設といった集団的な養育環境である。特に児童養護施設では、二〇人以上の集団生活を営む施設が全体の五割を占めており、定員が一〇〇人を超えるような施設もあることから、そうした環境で、心の傷を癒やせるような養育者と子どもとの個別の関わりを充分に持つことは難しいと考える。

一方、里親養育は、一般家庭という環境の中で、子どもとの個別的な関わりを持ちやすく、機能不全に陥った家庭に替わる適切な家族モデルを子どもに獲得させる機会をもたらすことができると期待されている。養育者が一組のカップル（あるいは一人）というように固定されていることで、年少児童であれば愛着関係を築きやすいと言わ

図序-1　登録里親数・受託里親数・委託児童数の推移

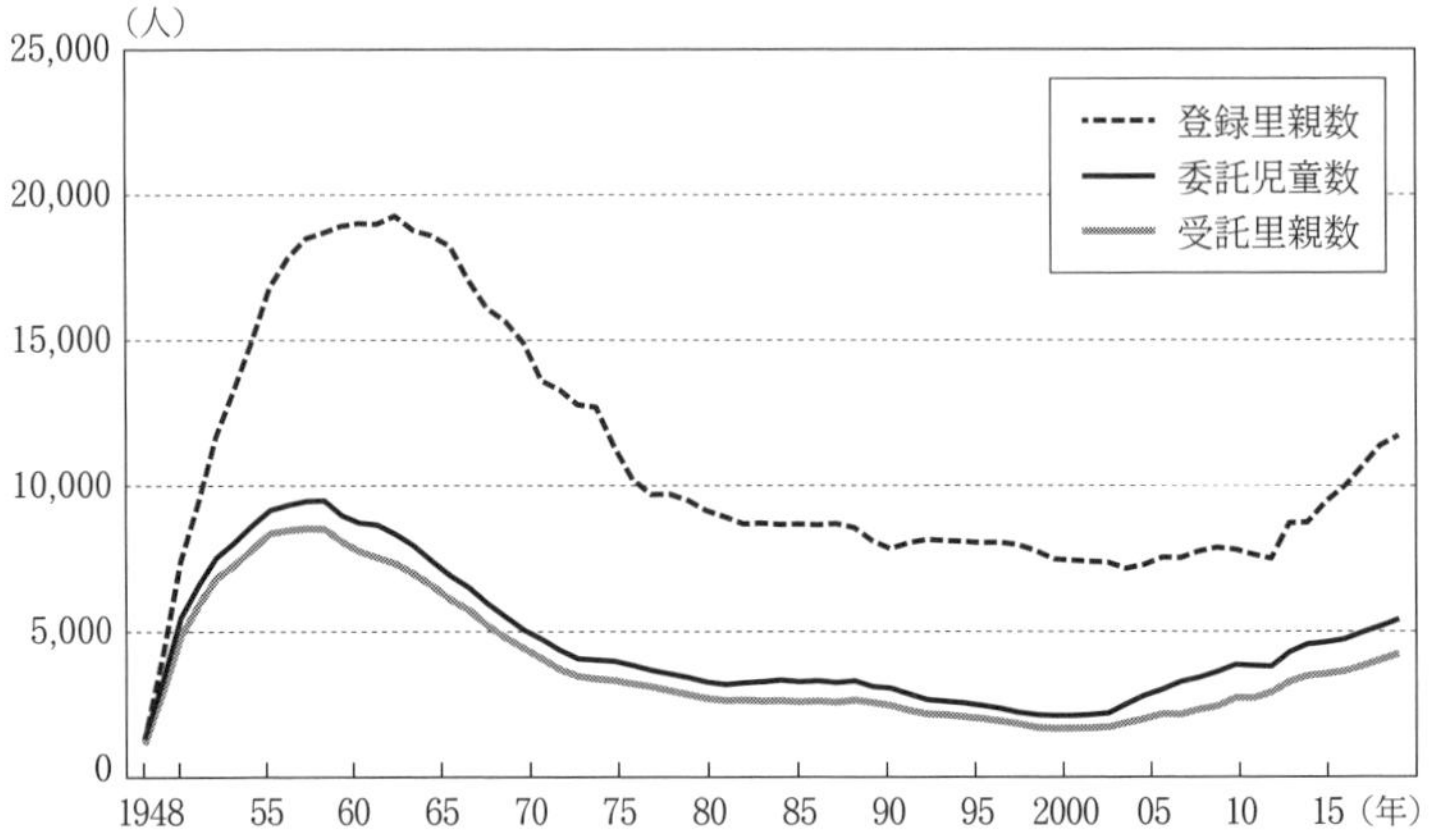

注：2009 年以降の委託児童数にはファミリーホームの入所児童を含む.
出典：各年度の福祉行政報告例より作成.

れている。年長児童の場合は自立に向けて、あるいは自立後も個別的な支援ができる可能性もある。このように、里親養育とは、要保護児童の保護先の中では家庭で育つことに一番近い環境であり、里親制度の活用には一定の意義が見いだされる。[1]

しかしながら、歴史的に里親制度は十分に活用されてきたとは言えない。それを端的に表しているのが、里親への委託児童数の推移である（図序-1）。委託児童数は、里親制度発足から一九五八年までは急激に増加し、九、四八九人でピークを迎えている。その後、漸減し、一九九九年に二、一二二人で最低値となった。その後、二〇〇〇年以降は上昇傾向に転じているが、二〇一七年における社会的養護を必要とする子どもの里親等委託率（社会的養護を受ける子どものうち、里親及びファミリーホームへの委託の割合）は一九・七％であり、社会的養護を必要とする子どもの措置先は施設措置に偏重している。

一方で、欧米先進諸国では、施設入所と里親委託の比率は日本とは逆に、里親委託の方が施設入所の比率よりも高いことを津崎哲雄（2009b: 182）は指摘している。この点について、野澤正子（1991: 100）が指摘するように、一九五〇年以降、ホスピタリズムの原因としての母性剥奪への反省やボウルビィ（Bowlby, J.）のアタッチメント理論が大きく影響し、欧米諸国では施設養護が縮小され、養子縁組や里親養護を中心としたものが急速に進められたのである。このような欧米諸国の動向とは異なり、日本には特有の里親制度の変遷があったと考えられる。では、里親制度は戦後日本社会においてどのような政策の下で、どのように位置づけられてきたのであろうか。本書はこの問いから始まったものである。

なお、政策主体とは、制度・政策を策定する主体であり、児童福祉を扱う本書においては、日本政府および、厚生省・厚生労働省を指すものとする。

第二節　研究の視点と目的

社会福祉の成立について、古川孝順（2005: 146）は「歴史的に先行したのは援助そのものであり、それがまず事業として制度化され、やがて政策主体によって掌握される」ことによると述べている。すなわち、里親制度は戦後の民主化されたわが国において、従前の活動としての里親の様態を取り込み、児童福祉法に位置づけられたと考えられる。こうして、里親制度は公的に位置づけられた児童福祉法と具体的な施策による制約の中で運用されることとなった。そこで、本書では、第一に政策主体が里親制度をどのように位置づけてきたのかに着目し、戦後日本の里親制度とその政策の変遷を振り返ることとした。

ところで、古川（2005: 147）は社会福祉の政策は制度として具体化されたものが、「利用者の利用対象として有用効果をもつためには援助として具体化されなければならない」、と制度と実際の援助の関係を規定している。さらに、古川（2005: 147）は援助活動について、「原理的には、政策的制度的規定のもとにありながらも、相対的にはそれに独自の行動原理を保ちながら駆動している」と述べ、「政策、制度、援助のそれぞれが持つ論理、行動原理の衝突、せめぎあいが不可避なものとなる」とし、「そのような衝突やせめぎあいのなかに社会福祉の内在的な発展をもたらす原動力」があることを指摘している。すなわち、児童福祉の援助の現場である里親家庭の実態が制度に規定された範囲に収まらないという情報がもたらされたとき、新たな政策が策定されることになる。さらにその政策は制度への転換、援助の具体化と進んでいくと捉えられる。このように捉えたとき、里親制度の今後のあり方を問う一つの方法として、里親養育の実態の中にある制度的制約と、その限界を明らかにすることが必要となる。そこで、本書では、第二に現在の里親制度下における里親養育の実態を分析し、里親の直面している問題を明らかにすることとした。つまり、里親制度・政策というマクロな視点からのアプローチと、里親の実態というミクロな視点からのアプローチによって、里親制度の課題を論じることとした。

　さて、里親制度の成立は後に詳しく述べるが、敗戦後の混乱の中、児童福祉法の制定において、要保護児童の保護、養育先の一つとして、わが国では初めて制度化された。本書は初めに、この戦後日本の里親制度の史的展開を検討する。

　ところで、社会問題の発生により、政府が対策の必要性を認識した時、それを政策課題として取りあげ、政策を策定し、さらに、策定された政策は制度として具体化されるものである。もちろん、問題が発生し、政策的対応が必要とされながらも放置されてしまう問題もある。すなわち政府はすべての社会問題を政策として取り上げるのではなく、選択的に問題を切り取り、策定するのである。[2] このような政策策定プロセスに関わる政策策定システムを構成しているものとして、古川（2005: 149）は議会、政府部局、行政庁の上層部、政党機関や議員、学識経験者、関係諸団体が中心となり、その外縁に位置し、大きな影響力をもつものとして、財界や業界、さらに各種のメディアを通じて意見を表明する世論をあげている。

そこで、本書では要保護児童の発生の背景や要因への政府の認識に、古川の指摘する政策策定システムがどのように関わったのか、そして政府がどのように解決していこうとしたのかに着目し、里親制度の変遷と、その背後にある政策主体の意図を検討することとした。このように捉えたとき、社会的養護施策の一つである里親制度の史的展開を明らかにするためには、それぞれの時期における政府の政策への規定要因はどのようなものであり、どのような意図をもって制度化してきたかを検討する必要が浮上してくる。あるいは、住民の要求などの社会運動および社会情勢が国に圧力を加えることによって、政府が認識を変化させ、政策を変更させることもある[3]。その政策に関わるような社会運動や社会情勢の変化がいつ起きているのか、またそれは政策の変更につながったのかを歴史的に検討することも必要である。

そこで、本書では初めに戦後里親制度の歴史的展開における政策的対応とその問題点、および里親制度の位置づけについて、以下の三つの分析課題を立て検討することとした。

一．里親制度・政策の変容過程において政策に影響を与えた社会的要因はいかなるものであったのか。
二．里親制度・政策の変容過程において政策主体の意図はいかなるものであったのか。
三．里親制度・政策の変容過程において里親制度の盛衰の政策的問題はいかなるものであったか。

この分析課題に応えながら、戦後日本の里親制度・政策の変容過程とその問題、および里親制度の位置づけを検討することとする。

次に本書は、里親制度の当事者である里親を中心に調査を行い、里親養育の実態と里親が直面する問題を明らかにすることにより、里親制度の課題を検討する。本書が制度・政策の史的展開に加え、当事者の実態とその支援について明らかにしようとしたのは以下の理由による。

社会福祉の領域においては、「利用者個々人や地域社会のかかえる具体的な問題を的確に認識するとともに、その解決をめざして処方箋を作成し、行動を起こすことが求められる」（古川　2005: 4）。あるいは、社会福祉研究について、中垣昌美（2000: 52）が「われわれは、社会福祉にかかわる社会諸制度の役割や機能について認識することをはじめ、その制度を活用する人間の生活実態をあるがままに観察し、分析し、そこに貫かれているなんらかの因果法則性を発見することをおろそかにしてはならない」と述べているように、社会福祉学において、人々の実態を分析し、解決を目指すことが求められているのである。また、真田是（2002: 23）は、社会福祉とは「社会問題としての生活問題を対象として対応する施策の一つなので、国民の生活実態が政策主体の政策決定に一定の影響を与える」と指摘している。このように、社会福祉学においては、人々の実態と政策との関係を追求することも求められている。そこで、本書では里親制度の課題を提示するためには、制度・政策面の検討だけでは不十分であり、里親制度の担い手である里親の里親養育の実態からの検討も必要であると考えた。

現状では、里親も里親制度も社会的には十分に認知されていない。さらに、里親家庭の状況について、厚生労働省は五年おきに調査しているが、これは統計的な量的分析であり、個々の里親養育の実態の詳細は見えてこない。そこで、里親、児童相談所職員など里親制度の当事者、関係者の語りの質的分析から里親養育の実態とその問題について、以下の四つの分析課題を立て検討することとした。

一．なぜ里親になるのか、その動機はいかなるものであり、里親開拓に繋げていけるのか。

二．里親や養親は社会的環境とどのような関係性をもっているのか。

三．里親や養親は自己の役割をどのように認識し、位置づけているのか。

四．里親や養親はどのような問題に直面し、どのようなサポートを必要としているのか。


上述の分析課題に応えながら、里親制度下における里親養育の実態を検討することとする。さらに本書の最後に、里親制度の変遷を踏まえた里親制度・政策の問題と、その制度下における里親養育の実態から見いだされた問題を対照することによって、今後の里親制度・政策を展望する。

第三節　分析の方法

本書は先述したように、制度・政策研究と質的研究という二つのアプローチによることから、それぞれの目的を達成するための方法について以下に述べる。

1　制度・政策研究

(1) 時期区分

里親制度の史的展開を検討していくにあたり、本書では、敗戦前後から現在までを以下の五つに時期区分する。

第一期は、第二次世界大戦末期から児童福祉法の成立、里親制度の初期形態が運用され始めた一九五五年頃までの里親制度の創設期である。この時期、里親委託数は上昇しており、登録里親に対する受託率は徐々に減少しているが、受託率五〇％以上を維持している時期でもある。

第二期は、一九五五年頃の高度経済成長期の開始から一九七三年の第一次オイルショックを経て一九八九年までの臨調行政改革下で、「公的社会福祉の後退」（真田　2002: 31）していった時期である。この時期の里親委託数は、一九五八年まで上昇し続けているが、それ以後、里親委託数は漸減しており、里親の受託率も五〇％を下回り、減少し続けている里親制度の衰退期である。

第三期はバブルの崩壊に始まる長期的な不況を背景にして社会福祉基礎構造改革が行われた一九九〇年から、里親制度改革といわれた二〇〇二年までの里親制度の見直し期である。この時期の里親委託数は、第二期から引き続き漸減し、一九九九年に最低値となり、その後、増加傾向を示している。

第四期は二〇〇三年を起点として、二〇〇四年と二〇〇八年の児童福祉法一部改正を経て、社会的養護の再構築が始動した里親制度の拡充志向期である。この時期の里親委託数も、徐々に増加傾向を示している。

第五期は国際的影響をさらに受け、二〇一六年の児童福祉法一部改正とその理念を受けた「新しい社会的養育ビジョン」の発表までの里親制度推進の加速期である。このように区分した理由は、社会経済状況や国際動向が、要保護児童政策に一定の影響を与えているからである。

(2)　分析資料

里親制度の史的展開を明らかにするために、第一に資料、第二に先行研究、第三に年表・表・グラフを基に歴史的な検討を加える。特に、資料としては以下のようなものを利用した。法令・通知、その他政府資料、政府実態調査報告書、政府刊行物、社会保障審議会及び研究会等の議事録及び報告書、行政の事業報告書、国会会議録、民間団体による実態調査報告書・要望書・刊行物等である。

こうした資料を利用するのは、滝村雅人（2003）によれば、「政策側の打ち出す各種対策やその根拠となる法令・通知等の存在とそのあり様の背景には、必ず社会福祉関係の審議会や研究会等の意見具申・答申・報告などが存在しており、これらによって、その時々の政策主体の対象認識と制度創設の理念・思想が明らかになる」といった意義が見いだされるからである。

本書では、巻末資料1に戦後の里親制度・社会的養護の動向に関する年表を、巻末資料2に児童福祉法制定後の里親制度に関する法令と調べ得た全通知の一覧表の二つの資料を作成・掲載した。また、政府統計等を基に新たに表やグラフを作成し、適宜各章に示した。

2　質的研究

本書の後半では、里親養育の実態の詳細から里親が直面している問題を検討し、里親制度の課題を明らかにすることを目的とした。そこで、里親および関係者へのインタビュー調査による質的研究を用いる。

質的研究について、フリック（Flick, U.　2007: 13）は、多元化が進んだ今日の世界においては、既存の考え方や、理論が通用しなくなってきており、複雑さを増している社会の関係性を解きほぐす上で、質的研究に意義が出てくると述べている。このフリックの指摘は、量的な調査研究の中にある有意味な情報を吟味し、適切に利用すると共

図序-2　里親家庭と社会的環境の関係構造モデル

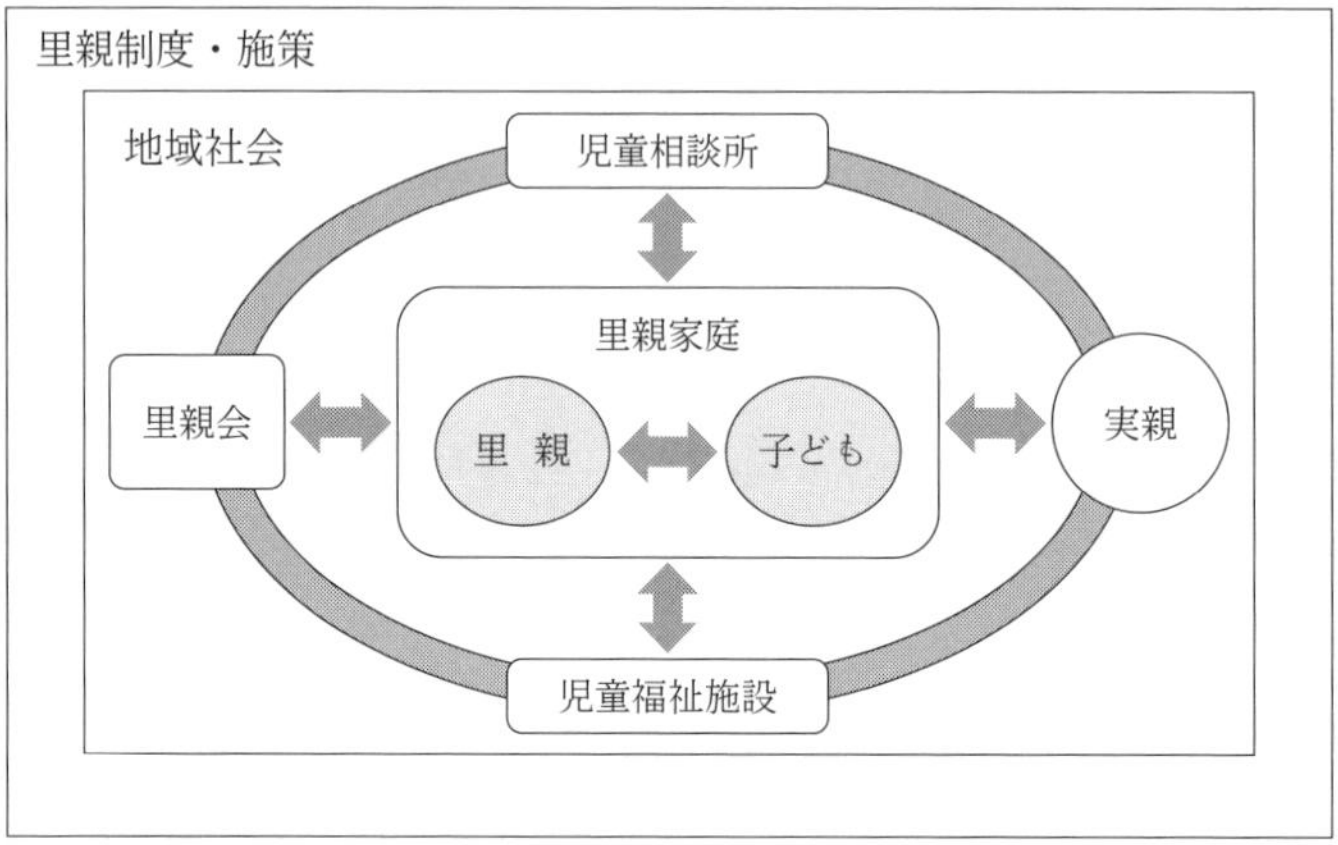

出典：筆者作成.

に、その量的研究の限界やその研究から抜け落ちたものが何であるのか、それを明らかにするために質的研究が必要であることを指摘しているのである。本書がインタビューによる質的な研究から、里親の実態に迫ろうとするのは、従来の量的調査研究の網からは漏れてしまった日常のディテールに重要性が見いだせると考えるからである。

　里親養育の実態を分析するにあたって、里親家庭とそれを取り巻く社会的環境の関わりに着目し、里親家庭と社会的環境の関係を構造化したモデル[4]を図序-2に示した。里親家庭は基本的には里親家族と委託児で構成される。その里親家庭を取り囲む関係組織は、個人として委託児童の実親、児童福祉施設、児童相談所、里親会がある。さらに、それらを含む地域社会があり、里親家庭に関わる社会全体を里親制度・施策が包含している。

　その第一の要素である委託児童の実親との関わりについては、実親が死亡あるいは行方不明、虐待など家庭復帰が難しい場合を除いて、子どもは実親家庭に戻ることが前提であり、実親との関係は何らかの形で続くものである。こうした過程の中で、里親は何らかの形で委託児童の実親との関わりを持つ場合がある。第二の要素である児童福祉施設は、里親とともに社会的養護の枠組みの中で、適切な養護を提供するために協力・連携しなければならない存在である。第三の要素である児童相談所は、措置決定機関として、また、措置後の相談機関であり、なおかつ、里親制度運営の中心的存在でもある。里親はしばしば児童相談所と協力して、里親サロンや勉強会の開催、啓発活動等を行っている。第四の要素である全国および地域里親会は、里親が会員となっている団体であり、里親の多くは各地域の里親会に所属しており、地域里親会は里親の互助的サポート機関である。第五の要素である地域社会は、近所付き合いや町内会など、日常生活の中では、必然的に接点がある。第六の要素である里親制度・政策は、里親養育を規定する制度的枠組みである。

以上の六つの要素を社会的環境と位置づけることとする。このように、里親養育は里親家庭における委託児童との関係だけに限局できないことから、里親と里親を取り巻く社会的環境を里親の認識から検討することの必要性が指摘できる。

第四節　社会的養護の視点と概要

1　子どものための社会的養護の視点

初めに里親制度を社会的養護施策としてどのように捉えるかを明瞭にしておく。

厚生労働省は、里親養育の意義について以下の三つを示している（厚生労働省　2011a）。第一は特定の大人との愛着関係が形成できることである。そのため、安心感、自己肯定感、基本的信頼感を育むことができる。第二は家庭生活を体験できることであり、将来、家庭生活を築く上でのモデルとすることができる。第三は家庭生活での人間関係を学び、地域社会での社会性を養い、生活技術を獲得できることである。

一方で、里親養育はリスクを包含していることも忘れてはならない。家庭には暖かく親密なイメージがあるが、ともすると外からは見えづらく、密室化しがちである。多くの虐待事例が一般の家庭内部で発生していることを踏まえれば、里親家庭にも虐待などのリスクはある。厚生労働省のまとめによれば、実際に、里親家庭とファミリーホームを合わせた虐待件数は、二〇一五年度が一一件、二〇一六年度が一三件であった（日本経済新聞社　2018）。

本書は「施設と里親とどちらがよいか」という優位性を議論しようとするものではない。とはいえ、「施設と里親とどちらがよいか」という対立は、現在まで何度も社会的養護の議論の中で繰り返されている。またこうした問いは日本だけではない。『世界のフォスターケア』の著者であるコルトンとウイリアムス（Colton, M. & Williams, M.　1997）は、以下のように述べている。

居住施設と里親援助機関との軋轢は長く、陰湿な歴史がある。通常なされる質問は、居住施設とフォスターケアのどちらが「よい」かということである。その答えは、どちらが「よい」というものではない。どちらにも有用性がある。たとえば、すべての子どもが養育者との親密な接触に耐えられるものではない。子どもたちの中には居住施設のほうがよく過ごせるものもいる。フォスターケアを用意することが必要な子どももいる。（中略）この特定の子にはどちらがよいかと問うだけである（Colton & Williams 1997=2008：470–480）。

このような個々人に必要な支援の姿について、古川（2005: 17）は、社会福祉を捉える視点の一つとして、「個別的支援性」の視点の重要性を指摘し、「利用者の課題を個別的、質的に捉えたうえで的確に提供し、その解決緩和をめざすところ」に社会福祉の特色が認められると述べている。こうした「個別的支援」の視点は社会的養護においても重要である。すなわち、大人の都合ではなく、その子には、どのようなケアが適しているのかを考える姿勢が、社会的養護に求められているのである。

2　社会的養護の枠組みと現状

社会的養護の体系の中で、本書が扱う里親と施設等について明確にしておく。厚生労働省が発表した「社会的養護の課題と将来像」報告書（厚生労働省 2011）によると、社会的養護とは、「保護者のない児童や、保護者に監護させることが適当でない児童を、公的責任で社会的に養育し、保護するとともに、養育に大きな困難を抱える家庭への支援を行うこと」と定義されている。このように定義される以前の社会福祉の用語辞典[5]と比較すると、「家庭への支援を行うこと」が新たにその概念に含まれている。この社会的養護を必要とする「親の養護困難または親による養育不能な状況とそこからくる諸問題の総体」（野澤 1980）を養護問題という。この養護問題の現実を鑑みれば、子どもの支援とともに、家庭への支援が必要であることは当然である。

社会的養護は、家庭養護と施設養護の二つに大別される。本書は家庭養護の一つに分類される里親を中心に論じるが、里親とは、①養育里親、②養子縁組によって養親となることを希望する者（以下、「養子縁組里親」）、③親族里親の三つに大別されている。養育里親は一般的な里親であり、養育里親研修を修了していることが義務づけられている。養育里親の内部類型として専門里親がある（児童福祉法第六条の四）。専門里親は専門里親研修の修了が義務づけられている。さらに、養育里親として三年以上の委託児童の養育の経験を有することなどの要件がある。その養育対象は、①児童虐待等の行為により心身に有害な影響を受けた児童、②非行等の問題を有する児童、③身体障害、知的障害又は精神障害がある児童である。養子縁組里親は将来養子縁組を行うことを希望する里親である。主として民法に規定される特別養子縁組を目的とし、一五歳未満[6]の子どもを対象とする。親族里親は要保護児童の扶養義務者及びその配偶者であるが、さらに要保護児童の両親等が死亡、行方不明、拘禁、疾病による入院等の状態となったことにより、これらの者による養育が期待できない要保護児童の養育を希望する者であるという要件がある。いずれの里親希望者も都道府県児童福祉審議会の意見聴取を受けて、親族里親以外は里親名簿に登録され[7]、親族里親については、認定という形をとる。

なお、本書において里親等と記載する場合は、里親とファミリーホームの両方を指す。ファミリーホームは、養育者の住居で一ホームあたり五～六人の児童を養育するものである。養育者が固定している点で里親と同様であるが、社会福祉法の第二種社会福祉事業に位置づけられている点が里親とは異なっている。

里親と同様に、子どもの養護を目的とする施設には、乳児院、児童養護施設（小規模グループケアと地域小規模児童養護施設を含む）がある。小規模グループケアは、一グループの児童定員が六～八人で生活するもので本体施設内にユニット型に設けられる形態である。地域小規模児童養護施設は、一施設の児童定員六人で本体施設の敷地を離れて、民間住宅を活用して運営するものである。

以上の里親や施設への措置は児童相談所が決定する。この決定に至る支援システムについて、図序‐3に示した。図序‐3は厚生労働省が示す地域における児童虐待防止のシステムである。この相談・通告・措置等の流れや、子

図序-3　地域における児童虐待防止のシステム

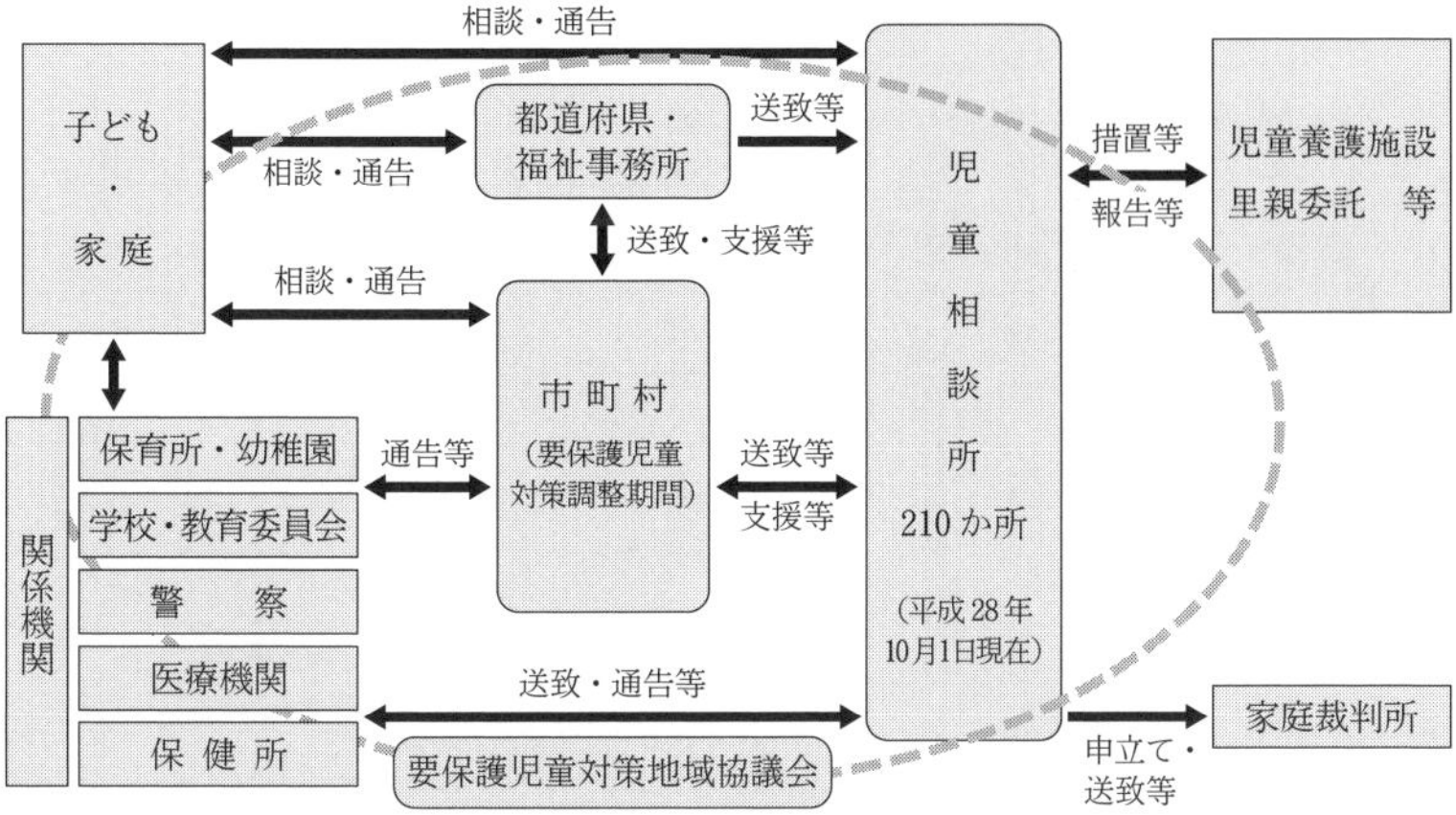

出典：厚生労働省（2017）『厚生労働白書』p. 189.

どもを守る地域ネットワークは虐待に限らず、さまざまな理由で保護を必要とする子どもへの支援システムでもある。その中で、児童相談所は市町村と共に、保護を必要とする子どもへの支援システムの中枢に位置する機関であり、社会的養護における重要な役割を果たしている。要保護児童対策地域協議会は、[8] 各市町村に設置され、医療・保健・福祉・教育等の関係機関による子どもを守るべき地域のネットワークである。児童相談所は虐待等の通告を受け、必要に応じて子どもの一時保護を行なう中核的役割を担っている。さらに親子分離が必要な場合、児童相談所は子どもを里親・施設等へ措置する。

　要保護児童は、児童相談所の判断によって、家庭養護や施設養護に委託、または措置される場合がある。二〇一七年度末現在の委託、または措置されている児童数は、家庭養護としての里親委託が、五、四二四人、ファミリーホーム委託が一、四三四人、施設養護としての児童養護施設に二万五、二八二人、乳児院に二、七〇六人が措置されている（二〇一七年度末福祉行政報告例）。また、これら四か所に委託・措置されている児童の内、里親等（里親およびファミリーホーム）に委託されている児童の割合である里親等委託率は、二〇一七年度末では一九・七％である（厚生労働省　2019: 23）。また、二〇一七年度末現在一万一、七三〇人の認定及び登録里親がいるが、実際に子どもを委託されている里親（受託里親）は四、二四五人である（二〇一七年度末福祉行政報告例）。すなわち、認定及び登録里親のうち四割弱の里親に子どもが委託されており、未委託の里親が多い。

以上の委託、または措置された子どものうち、被虐待児は里親委託児の三一・一％、乳児院児の三五・五％、児童養護施設児の五九・五％であった（厚生労働省　2013）。また、里親委託児の二〇・六％、乳児院児の二八・二％、児童養護施設児のうち二八・五％に何らかの障害がある（厚生労働省　2013）。このように、被虐待児と障害児は里親委託よりも施設措置される比率が高くなっている。

第五節　本書の構成

ここでは、本書の構成の全体像を示す。

第一章では里親に関する先行研究を歴史的に概観し、これまでの研究成果と課題を指摘する。

第二章から第六章は、各時期の里親制度をめぐる政策課題と政策意図に焦点を当て、それらに影響を及ぼした諸要因を分析することにより、戦後から現在までの里親制度の史的展開を検討する。

そこで、第二章では「里親制度の創設期」における児童福祉法成立過程において、「里親」という名称が児童福祉法に規定された経緯や、里親制度創設期の里親委託と児童労働の問題と、その政策的対応について検討する。

第三章では「里親制度の衰退期」に、国は里親制度をどのように位置づけたのかを厚生省の政策意図に焦点を当て、社会福祉政策の展開との関連から検討する。

第四章は「里親制度の見直し期」において、児童虐待の社会問題化と、児童の権利に関する条約（以下、「子どもの権利条約」）の批准が政策にどのように影響を及ぼし、二〇〇二年の里親制度改正に繋がったのかを検討する。

第五章は「里親制度の拡充志向期」における里親制度に関する国の認識と政策課題を検討し、どのような要因が二〇〇四年と二〇〇八年の児童福祉法を改正せしめ、里親制度をどのように位置づけたのかを明らかにする。

第六章の「里親制度推進の加速期」は、「児童の代替的養護に関する指針」[9]が国連総会で発表された二〇〇九年を契機として、里親制度をめぐり、どのようなことが議論され、政策的対応がなされてきたのか、また里親制度の位置づけがどのように変遷したのかを検討する。

第七章と第八章では里親への半構造化面接によるインタビュー調査の方法、結果、及びその考察を述べる。まず、第七章ではインタビュー調査の対象者、質的データ分析の方法、及び分析結果について述べる。第八章では第七章の質的分析から抽出した結果をもとに、里親養育の実態と里親制度の問題を考察していく。

終章では以上を総合的に考察し、本書の知見を提示する。さらに、現在の里親制度の今後の課題を論じ、今後の研究の課題を述べる。

本書の構成をまとめると、制度・政策研究から里親制度の史的展開という歴史を振り返り、里親制度の位置づけという視点から里親制度を総括するものである。さらに、質的調査によって里親養育の実態と里親の認識を分析し、里親制度の現代的課題を展望するものである。

注

1　二〇一一年三月に厚生労働省が取りまとめた「里親委託ガイドライン」では、里親家庭に委託することにより、①特定の大人との愛着関係が形成できるため、安心感、自己肯定感、基本的信頼感を育むことができる。②家庭生活を築く上でのモデルとすることができる。③家庭生活での人間関係を学び、地域社会での社会性を養い、生活技術を獲得できるといった三点が期待されるとしている。

2　中垣（1995: 16）は「社会福祉の現実においては、とりわけ政策対象として選別される一定の手続き過程をもっている。したがって、研究対象となったすべてが、社会福祉政策やサービスの現実的・具体的対象になるとは限らない」と述べている。

3　中垣（1995: 16）は「政策課題や目標の設定は、正しい科学的認識ないし実態把握によってではなく、住民の要求、請願、運動による若干の影響力（社会力）を認めることはできるが、それは政策策定サイドの限局的譲歩の結果によるものである」と述べている。

4　里親家庭と社会的環境の関係を構造化した場合、社会資源として、他にも、児童家庭支援センター、NPO法人等の民間の里親支援機関、医療機関、教育機関などをあげることができるが、本書では、図序-2にあげた社会資源に絞って論じる。

5　社会福祉協議会（1991）『社会福祉辞典』で大谷（1991: 228）は、社会的養護という社会福祉用語が内包している機能として、家庭の補完的・代替的機能を強調するとともに、その処遇における国家の責任に言及している。古川ほか（2007）『エンサイクロペディア社会福祉学』では、社会的養護とは、「要保護児童を保護、養育し、その自立を支援する仕組みが制度化された」ものであると定義し、「自立支援」という用語が登場している。

6　特別養子縁組の対象年齢を原則六歳未満から原則一五歳未満に引き上げる改正民法などが二〇一九年六月七日の参院本会議で、可決、成立した。制度見直しは一九八八年の導入以降初めてである。公布から一年以内に施行する（日本経済新聞電子版 https://www.nikkei.com/article/DGXMZO45816820X00C19A6CR8000/, 2019.6.11）。

7　親族里親以外は、五年ごとの登録の更新が必要であり、更新研修の受講が義務化されている。専門里親については二年ごとの登録更新が必要である。

8　要保護児童対策地域協議会は、二〇一六年四月一日現在、九九・二％の市町村に設置されている（厚生労働省 2017）。

9　代替的養護とは、alternative care の訳語であるが、「代替養護」あるいは「代替養育」と訳されることもある。厚生労働省は「代替的養護」、外務省は「代替的監護」と訳している。

第一章　里親研究の歴史的概観

本章では、戦後から近年までの里親制度および里親養育に関する先行研究（以下、「里親研究」）の動向を検討することによって、里親研究の成果と問題を明らかにし、本書の研究課題を明瞭にしたい。そこで、戦後から近年までの里親研究の文献を検討するために、国立情報学研究所の論文情報ナビゲータ（CiNii）と日本子ども家庭総合研究所データベースを用いて、「里親」「里子」「養子」というキーワードで文献を検索した。文献の選定にあたっては、著書、学術雑誌等（紀要・論文集等を含む）に発表された論文、及び調査報告書を対象文献とし、分析・検討を行うこととした[1]。

第一節　一九五〇年代の里親研究

1　児童労働への問題提起

三吉明（1963）の編著による『里親制度の研究』の文末には一九二四年から一九六三年までの約一三〇文献の目録が掲載されているが、その目録に掲載された研究についての言及はほとんどない。このように里親研究は一九六三年以前に一定の蓄積がなされてきたが、それらに対しての検討は充分になされていない。里親制度創設期である一九五〇年代までの里親研究を改めて検討する必要があるだろう。そこで、戦後から一九五〇年代の社会福祉分野の中心的専門誌『社会事業』に掲載されていた里親に関わる主な論文をまとめた（表1-1）。

初期の里親研究で最も目立つのは、里親制度創設時に戦前からの慣習を引き継ぐ形で進められた農村、漁村における里子村に関する研究である。酒井平（1948）は神奈川県の里子村を調査し、里親制度の変遷と現状を報告している。宮城県民生部児童課の鈴木道太（1950a, 1950b）は宮城県における里親制度は、「漁村の貰い子の風習に乗っかって展開し、家内労働力の補充というものであった」と述べている。こうした里親形態には児童労働を内包している場合も多く、それを問題視した研究が多い。芦立光之（1954）は宮城県の児童相談所の児童福祉司であるが、都市部のサラリーマン家庭では養子縁組の希望が多く、漁村では養子縁組したケースはなく、八歳以上の男児の委託が多いことを明らかにしている。そこで、こうした家族に労働力を求めるための児童移入は古くからの慣習であるが重大な問題であると述べている。

石井哲夫（1956）は集団里子村である山村の里子の調査を行っている。彼は里子にさまざまな心理テストを実施し、里子に特徴的に見られる特性をあげ、施設病に対応して、里親病と名付けている。この調査対象となった村は、労働力としての児童の受け入れを行っていたこと、またそのような背景が、里子の酷使と、それに伴って心理的、発達的に不利な状況をつくり出していることを指摘している。永井健二（1957）は里親の申し込みの理由の中に、農事手伝い、家事労働、子守など労働力の補給を目的とするものが多く、委託された子どもの自立のために養育していくような児童中心の考えで里親を希望するものが少ないことを問題視している。三吉（1959）は千葉県安房郡漁業地域の里子の実態を調査し、日本の里親制度が家内労働力の確保という役割をもっていることを否定できないが、そのあり方を見直すべきであると指摘している。また、こうした里子村における養育で、人格教育が可能であ

表 1-1　1948 年〜1950 年代に『社会事業』に掲載された里親に関する論文

	発行年	著者	『社会事業』に掲載された論文（巻／号）
1	1948	金城芳子	「東京都に於ける里子制の変遷と現状」31（8）
2		酒井平	「里子村調査報告―1―」31（8）
3		網野智	「里親制度の運営について――吾が国における里親制度―1―」31（11・12）
4		網野智	「里親制度の運営について――里親制度の運営について―2―」31（11・12）
5	1950	池末茂樹	「里親問題に対する一考察」33（1）
6		松島正儀	「里親制度の現状分析―1―」33（3）
7		松島正儀	「里親制度の現状分析―2―」33（4）
8		鈴木道太	「宮城県に於ける里親制度」33（9）
9		鈴木道太	「宮城県に於ける里親制度」33（10）
10		伊福部敬子	「里親委託問題二・三」34（9）
11		伊福部敬子	「一日里親の報告――養護理論確立への助言」34（6・7）
12	1952	神崎清	「警察官の証言について――里親制度と人身売買」35（7）
13	1953	大久保満彦	「里親・里子の諸問題」36（9）
14	1954	芦立光之	「里親・里子の問題」37（4）
15		海老名正吾	「児童福祉の目はどこへ向けられるか――里親の問題にふれて」37（4）
16		大久保満彦	「里親と児童」37（4）
17		高野栄次郎	「これからの施設と里親の在り方」37（4）
18	1956	石井哲夫	「里子村の診断」39（1）
19		飯原久弥	「里親制度の現状と問題点」39（10）
20	1957	永井健二	「里親・職親制度の問題点」40（5）
21	1959	三吉　明	「わが国における里親委託児童の問題――特に千葉県安房郡漁家里子の実態を中心として」42（3）

出典：筆者作成.

ると考えられている点についても検討されるべきと述べている。このように、戦前の風習を引き継いだ形で、里親制度創設当時から、農村漁村における里子を大量に受け入れていた、いわゆる里子村については、児童労働、酷使の問題だけでなく、子どもの発達や教育の問題をも内包していることを問題視していたことがわかる。

　次に多いのは、里

親制度に関するものであり、金城芳子（1948）は東京都の里親制度の変遷と現状を報告している。厚生省事務官であった網野智（1948a, 1948b）は里親制度の変遷と運営について報告している。養護施設園長であった松島正儀（1950b）は里親制度の現状分析を行い、里親制度を肯定する根拠の中に、児童収容施設不要論や、里親制度万能主義という考えがあるので、それは是正していかなければならないと述べている。高野栄次郎（1954）は当時、群馬県児童相談所長であったが、施設には専門家がいるのであるから、問題児など特殊児童を養育し、里親は素人なのであるから、比較的問題のない子を養育するという考えがあれば、両者間の困難性は解消すると指摘している。

また、里親制度運用上の実際の問題を指摘した研究も見られる。池末茂樹（1950）は児童福祉司であり、自分が取り扱った里親のケースについて児童と里親の問題を述べている。伊福部敬子（1951a）は宮崎県児童課長であったが、労働力をあてにする里親側の問題や、委託後の福祉司の事後補導を定期的にするべきであるなど里親制度運営の問題について述べている。さらに、伊福部（1951b）は「一日里親」をしたときの子どもの様子や施設職員の対応などを報告し、施設で育つことの問題を指摘している。神崎清（1952）は人身売買事件について、衆議院特別行政監察委員会が行った公聴会における警察官証言が里親制度に対して誤解を与えるものであり、その証言にもとづいた報告書にあやまりがあったことを指摘している。大久保満彦（1953）は宮城県中央児童相談所職員であり、不遇な児童を養育して社会に協力しようとする社会的意図を持つ里親は多くなく、里親委託後、失敗したケースも多いことから、行政上の便宜や里親登録者の希望や利益によって里親制度が利用されてはならないと述べている。大久保（1954）でも里親委託の失敗例と成功例を検討している。

その他、海老名正吾（1954）は神奈川県中央児童相談所長であり、里親申込者に対してはその動機よりも「何を欲しているのか」を正確に把握することの重要性を指摘している。また、里親開拓のために児童委員一人に一件の里親を開拓してもらうといった組織的な取り組みを提案している。飯原久弥（1956）は厚生省児童局養護課職員であるが、養護施設及び乳児院の保護児童と里親の保護児童の比重が八対二である現状から、委託児童の数が伸び悩みの状況であることと、現に児童を預かっていない人々が登録者総数の過半数であることを問題視している。

以下は、『社会事業』の掲載論文ではないが、山本正憲（1952a）は民法の研究者の立場から、養子縁組制度が児童福祉法の施行とともに児童保護的性格を強め、里親制度は養子縁組の試験期間的な性格をもって運用されていること等を検証している。さらに、山本（1952b）は里親制度の目的は第一義的には不遇な児童の養育であるが、副次的目的のひとつとして、労働力の補給源としての里親委託を指摘している。山本（1952b）はこの根拠として委託児童の八割前後が男子であること、一五才以上の者が二割前後を占めていること、里親の職業が農業・漁業・商業等、比較的年少者でも労働力となる職業が多くを占めていること、三人以上の子どもをもつ多子家庭に預けられていることをあげている。右田紀久恵（1958）は、里親制度が児童福祉法に規定され、一〇年が経過したところであり、従前の里親慣行を引きずったまま運用されており、法整備も不十分であり、かつ、里親制度は初期的な段階であるとし、里親制度が今後どのような効果を発揮するかは、今後の制度の運用にかかっている。そのために、理論的検証と実証的な研究を重ねていくことが必要であると述べている。野上芳彦（1963: 87–88）は一九四八年から一九四九年にかけて委託児童数が急激に増加した背景のひとつに、集団里子の慣習をもつ京都府洛北里親集落や洛南集落などの地域の人々が、児童福祉法施行以降にそのまま登録里親となったことを指摘している。

以上のように、一九五〇年代は、当時の里親村の状況や、里親委託と児童労働の問題や施設との関係について議論されており、歴史的な資料としては貴重なものである。しかし、研究は当時の状況を伝えているが、里親制度創設期の政策課題や政策意図についての言及は少ない。

第二節　一九六〇年代から一九九〇年代前半の里親研究

次に、一九六〇年代から一九九〇年代までの里親委託児童数が漸減していった時期の里親研究を検討する。[2] 表1-2にまとめたのは、一九六〇年代から一九九〇年代までの里親に関する主な書籍・論文・調査報告書である。一九六〇年代は六文献、一九七〇年代は六文献、一九八〇年代は一一文献、一九九〇年代は一二文献（以下、著書を含む）がみられる。このように一九六〇年代から一九九〇年代には、里親研究は非常に少ない。

1　里親制度確立のための問題提起

里親研究としてまとめられた書籍の中で最も古いものは『里親制度の研究』（三吉ら 1963）である。里親制度発足後の里親研究として初期段階の里親制度の動向及びその実態の集大成として位置づけられる。[3] 三吉（1963: 4）は、この児童福祉法施行後の一五年間の養護事業について「施設偏重のなかに経過してきた」と振り返り、「今後の発展方向は、児童の個別的保護の方向にある。そのことは、児童が家庭の中で保護されなければならないという原則の実践以外にはない」と述べている。さらに、この研究の目的を、「里親制度の関心を広く高め」、「里親制度確立のために配慮すべき問題点を明らかにしたい」としている。その後、『里親保護――その研究と実践』（小笠原 1967）が出版されている。小笠原平八郎（1967: 20–21）は「児童福祉法の中で、新しい制度として発足した里親制度も、その本来的な役割を果たすことができず、こんにちでは、まったく児童福祉の添え物的な存在に過ぎない」

表 1-2　1960 年代から 1990 年代の里親に関する主な研究

	発行年	編著者	書籍／論文／報告書タイトル	掲載誌／出版社
1	1961	加藤永一	里親の権利義務―その法律構成―	東北大学法学会
2	1963	三吉明［編］	里親制度の研究	日本児童福祉協会
3	1964	家庭養護促進協会	家庭養護の諸問題	日本生命済生会事務局
4	1964	右田紀久恵	里親の監護教育権能について	社會問題研究
5	1966	鈴木佳男	養子と里子 ※	国土社
6	1967	小笠原平八郎	里親保護―その研究と実践	川島書店
7	1971	松本武子	里親制度の運用に関する比較研究	日本女子大学紀要
8	1972	松本武子	児童福祉の実証的研究	誠信書房
9	1974	松本武子	北海道の里親制度――くるみ里親会と芭露部落	日本女子大学紀要
10	1972	伊藤友宣	親とはなにか	中央公論社
11	1977	松本武子［編］	里親制度―その実践と展望	相川書房
12	1978	右田紀久恵ほか	里親開拓のための「城東区民の児童福祉（特に里親制度）に関する」意識調査 ※	家庭養護促進協会・大阪市城東区社会福祉協議会
13	1980	松本武子	児童相談所と里親制度	相川書房
14	1981	池田由子	乳児院収容児の長期予後調査的研究―1―里子・養子になった子どもたちの予後について	精神衛生研究
15	1983	浅居喜代二ほか	里親開拓の可能性について ※	大阪府立大学紀要
16	1984	芝野松次郎	成人里子の生活と意識：里親家庭における親と子の追跡調査報告 ※	家庭養護促進協会神戸事務所
17	1985	松本園子	社会的養護の方法としての里親制度の検討（1）現行里親制度の発足の事情と問題点	淑徳短期大学研究紀要
18	1986	松本武子	里親制度に関する調査研究 ※	聖徳大学研究紀要
19	1986	花村春樹ほか	里親家族に関する研究（第 2 報）※	和泉短期大学研究紀要
20	1987	吉澤英子	わが国における里親制度の現状と問題点 ※	東洋大学社会学部紀要
21	1988	芝野松次郎ほか	新しい里親像を求める：里親家庭における里父母の生活意識調査報告 ※	家庭養護促進協会神戸事務所
22	1988	花村春樹ほか	里親家族に関する調査研究（第 3 報）―栃木県・大田原市及び塩谷郡氏家町における世帯訪問調査事例報告―※	和泉短期大学研究紀要
23	1989	畠中宗一	わが国における里親制度の現状と課題	中国短期大学紀要
24	1991	松本武子	里親制度の実証的研究 ※	健帛社
25	1991	花村春樹ほか	里親家族に関する研究（第 4 報）※	和泉短期大学研究紀要
26	1992	花村春樹ほか	里親家族に関する研究（第 5 報）※	和泉短期大学研究紀要
27	1993	豊福義彦ほか	里親家族の訪問調査報告（その 1）―里親制度に関する意識の研究―※	和泉短期大学研究紀要
28	1994	樽川典子	里親たちの親子関係序論―親子関係の解釈装置―	社会学ジャーナル
29	1996	亀島信也ほか	養育里親委託児童調査報告書 ※	日本社会事業大学社会事業研究所
30	1998	渡邊茂雄ほか	養育家庭での生活体験に関するアンケート調査報告書 ※	東京都養育家庭センター協議会
31	1998	網野武博ほか	里親制度及びその運用に関する研究 ※	日本子ども家庭総合研究所紀要
32	1999	櫻井奈津子	里親への支援のあり方に関する研究	和泉短期大学研究紀要
33	1999	益田早苗	わが国の里親研究の動向と今後の課題	青森県立保健大学紀要
34	1999	庄司順一ほか	里親の意識および養育の現状 ※	養子・里親斡旋問題の再検討と改革の提言
35	1999	庄司順一ほか	里親への支援のあり方に関する研究 2	日本子ども家庭総合研究所紀要

注：※ 印は質問紙調査を含む研究.

出典：筆者作成.

表 1-3　里親制度が未確立である理由

	三吉明ら（1963）	小笠原平八郎（1967）
日本社会の特質	・里親制度に対する誤解 ・わが国の家族制度に起因する封鎖性	
里親施策制度運用	・里親開拓方法の誤謬 ・養育費の低廉	・里親開拓が充分実施されていないこと ・施設が定員に満たされていない場合，里親を必要としないという考え方 ・里親委託する場合，措置変更の可能性が大きいと考えていること
里親	・里親の養護技能の不足	
研究		・里親保護に関する研究が少ないこと

出典：三吉明ら（1963），小笠原平八郎（1967）より作成.

と述べている。以上のような三吉らと小笠原の見解の背景には、里親の委託児童数が一九五八年に九、四八九人でピークを迎えた後、急激な減少が始まったという状況があった。三吉らと小笠原はともに里親制度が未確立であり、その役割を果たしていないことを問題としているが、両者がその理由として述べていることを表1–3にまとめた。

三吉は、日本社会の特質として、里親制度に対する誤解や家族制度に起因する閉鎖性があることをあげている。さらに、里親開拓方法の誤謬や養育費の低廉といった里親制度問題を指摘し、他方で里親自身の養護技能の不足も理由として述べている。小笠原は、里親と施設という関係に着目し、施設が定員に満たされていない場合、里親を必要としないという考え方が行政にあること、里親委託する場合、措置変更の可能性が大きいと考えられており、委託が消極的になるという問題を指摘している。また、里親開拓が充分に実施されていないことをあげている。さらに小笠原は里親保護（里親委託）に関する研究が少ないことを指摘している。以上から、一九六〇年代を代表する両者の研究は、里親制度の意義を重視し、里親制度未確立の状況から里親制度確立を図ることの重要性を指摘するものであった。

一九六四年に、家庭養護促進協会による『家庭養護の諸問題』が出版されている。その中で岡村重夫（1964: 9–32）は、里親制度・養子縁組制度・養護施設のそれぞれの問題点に言及している。里親制度の問題点として第一に、「里親」「里子」という名称について、「近代的な児童福祉の専門技術性になじまない」として、「施設養護」という用語に対応して、「家庭養護」と呼びたいとしている（岡村 1964: 19–20）。また、里親制度の意義を充分に見出しつつ、施設養護にも一定の理解を示し、施設養護の事業目的は、専門的、集団的治療を達成することであると指摘している（岡村 1964 : 29）。児童保護政策について、右田（1964）は、充分な里親支援を政策主体はうち出せず、児童保護政策における責任を放棄していると政策批判を展開し、現場を動かすための政策誘導の必要性を主張している。児童相談所の児童福祉司の立場から、鈴木佳男（1966）は養子縁組と里親委託の両方について、その実践記録として書籍を出版している。その中で、自分自身が関わってきた縁組後の養子や委託解除後の里子の追跡調査及び、里子を受け持っている学校の教師に対しても実際の訪問やアンケートで調査を行っている。一九五八年に実施された里子を受け持つ教師へのアンケート調査では「里子を、自家労力の一助と考えている里親が、かなり多いような気がする」などの回答があったことを指摘している。

2　里親制度発展への探索

一九七〇年頃から一九九〇年代前半にかけては、松本武子によって里親制度の研究が精力的になされている（松本 1971, 1972, 1974, 1977, 1980, 1986, 1991）。松本は、全国各地の児童相談所を訪問し、資料の提供を受け、里親担当職員や地元の里親に聞き取り調査を行った[4]。その結果、各自治体の里親制度の活用状況は児童相談所の里親制度運営への取り組み方によって大きく異なることを明らかにしている（松本 1972, 1977, 1980, 1986）。

里親制度の運用が不活発になった理由について、松本（1986）は、「家庭を奪われた子どもは家庭に似た環境で育てられるのが最も幸せであるという基本理念が、国、地方自治体、一般社会において見失われ、行政政策として施設養護の方針が強化されてきたこと」にあると指摘している。さらに、里親制度は「一九四八年公布の『家庭養育運営要綱』だけで過ごされ、児童福祉法が基本的に何ら改正されることなく、里親制度の運用の衰退傾向は『国民性によるところ』というような説明で、まるでやむを得ざる傾向として当局においても一般社会においても客観視されているような状態で歳月を経てきた」と批判している。

松本武子の研究と同時期に、里親制度や養子縁組の推進団体である家庭養護促進協会[5]の下で里親開拓の方法を探ることを目的のひとつとして、一般の人々を対象にした調査（右田　1978）、芝野松次郎による成人した里子の生活および里親養育についての調査（芝野　1984）、里親開拓を目的に養育家庭の意識と養育状況についての調査（芝野　1988）が実施されている。右田（1978）の報告書で家庭養護促進協会理事長であった岡村重夫は、「養護問題や養護児童に対する児童福祉サービス（社会資源）はきわめて固定的であり、限られたものに留まっている」と指摘し、「要養護児童も一般児童と同様に正常な家庭で育てられることが児童の当然の権利である」と述べている。報告書では里親制度を児童福祉におけるコミュニティ・ケア[6]・サービスの基本形態と捉え、地方自治体と地域住民がいかなる協力体制を築きあげるかを重視した点に特徴がある。里親制度が発展するためには、地方自治体と住民とのパートナーシップが重要であることを主張している。

里親制度が日本で本当に定着しうるかどうかを見定めることを目的として、浅居喜代二・白澤政和・和多田淳三（1983）は一般女性に対して調査を行っている。その結果、里親になる可能性を判別する場合、年齢階層、幼年期の家庭状況、同居観、社会福祉観、宗教観、帰属階層意識、生計中心者の仕事などが大きく影響することを明らかにしている。さらに、里親不振の原因を探りあてる適確な変数を見いだすためには、事例研究を通して、里親や里親経験者についての詳しい生活歴や深層心理的な要因を集積していく作業が重要であることを指摘している。

一九八〇年代半ばから一九九〇年代前半にかけて花村春樹・豊福義彦・二階堂ひさ子（1986, 1988, 1991, 1992, 1993）は、栃木県と福岡県の一地域の住民や里親家庭を対象に意識調査を実施している。この一連の研究は、子育て観や福祉意識などから、わが国の里親制度の発展には、里親制度の見直しや条件整備も重要であるが、基本的には地域住民の社会福祉意識を高めることが必要であると考察している。また、家族社会学の立場から、樽川典子（1994）は、里親に聞き取り調査を行い、そのデータから里親たちが親子関係をどのように捉えてきたかを検討し、里親たちの価値観・考え方の変化を整理している。

以上のように一九七〇年代から一九九〇年代半ばまでは、いくつかの研究や実態調査が行われている。これらの調査は、里親開拓の模索、里親養育の成果と問題、各自治体の里親制度の運営格差など、それぞれ異なる視点から里親制度を考察し問題を提起しているが、いずれの研究も、里親制度が徐々に活用されなくなっていることへの問題意識、あるいは危機感といったものを背景にしていた。

図1-1　里親に関する研究数の年次推移

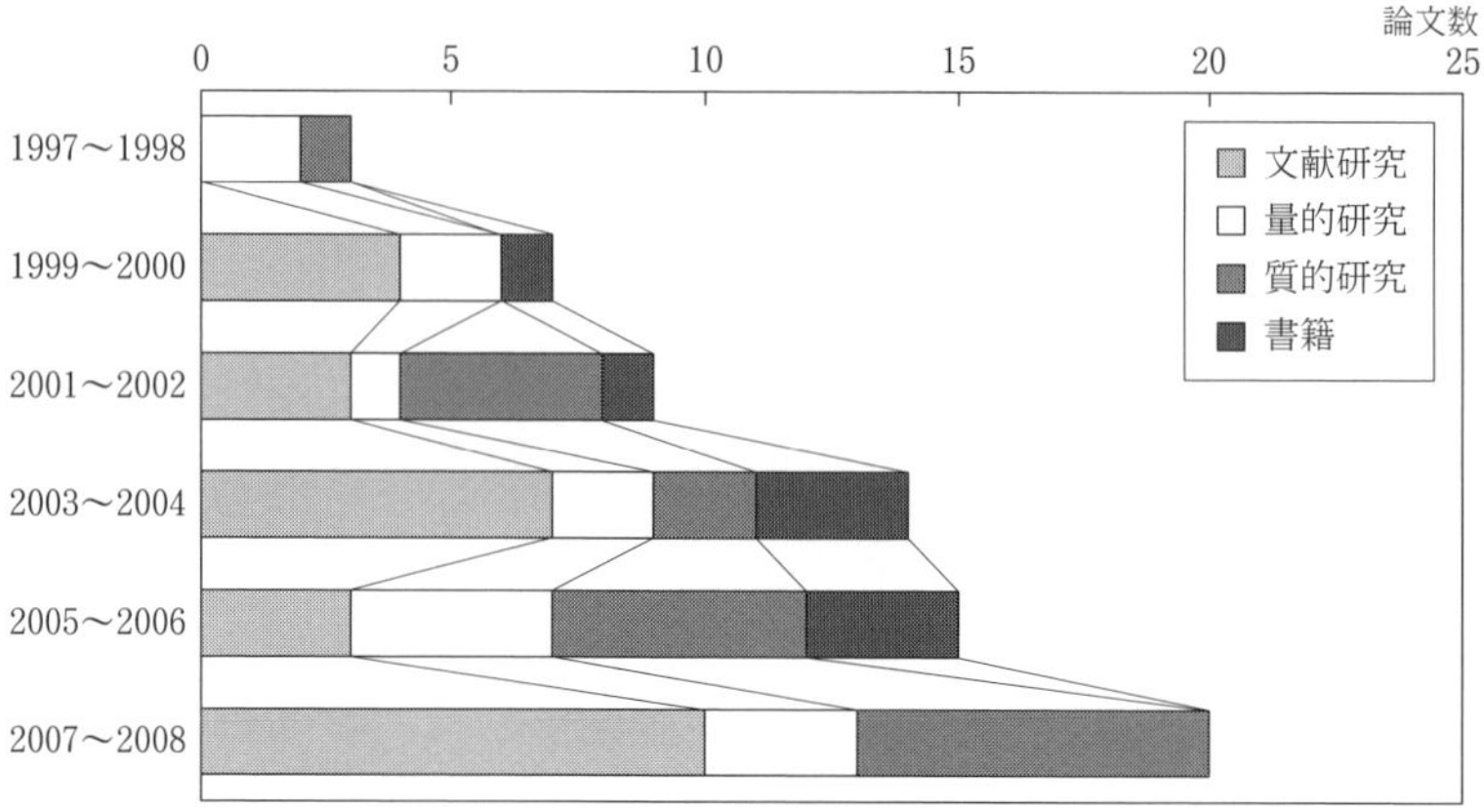

出典：筆者作成.

第三節　一九九〇年代後半〜二〇一〇年の里親研究

1　研究数の増加と多様化

一九九六年以前の里親研究は非常に少なく、一九九六年から五年さかのぼっても、五本の論文のみであるが、一九九七年から徐々に増加し始めている。そこで、一九九七年から、戦後初めての里親制度改革が行われた二〇〇二年を中間点として、児童福祉法一部改正があった二〇〇八年までの一二年間の里親研究の年次推移を図1−1にまとめた。

一九九七年からみられる里親研究の特徴は、第一に全体的な研究数の増加であり、二〇〇八年までは右肩上がりに増加している。

第二の特徴は、二〇〇五年以降に質的研究[7]の数が量的研究の数を上回っていることである。質的研究では、里親と委託児童の関係を家族関係や親子関係として捉えることにより、量的な研究だけでは明瞭にはならなかった両者の意識や関係性がより詳細に記述されるようになった。

第三の特徴は、二〇〇〇年頃から里親に関する研究書や一般向け図書の出版が増加したことである。中でも、庄司順一（2003）は二〇〇二年里親制度改正までのわが国の里親制度・里親養育研究の集大成として、多方面から里親制度と里親養育を解説している。和泉広恵（2006）は里親へのインタビューを行い、家族社会学の立場から家族とは何かを問いかけた。湯沢雍彦ら（2004）は里親制度の国際比較をまとめている。また、汐見稔幸（2001）は里親制度の歴史を、家庭養護促進協会（2004）は子どもの養育について、湯沢（2005）は里親制度の入門書を出版した。研究者による出版だけでなく、ノンフィクション作家などによる一般向けの出版も相次いだ。例えば武井優（2000）は元里子のライフヒストリーをまとめ、村田和木（2005）は里親家庭の実態をルポルタージュした。自身が里親である坂本洋子（2003, 2004, 2008）の出版もあった。こうした書籍の出版は、里親制度への啓発書としての役割を担っている。

量的研究を検討してみられた第四の特徴は、一九九〇年代後半以降、全国的な実態調査が行われるようになり、二〇〇〇年代も継続していることである（網野ら 1998, 庄司ら 1999b, 湯沢ら 2003, 澁谷ら 2005, 小山ら 2007）。以上の研究の詳細は後述するが、これらの研究は、厚生労働省や日本子ども家庭総合研究所、[8] あるいは子ども未来財団の研究補助を受けた全国規模の量的研究であった。この時期は、一九九四年の児童福祉審議会による「児童の健全育成に関する意見」、一九九六年の「中央児童福祉審議会基本問題部会中間報告書について」の中の「少子社会にふさわしい児童自立支援システムについて」など、里親制度の適切な運用の見直しが浮上してきたことが背景にあった。以上のように、一九九八年以降に発表された里親研究は厚生省の里親見直しの動向を反映したものであった。一九九八年以前の里親研究のほとんどが、個人や民間里親支援組織による地域限定の研究であったこととは異なっている。

次に、里親研究における調査対象者の分類を示したのが表1-4である。表1-4に示したように調査研究で最も頻繁に調査対象とされているのは、里親家庭であり、意識調査や実態調査が多い。児童相談所を対象として、里親制度の運用実態や職員の意識調査も行われている。里親会や民間里親機関に対しては、里親研修の実態が調査されている。また、委託児童や元委託児童を対象とした質的調査も始められている。一方、社会的養護のあり方として里親と施設の連携の重要性が指摘されているが、乳児院や児童養護施設がどのような連携を里親と取っているのかをテーマとして施設またはその職員を対象とした研究は少ない。さらに、実親を対象とした研究はみられない。

2　里親に関する研究の主題

次に、里親研究を主題別に、「里親制度」に関するものと「里親への援助・方法」に関するものに分類したのが表1-5である。さらに、「里親制度」に関するものを「支援体制／里親研修」、「歴史／位置づけ」、「国際比較」に分類した。「里親への援助・方法」に関するものを「家族関係／親子関係」、「里親養育のあり方」、「委託児童の成長／養育過程」、「アタッチメント形成」、「里親活動」、「施設の里親支援」に分類した。以下、この分類をもとに、里親研究を検討する。

(1)　里親制度の歴史と位置づけ

丹羽正子（2003）は戦災孤児保護政策の策定過程を追い、里親制度が児童福祉法に規定される経緯を明らかにし

表 1-4　里親研究の調査対象者別分類

研究協力者	件数	研　究
里親／里親家庭	24	庄司ほか（1999a），益田ほか（2001），和泉（2002），御園生（2001，2002，2007），湯沢（2003），嶋崎（2004），木村（2005），庄司（2004），澁谷ほか（2005），木村（2005），村田（2005），森本ほか（2006），木村ほか（2006），松本な（2006），山口（2007），左高（2007），森（2001，2008），金山ほか（2008），打土井（2006），庄司ほか（2008），園井（2010）
児童相談所／所管課	7	網野武ほか（1998），庄司ほか（1999b），湯沢ほか（2003），澁谷ほか（2005），酒井（2005），左高（2007），庄司ほか（2008）
委託児童／元委託児童	4	渡邊ほか（1998），松本な（2006），山口（2007），御園生（2007）
里親会／民間里親機関	4	庄司ほか（1998），庄司ほか（1999b），庄司ほか（2000），小山ほか（2007）
乳児院／児童養護施設	3	網野武ほか（1998），庄司ほか（2004），松本な（2006）
海外関係機関	2	庄司ほか（1998），伊藤（2004）

注：ひとつの論文に複数の調査協力者が含まれている場合，その研究は複数の領域に分類した．

出典：筆者作成．

表 1-5　里親研究の主題別の分類

研究の主題	件数	研　究
里親制度	49	
支援体制／里親研修（援助システム）	22	網野武ほか（1998），庄司ほか（1999b），櫻井（1999），庄司ほか（2000），益田ほか（2001），湯沢ほか（2003），堀場（2003），津崎（2005），梅澤（2004），木村（2005），澁谷ほか（2005），酒井（2005），福地ほか（2005），木村ほか（2006），岩波（2006），小山（2007），真鍋（2007），岩本（2007），左高（2007），松本佑ほか（2007），庄司ほか（2008），福丸（2011）
歴史／位置づけ	18	益田（1999），益田ほか（2000），瀬下（2000，2001），丹羽（2003），本山（2003），小堀（2005），宮島（2006），木村（2007），古川隆（2007），田中（2008），辰巳（2008），本山（2008），貴田（2007，2008，2009，2011），坂井（2010）
国際比較	9	庄司ほか（2001，2002），ウィリアムス飯久保（2003），湯沢ほか（2004），伊藤（2004），大谷（2004），梅澤（2004），酒井（2005），庄司ほか（2008）
里親への援助・方法	22	
家族関係／親子関係	8	渡邊ほか（1998），森（2001，2008），嶋崎（2004），御園生（2001，2007），和泉（2002，2006）
里親養育のあり方	6	庄司ほか（1999a），木村（2005），松本な（2006），庄司ほか（2008），金山ほか（2008），園井（2010）
委託児童の成長／養育過程	3	森本ほか（2006），金山ほか（2006），森本（2007）
アタッチメント形成	2	平田（2006），山口（2007）
里親活動	2	打土井（2006），吉田菜（2008）
施設の里親支援	1	庄司ほか（2004）

注：書籍は分類対象としていない．ひとつの論文に複数の主題が含まれている場合，その研究は複数の領域に分類した．

出典：筆者作成．

た。宮島清（2006）、木村容子（2007）は里親制度や里親制度運営を社会的要因との関連とともに歴史的視点からも論じ、里親制度の位置づけや役割について考察した。貴田美鈴（2007）は政策主体の意図という視点から、政策主体が里親制度を社会的養護政策の中にどのように位置づけようとしたのか検証した。さらに、貴田（2008）は二〇〇二年の里親制度改革に至る過程を一九九〇年以降の社会的要因との関連から分析している。

以上の研究は、里親制度を中心とした社会的養護政策に対する批判的視点をもち、制度策定過程にまで踏み込み、国に対して変革を要請しているという点で重要である。しかし、里親自身が認識する里親の社会・制度的役割や位置づけという視点からの研究はない。

（2）里親への支援体制と里親研修

里親制度の活用が不充分である背景・原因を探り、今後の方策や里親制度のあり方を検討することを目的に、網野武博ら（1998）は児童相談所と養護施設に対して全国調査を実施した。[9]その結果、児童相談所を対象とする調査からは、①養育里親と養子縁組が一体になっている現行制度では、純粋に福祉的視点から里親制度を推進することに限界があること、②里親委託の満二〇歳までの延長については積極的見解がみられたことが報告されている。児童養護施設への調査では、里親の資質、専門性や適性の向上、並びに児童相談所の協働体制が必要であることが主張されている。

また庄司ら（1999b）は四ヵ所の自治体を対象に里親研修の実態調査を行い、里親としての経験やニーズが異なっているため、一律の研修では対応できないことを報告している。庄司ら（2000）は一九九九年度に実施された里親研修に関する実態を明らかにするために、全国の里親会事務局を対象に郵送調査を実施した。その結果、研修の参加状況は登録里親の四〇％未満であり、里親研修は活発ではないことが明らかになった。小山ら（2007）は里親研修の実態を庄司ら（2000）の調査と同一項目で調査し、庄司ら（2000）と比べて、研修時間数が増加し、内容についても施設の状況や子どもの家庭背景などの科目が増加していたことを報告している。

二〇〇二年に専門里親と親族里親が創設されたことを受け、里親種別の支援体制や里親研修の研究がみられる。例えば、専門里親については、澁谷昌史ら（2005）は全国の児童相談所職員と専門里親研修を修了した者を対象として質問紙調査を行い、里親の量と質の両面から被虐待児を受託できる里親の絶対数が少ないこと、児童相談所における里親支援体制の不充分さを報告している。木村ら（2006）は専門里親への関心度の高い養育里親を潜在的専門里親群と捉え、その潜在的ニーズを検討した。その結果、里親が活用してきたサービスなどの資源には偏りがあり、専門里親が活用しうる社会資源の情報提供システムを構築する必要があると主張している。親族里親の創設後五年が経過したことを受け、庄司ら（2008）は全国の児童相談所に対して親族里親と季節里親の運用状況を調査した結果、双方とも自治体による格差があり、親族里親の運用は全体的に消極的であることを報告している。

そのほかにも運用や支援体制に関する問題点を指摘する研究は多い。益田早苗・浅田豊（2001）は里親が児童相談所職員の勤務態勢や対応に不満をもっていることを報告している。左高美鈴（2007）は児童相談所の里親担当職員が里親委託を進めていきたいと思いながらも、里親委託は施設措置よりも労力を要するために委託が進まないと感じていることを示した。津崎（2005）は宇都宮里子傷害致死事件[10]を取り上げ、わが国には専門的ソーシャルワーク支援に基づく里親委託制度が存在しなかったことを指摘している。そのほか、里親委託が進まない主な要因のひとつとして、児童相談所の職員がマッチングに長けていないこと（梅澤彩　2004）、マッチングシステムの機能不全（田中久子　2008）、日本では養育里親認定アセスメントに関する研究がほとんど皆無であること（酒井流美　2005）

などの指摘がある。

里親と行政が共に中心となった里親活動について報告した打土井歳幸（2006）は、地域で里親を支えていく仕組みを構築していくことの必要性を述べている。行政や里親会とは別組織で「純粋な自発・発展型」である里親同士のセルフヘルプ・グループ活動[11]の一〇年間の展開を吉田菜穂子（2008）は紹介している。吉田はこのセルフヘルプ・グループ活動の継続が里親への児童相談所の情報開示や、協働の方向へ姿勢転換させる原動力になったと述べている。

里親研修プログラムを検討するために、福丸由佳（2011）は、心理教育的介入プログラムCARE（Child-Adult Relationship Enhancement）を里親に向けて実践し、里子との関係を築く際に、有効なコミュニケーションについてロールプレイを中心に行った。その結果、里子との関係を築くのに困難を抱えることが少なくないと予想される里親に向けた研修プログラムとして有用であると報告している。

以上、里親制度運用と支援体制に関する研究から、里親の種別による運用状況、及び里親の抱える問題はさまざまであることが示された。今後は里親の種別にその役割や位置づけを整理し、その特徴を生かした運用を図ることが必要である。児童相談所については、里親と委託児童とのマッチング、養育里親のアセスメントなど、専門的な援助技術（ソーシャルワーク）の不充分さが明らかにされている。また、セルフヘルプ・グループ活動に関する研究は少なく、里親が当事者主導で行う活動についての実態把握や研究は発展途上であった。里親研修についてもより有効な研修が行われるために、今後もさらなる研修方法の開発が求められている。

（3）国際比較

庄司ら（2000）は九〇年代の欧米における里親養育研究の動向を検討し、里親養育の課題のひとつとして、社会的養護を受ける子どもと実親との関わりを検討する必要性を述べている。ウィリアムス飯久保蔦枝（2003）は社会文化的視点からイギリスと比較し、わが国で里親制度を推進するためには、親となる男女が子育てを共同でやっていく方策を考えることや、里親の社会的承認についての方策などを課題としてあげている。伊藤嘉余子（2004）もイギリスとの比較から、わが国の里親研修の回数が顕著に少ないことや、児童相談所の家庭訪問回数が少ないことを報告している。また、大谷まこと（2004）はカナダとの対比において、カナダでは、子どもと里親とを別個の当事者として位置づけているが、日本では子どもと里親を疑似親子関係とみるため、ワーカーなどが里親家庭への介入を控えており、里親家庭における虐待の犠牲者が増えることを危惧している。

以上の国際比較研究からは、里親委託を検討する場合、社会文化的な側面や、委託児童に対する里親の存在の位置づけ、子どもと実親との関わりなどを検討しなければならないことが示唆された。

（4）里親養育

里親養育に関する研究には、養育家庭での生活調査（渡邊茂雄ら　1998）、里親意識と児童養育調査（庄司ら　1999a, 益田・浅田　2001）、被虐待児受託里親への調査（湯沢ら　2003）、里親登録者あるいは登録申請者への調査（木村　2005）、児童福祉施設と里親へのパートナーシップに関する調査（庄司ら　2004）、専門里親への調査（澁谷ら　2005）など、アンケートによる実態調査（一部自由記述も含む）がある。

以上の研究は、主として量的な調査研究であるが、社会福祉学の視点から里親養育の質的な分析をした研究がある。例えば、森本美絵・野澤（2006）は里子の成長過程を継続的に分析し、社会的支援の必要性を述べている。また、松本なるみ（2006）は成人した元里子、里親、施設職員を対象にインタビュー調査を行い、社会的養護の中においても、子どもの養育に必要なことは普通の家庭の暮らしであると述べている。森和子（2001）はエコロジカルアプローチの視座から、里親家庭の親子関係を分析し、児童相談所において効果的な里親委託をするための援助システムを提案した。さらに、森（2008）は一人の里母の語りをライフヒストリーとして構成し、その語りから里子にとって里親委託された意義は、里親と親子としてともに生きた経験がその後の人生を支えていたことであると考察した。

そのほかに、社会学、心理学、医療などさまざまな立場から、里親家庭をひとつの家族と捉えた事例研究や語りを分析した質的研究も増加している。嶋崎惠子（2004）は、質的心理学の立場から、里親が養育に対して負担を感じたり子どもへの拒絶感を抱いたりするなど不完全な部分を認めることで、子どもが「いい子」でなくてもありのままを受け入れることができたと述べている。福地成・前垣よし乃・氏家武（2005）は地域医療の見地から委託児童について症例を検討し、里親家庭に対して適切な医療の提供が行われることの必要性を示している。また、金山佐喜子・金山元春（2006）は子どもの特異的行動への家族の対応の分析を行い、里親養育を臨床心理学的に考察することの重要性を指摘している。山口敬子（2007）は里親と里子のアタッチメント形成という視点から里親と元里子へのインタビューを分析し、里親委託におけるアタッチメント形成とその保障に向けて、里親委託業務を児童相談所から児童福祉施設やＮＰＯ法人等の民間団体へ委譲する必要性を主張している。御園生直美（2007）は臨床心理学の立場から里親夫婦とその里子のそれぞれの語りを分析し、子どもの家族関係の認識は、子どもが里親家庭に委託される前の生育歴によって大きな違いがみられることを示した。この研究は、現在委託されている子どもを協力者としている点が画期的である。和泉（2006）は家族社会学の立場から、これまでの里親研究には、「里親家族を継続していくために公的支援をいかに行うべきか」といった限定的な課題が持ち込まれていたために、「支援」には直結しない個別性を大きく反映した語りには関心が向けられてこなかったと述べ、里親の個別的な差異に着目して分析を行っている。

このように、里親と委託児童の関係を親子関係や家族関係として捉えた質的研究により、量的な研究だけでは明瞭にならなかった里親里子相互の意識や関係性をより詳細に記述することによって、里親養育の課題が明らかにされつつある。里親養育に関する質的研究を検討したところ、里親と委託児童との関係を中心にした分析がほとんどである。しかし、里親養育は委託児童との関係だけに限局されるものではない。むしろ、社会的環境との関わりの中で営まれている側面も重要と捉えられるが、社会的養護のシステム内における里親の社会的関係について検討した研究は非常に少ない。今後の課題としては、里親と委託児童の実親との関わり、里親と児童相談所や施設などの関係機関との関わり、里親会との関わりなど、里親家庭をめぐる社会的環境との関わり等の研究について検討の余地が残されている。また、里親自身が里親養育をどのように捉えているのか（私的養育なのか社会的養育なのか）という視点での研究もさらに検討が必要であると考える。

（5）　里親と施設の連携

網野ら（1998）は、里親から養護施設に措置変更された児童に関する調査を行い、児童相談所のケースワークと里親の資質や専門性の向上が必要であると指摘している。益田（1999）は乳児院、児童養護施設が里親に対してもつ意識を把握し、それぞれがもつ意識の相違点を明確にしていくことの必要性を指摘している。庄司ら（2004）は児童福祉施設による里親支援のあり方に関する調査を行っている。児童養護施設では、養育里親との関わりのある施設や相談体制を整えている施設は少なく、施設と里親のパートナーシップの必要性についての意識も低いことを明らかにした。一方、乳児院では里親との連絡・調整が家庭支援専門相談員によってなされており、児童養護施設に比べると里親との関わりや支援への意識は高いとしている。乳児院を経て里親へ委託されることや、施設と里親の間で相互に措置変更もあることから、施設と里親の連携を深める方策を検討することが必要であろう。

一方で、津崎は全国里親会の検討会において、里親と施設との関係について「施設には経営問題があり、職員の雇用問題をかかえ、里親に対して熱心になれるということは理論的にありえない」と指摘している（全国里親会2002a）。

（6）実親と里親家庭との関わり

庄司ら（2001）は欧米の研究には、実親を対象とした研究があることを紹介し、里親養育において実親との関わりを検討していく必要があると指摘している。現在、委託児童のほとんどの実親（父母あるいは父母のどちらか）は生存しており、委託児童や里親は実親と何らかの交流があるケースは少なくない。実親（親族を含む）と交流がある委託児童との割合について、菊池緑（2004）では三割程度、湯沢ら（2003）も約三割、澁谷ら（2005）はほぼ半数いると報告している。一方、実親（家族を含む）と連絡・調整を行っている里親は、庄司ら（2004）は約半数、庄司ら（2008）は四割いると報告している。調査によって数値の変動は大きいが、三割から五割程度の里親と子どもが実親と交流がある。このような里親家庭と実親との交流に関して、庄司（2004）は約四割の里親が困ったことがあると報告している。また、園井ゆり（2010）は、里親のインタビューから、里親が実親に助言や指導を行うなど「実親の親代わり」としての役割も果たしているとし、里親家族の存在は、里子のみならず実親家族を支える存在として重要な役割を果たしていると述べている。

家庭の養護問題が改善あるいは軽減されれば、子どもは親元に帰ることになる。そのためには、里親に委託中から、実親家庭の養育機能の改善や子どもと実親との関係改善が図られるべきである。しかし、実親の意識や生活問題、実親と委託児童との交流、里親と実親との関わりの実態についてはあまり明らかにされていない。さらに実親との関わりについて研究が必要であろう。

(7) 里親の社会的養育観と専門性意識

里親の社会的養育観と専門性に関して、木村(2005)は、潜在的専門里親(里親登録者のうち専門里親になる意思がある人)は被虐待児など特別な配慮を必要とする子どもの受託経験があり、養子縁組をしたことがないなどの特徴を持っており、「子どもに家庭生活の経験の機会を提供して子育てを社会全体で行っていく」といった社会的養育観をもっていると述べている。また、潜在的専門里親によって、里親がボランティアか、準専門職か、専門職であるかの見解はまちまちであることも示している。

一方、澁谷ら(2005)は専門里親の委託状況と課題を明らかにする目的で児童相談所の里親担当職員と専門里親養成研修の修了者を対象に調査をしている。その結果、「養育里親はボランティアである」という質問項目に対して、専門里親養成研修の修了者の方が里親担当職員よりも、肯定的に答える比率が有意に高くなっていることから、「それ相当の身分保障をしてプロとしての認識を高めていく」必要があるとしている。しかし、「養育里親はボランティアである」という一つの質問の答だけで、プロ意識が低いと捉えるのは早計である。なぜならば、同調査において、「専門里親は児相(児童相談所)のパートナーだ」に肯定回答している専門里親養成研修の修了者は七二・

七％であり、および「高度な知識・技術が必要である」という質問項目に肯定回答している専門里親養成研修の修了者は八一・六％であり、肯定回答が多くなっており、専門性を高めようとする意識も感じられるからである。以上を考慮すれば、「ボランティアである」という問いに対する意味解釈の違いが、児童相談所職員と里親の間の違いとしてあったと推察される。

以上、二つの研究からは、専門里親になろうとしている養育里親は、社会的養育観とボランティア意識をもっていることが示されている。人間の意識は複雑で重層的であることを鑑みれば、これは、相反する意識であるとはいいきれない。したがって、里親の自己認識をさらに質的に掘り下げていく必要性が課題としてあげられる。

3　養子縁組制度のあり方

一九八二年一一月に発足した「養子と里親を考える会[12]」では、その研究会で発表されたものを講述録として研究誌に掲載してきている。この研究会では、子どもの福祉のために特別養子縁組が必要であると主張されてきた。それが、民法に規定され制度化されたのは、一九八八年である。その当時の養子縁組に関する研究のほとんどが、特別養子縁組制度の法的な議論である。一九九〇年代に入って、社会福祉的な視点や養子縁組における親子関係などの研究が見られるようになった。

養子縁組希望者に関する研究は、第一に養子縁組希望者の実態調査に関するもの（家庭養護促進協会　1995, 1998など）、第二にその親子関係に関するもの（家庭養護促進協会　2002, 森　2005, 2006, 2007, 2009, 2010, 山上有紀　2010）、第三に養子縁組希望者の制度的位置づけの問題点に関するもの（中川良延　2010, 庄司　2010, 萬屋育子　2010）に大別される。

第一の養子縁組希望者の実態に関する研究では、家庭養護促進協会が複数回、調査を実施している。一九九五年の調査では、一九九一年九月からの二年間に、養子縁組を希望し家庭養護促進協会の事務所に来所した二〇七件について、その実態をまとめている。それによると、養親希望者の典型像として、夫四〇代前半の会社員、妻三〇代後半の専業主婦、結婚後一〇年以上たち、不妊治療を受けているが子どもに恵まれず、治療をあきらめたこと、一方子育ての意欲はあるが、子育ての大変さについては深く考えていないなどとまとめられている。これは実態調査の値の最頻値からの典型像であり、表層的なまとめであるが、養親希望者のイメージを把握できる。

その後、一九九八年に発表された調査では、同協会が実施した「養子を育てたい人のための講座」を受講したことのある五一七名（一九八九年から九年間分）に郵送で行っている。この調査は、養子縁組の障害となっていることや、養子縁組の促進方法を探ることなどを目的としたものであった。調査の結果、養子制度の発展に必要なこととして、国や諸機関の啓発活動や、援助の充実、法制面では制度の工夫と判りやすさ、行政に対しては民間斡旋組織の増加と管轄地域にとらわれない運用を受講者が求めていることが示された。また、養子縁組について不安なこととして、最も多いのが子育ての能力があるかどうかであり、次に気にしているのが養子に対する差別やいじめへの不安であった。さらに受講者の社会的養護の視点について、受講者の二〇％から三〇％が養育里親をしても良い、半数以上が季節・週末里親をしても良いと答えており、かなりの数の受講者が、受講の結果、社会的養護にも関心を示していることも報告されている。養子縁組をした人たちの関心は自分の子どもを得ることだけと思われがちであるが、実際には、養子縁組後、養育里親や季節・週末里親として子どもを預かるケースも存在することが予想される。今後、実際に養子縁組をした人で、かつ、養育里親をしている人たちの子ども受け入れの気持ちや、その受け入れまでの過程などの分析が必要である。

第二の養親と養子の親子関係に関する研究には以下の研究があげられる。家庭養護促進協会（2002）は、養子縁組の成立した六〇六家庭への郵送調査で、養親の養育態度、養親子それぞれのパーソナリティ、抑うつ特性、成人のアタッチメント、養子の反社会的行動など、心理的側面を中心に、養親子関係の構造を多面的に捉えようとした。その結果、養子にとって望ましい親とは、愛情があって、過干渉ではない養育態度で子どもを養育し、夫婦関係が安定していることとまとめられている。しかし、このような特徴は養親子関係に限ったものではなく、一般家庭であっても同様のことがいえるだろう。

家庭養護促進協会のソーシャルワーカーである山上（2010）は、養子縁組希望者は、非血縁の親子関係の形成過程に特有な子どもの行動や、その行動を受容する養親の態度、真実告知、ルーツ探しなどを養子縁組希望者の知るべき課題として指摘している。このように、養子縁組親子には特有のさまざまな課題が指摘されているが、養親子関係の研究は非常に少ない。

その中において、森（2006）は里親委託後に不調になって措置解除となったケースと、養子縁組が成立したケースを比較し、親子関係形成過程に発生する問題点を検討し、親子関係の問題の解決にさまざまな社会資源が使われていること、さらに、その解決のシステムとしての児童相談所の役割が大きいことを指摘している。また、森（2010）では、エリクソンの心理社会的適応モデルに基づいて、養子の適応課題を乳児期から老年期までの発達段階ごとに論じている。養子に特有の課題を発達理論に基づいて、養親の関係を絡めて養子の生涯発達を論じている。また、森は真実告知の問題について、①告知の受容プロセス（森　2005）、告知の受容を補助するための絵本の使用（森　2007）、養子のアイデンティティ形成過程（森　2009）といった一連の研究から、真実告知の重要さと、難しさ、そして告知後のサポート体制の重要さを指摘している。真実告知に至るまでの養親の心の葛藤、そしてその過程に関係諸機関がどのように関わり、支援していくかについては、さらに検討が必要である。

第三の養子縁組制度に関して、以下の研究があげられる。中川（2010）は、特別養子縁組の課題として、①特別養子縁組の審判事例の検討、②特別養子となれる者の年齢の引き上げ、③「父母の同意」についての撤回に期限を設けること、④新生児の養子縁組を促進すること、⑤養子縁組斡旋機関に対する法的な規制の必要性を述べている。庄司（2010）は、養子縁組成立後は委託解除となるので、公的な関与はなくなるが、養子縁組家庭には特有のさまざまな問題が現れてくることがあるので、養親への継続的な研修や支援体制は不可欠であると述べている。萬屋（2010）は、厚生労働省から養子縁組における児童相談所の役割は示されているが、業務内容や、どのような子どもについて養子縁組を適当とするのかなどの指針も出されるべきであると述べている。

これらの報告から養子縁組制度のあり方に関しては、まず、民法上の議論の必要性が示された。さらに、児童福祉として、養親への特別な支援の必要性と子どもの福祉のための養子縁組に対する国の取り組みへの不充分さが指摘された。

第四節　二〇一〇年以降の里親研究

第六章で詳述するが、この時期は、児童福祉法の改正（二〇〇八年）により、養育里親と養子縁組を目的とする里親が区分され、国連総会において、「児童の代替的養護に関する指針」が採択される中、いよいよわが国の里親制度は、大きな岐路を迎え、施設養護から里親委託優先へと舵を切り始める時期と捉えられる。

近年、家族社会学の立場から質的研究がなされている。安藤藍（2017: 6）は、里親を家族であることという「家族的文脈」と児童福祉の担い手であるという「福祉的文脈」が交錯するところに生きる存在としてみなしている。里親へのインタビュー調査の分析により、里親は福祉文脈における「時間限定性」と「関係限定性」という制度的制約枠組みと、ケアの特質である「無限定性」という構造の中で葛藤し、無限定な志向へと絡め取られていく過程を丁寧に検証している。すなわち、「里親家庭は子育てについて、『適切な』家庭であることがつねに求められ、ときとして『時間限定性』『関係限定性』という制度的制約を超えたケアを要請されたり、里親自身も志向するようになると考えられる」（安藤　2017: 275）と考察している。また、養子縁組について、野辺陽子（2018）は特別養子縁組の立法過程、里親制度などとの関係、養子縁組親子の関係などを詳細に分析している。

その他の里親研究については和泉（2017）が二〇一〇年以降を中心に、丁寧にレビューしているため、二〇一〇年から二〇一六年までの研究については、和泉（2017）を参照されたい。さて、この和泉（2017）は文献展望のまとめとして、里親に関して複数の領域の研究があるだけでなく、研究主体も多様であり、研究者だけでなく、現場職員や里親が論じている場合も少なくないことを指摘している。さらに、「多くの研究者が児童福祉政策に携わっているため」、政策に影響を与えることもしばしばあると指摘し、実践と研究と政策が交錯し合っているのがこの分野の特徴であり、「各領域での成果が実際に里親制度にどのように影響を与えているのかを総合的に捉える視点からの研究が期待される」と述べている（和泉　2017）。以上の和泉の指摘から、本書では、政策だけでなく、里親養育の実践としての里親の視点を取り入れるため、二〇一〇年以降の里親研究の中から、里親等へのインタビュー調査に限定した研究を概観することによって、里親養育をめぐる問題・課題がどのように指摘されているのかをみていくことにする。

森本・野澤（2012）は、里親養育について、家族に固定的に依存することには危険性を伴うことを示し、養育環境の変化を補完する新たな社会的・地域的な支援が不可欠であると指摘する。三谷はるよ（2013）は、里親は家族成員の理解・協力によって困難性を共有し、里親仲間の類似経験や専門家の知識によって困難性を相対化することで、危機に対処していることを明らかにしている。さらに、里親は危機対処の過程を経て、里子や児童相談所職員から肯定的評価を得ることで、役割アイデンティティを強化していることも明らかにしている。佐藤みゆき・松澤佳奈（2017）は、里親のニーズを研修内容に組み込み、里親の意見が反映される環境を整え、相談できる窓口を複数設けるなどして幅広いサポートをすることが必要であると指摘した。伊藤嘉余子（2015）は、里親支援において、①里親同士や専門機関からの里親に対する受容・共感的な関わりと具体的な承認・評価、②里親に対する複数の支援者、③里子の子育てにおける専門的かつ具体的な支援の必要性の三点を指摘している。いずれも、里親への社会的サポートが必要であることを指摘している。

里親だけではなく、里親家庭の実子に着目した調査もある。山本真知子（2013）は、里親家庭でのさまざまな経験は実子に大きな影響を与えるが、実子の存在は里親養育から見落とされる傾向が高いことを明らかにしている。さらに、実子は里親家庭だけではなく学校や地域などの社会においても多様な葛藤をもちながら生活を送っていることを明らかにした。ここからは、地域社会における里親養育への理解と支援の重要性が浮かび上がってくる。

また、施設職員を対象として調査を実施した伊藤・髙田誠・森戸和弥（2014）は、①施設と里親とが情報や意見を共有できる機会の定期的な提供、②多様な子どもを受け入れることのできる里親の確保と育成、③施設と里親の関係構築を支援する里親支援機関の役割の明確化、④里親の専門性向上につながる研修プログラムの必要性を主張している。山藤宏子・中村容子・川名はつ子（2015）は、措置解除・措置変更に至る過程において、里子が去った後の里親が里子の暮らしの心配や自身の喪失感などネガティブな感情をもつことを明らかにした。このような感情の形成を減少させるためには、受託時の丁寧なマッチングと生育歴の説明、あるいは措置解除・措置変更後の里子の生活についての情報の提供が有効であることを指摘している。いずれの調査も、里親養育にはさまざまな困難があるにもかかわらず、それに対する里親家庭へのサポートが不十分であることを示しており、里親家庭を支援するための機関やソーシャルワークの充実を求めている。

三輪清子（2018）は「里親が足りない」という言説は、「支援しなくても委託できる」里親の不足であることを明らかにし、「最も重要視されるべきなのは児相（あるいはその他の里親支援機関）による里親への支援が可能な環境を整備することである」と指摘している。

以上の研究からは、里親家庭は支援を受ける側であるという位置づけが浮かび上がってくる。和泉（2016: 131）は一九八〇年以降、里親が「被支援者」として福祉施策に組み込まれていったとして、里親の立場を、里親家庭＝「普通の家庭」＝「被支援者」と規定している。確かに里親には里親養育の実践に当たって、家族、児童相談所などの機関、地域社会の支援が必要である「被支援者」である。しかし、同時に、子どもの家庭養育を担う里親制度の「担い手」でもある。里親は、社会福祉の「担い手」＝実践者であるが、同時にその実践の継続、安定のために、社会福祉の「受け手」＝被支援者になっているという二重性を持っている。

この点に関して、宮島（2017）は、里親養育は、子どもとその保護者を支援するために提供される「福祉サービス」と捉え、本来は、福祉サービスの提供者である里親が、同時に、「里親支援」という用語の基で、支援を受ける客体とされていることが、里親制度の特殊性であり、難しさでもあると指摘する。宮島（2017）が指摘するように、「里親養育が途中からの養育であることということや被虐待の影響などにより子どもたちの養育に難しさが伴う」

ことから、里親は、社会的養育の担い手としてだけでなく、被支援者としての側面が、強調されているのである。

第五節　里親制度と血縁意識・国民性との関係

里親制度・里親委託に関する研究において、ほとんどの著者が、里親制度不振（低調）の理由・要因について、何らかの言及をしている。第五節では、これらの研究の論調を検討し、里親不振の理由がどのように受け取られ解釈されてきたかを検討する。

1　血縁意識は里親制度発展の阻害要因なのか？

従来から里親制度発展の阻害要因のひとつとして、「血縁重視の日本社会」というものが日本に伝統的にあるという考え方があたかも確かなことのように語られている。このような血縁重視の風潮があるのかどうか、もしあるとするならば、それは諸外国と異なる日本社会に特有のものであるのかどうか、改めて検討しておく必要がある。

国民性や血縁意識の関与を疑問視する意見は、一九六〇年代から散見される。例えば、小笠原（1967: 88）は、里親制度の停滞についてわが国の国民性や血縁意識という誤った観念があり、その科学的な立証がなされていないと主張している。松本（1986）も「里親制度の運用の衰退傾向は『国民性によるところ』というような説明で、まるでやむを得ざる傾向として」政府からも社会からも捉えられていると指摘している。益田（1999）は「過去の研究は、里親制度不振の理由を画一的かつ安易に国民性や社会的風潮に起因させてしまっている」とし、小堀哲郎

(2005) は、里親不振の理由として、血縁関係を重視する国民性があげられていることに対して、証拠をきちんとあげたものはほとんど見当たらず、「イメージだけで理解されているのであろう」と批判している。

以上のように血縁意識という国民性について疑問が提出されている。すなわち、血縁意識が里親拡大を阻害しているのかどうかを立証した研究は十分になされないまま、里親制度の不振の一因に血縁関係の重視が日本の国民性として存在することが取り上げられている。例えば、庄司 (2003: 68) は、里親制度が低調な理由として、「わが国の家族制度や血縁関係を重視する風土から、血のつながらない子どもの養育には抵抗感があり、また偏見や差別が生じやすい」と述べている。この指摘には「血縁関係のない子どもを養育することへの抵抗感」と、「血縁関係のない子どもの養育をしている親子への偏見・差別」という全く質の異なる二つの概念が整理されないまま、血縁関係を重視する国民性としてまとめられてしまっている。さらに、才村純 (2005: 242) は庄司の二つの指摘の後者を支持し、「わが国では血縁のない親子に対する差別・偏見があり、このことが里親による養育を一層困難なものとし、ひいては里親制度衰退の一因となっていると考えられる」と述べている。

そもそも、血縁関係のある親子を望むことは、日本国民だけが固有に持っているものなのだろうか。世界の多くの家族形態は、基本的には血縁関係をもとに形成されている。里親制度が充実した諸外国と比べて、日本人の血縁意識が特別に強いということを実証した研究はない。むしろ、本章第三節の3で述べた真実告知の問題についてみるならば、わが国よりも、欧米の方が進んだシステムを持っていることを森 (2007) は報告しており、これは養子縁組や里親がわが国よりも遙かに進んでいる国においてさえ、非血縁家族における血縁の断絶とその受容が大きな課題になっていることを示している。非血縁家族に対する差別が日本にあることは納得できるとしても、これも日本に固有のこととはいえない。古澤頼雄 (2005) は非血縁家族をつくろうとする人たちは血縁が当たり前の家族観を持つ人たちからは社会的スティグマ（烙印）を浴びせかけられていると述べている。そして、社会的スティグマは、人間に共通な心理であり、文化を越えて存在するとしている。すなわち、古澤によれば、非血縁家族に対しての差別はわが国に特有のものとは考えられない。

しかしながら、血縁重視という日本の国民性について実証データを示そうとした研究として、網野ら（1998）による児童相談所職員を対象にした調査と、庄司ら（1999a）による里親を対象にした調査がある。網野ら（1998）の調査では里親拡充を阻害している理由に関する調査項目の中で「血統を重んじるわが国の親子観による」という回答が約四割あったことを報告している。さらに、庄司ら（1999a）の調査では、里親が増えない現状の原因について、約七割の里親が「血縁意識が強いなど社会的偏見が強い」と回答したと報告している。

ただし、庄司ら（1999a）のこの質問項目には疑問が残る。おそらくは、調査者は「血縁意識の強さがあるために、里親に対して社会的偏見を持っている人」がいると感じている里親の比率と捉えたのであろうが、この質問項目は「血縁意識が強い」ことと、「社会的偏見が強い」ことの二つの内容が含まれており、回答者がこの二つの内容のいずれか一つにでも同意する場合にも、この項目に「はい」と答える可能性を考えることができる。つまり、この七割という数値は、「血縁意識が強い」と思っている里親と、里親に対して、「社会的偏見が強い」と思っている里親の和集合としての値になっている可能性が指摘できる。さらに、これらの二つの調査は、児童相談所職員と里親が里親拡充を阻害している原因の一つに血縁意識の問題があると捉えていることを示しているにすぎず、里親登録をしていない一般の人々の認識を調べてはいない。よって、網野ら（1998）や庄司ら（1999a）の実証データも、里親制度不振の背景に血縁重視の国民性があることを充分には実証していないといえる。

里親制度の拡充について言及しようとするならば、一般の人々が里親登録をためらう理由を明らかにする必要が

図 1-2　特別養子縁組の申立てと認容件数

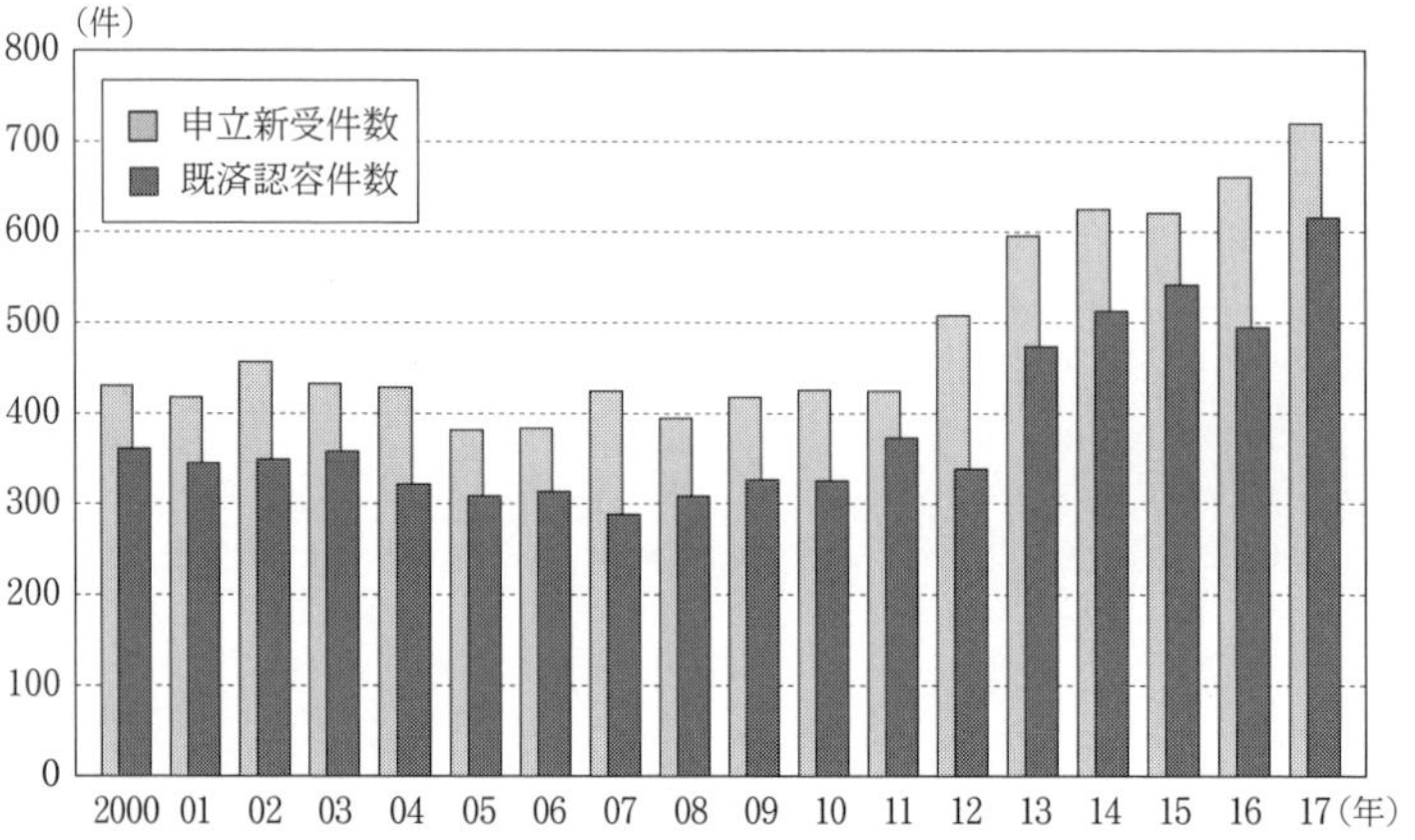

出典：司法統計より作成．http://www.courts.go.jp/app/sihotokei_jp/search.

ある。一般の人々への調査として、浅居ら（1983）は、里親制度が日本で定着しうるかどうかを見定めることを目的として、三〇歳以上の女性九〇〇名に対して調査を実施している。その中で、里親についての説明後、里親になる気持ちがあるかを尋ねたところ、一八・七％の女性が里親になる気持ちがあると答えていた。浅居らはこの調査の値を当時の委託状況と比較すれば日本には潜在的な里親開拓の可能性は充分に残っていると考察し、日本の文化という観点から里親開拓の可能性を全面的に否定すべきではないと述べている。

以上、社会的養護の枠組みの中の研究からは非血縁家族への偏見を里親が感じているものの、里親制度の発展を阻害している要因の一つに、わが国の血縁意識があることは実証できていないといえよう。すなわち、里親制度不振の要因の一つに血縁意識の影響という固定観念が形成されてしまい、あたかも定説であるかのように、無批判に受け入れられてしまっている可能性が否定できないのである。

ところで、里親登録者の半数以上は養子縁組希望者であり、血縁の有無に関係なく、戸籍上も子どもにしたいという世帯は一定数存在する。そこで、司法統計年報（最高裁判所事務総局）から、「特別養子縁組の成立及びその離縁に関する処分」のうち、特別養子縁組の中立て新受件数と認容件数（成立件数）を図1‒2にまとめた。この図から明らかなように、特別養子縁組の申立て新受件数も成立件数も増加傾向にあり、特別養子縁組の成立件数は近年、五〇〇から六〇〇件にのぼっている。すなわち、非血縁家族を構成しようとする人々は確かに存在し、増加傾向にある。

このような非血縁家族について、上野千鶴子（1994: 4）は社会学の立場から「養子制度のあるところでは血縁は家族の定義の中に入らない」とし、「文化の多様性の前に、『家族』の通俗的な定義は放棄されている」と述べている。つまり養子縁組という血縁関係のない家族が成立している社会は、家族の定義の中に、血縁関係のあるなしは含まれないのである。さらに、二宮周平（2007: 240）は現代社会における家族は、多様な関係を含んだものになり、血縁家族が標準的な家族ではなくなってきていると指摘する。そこには、親子とは血縁関係が当然であるという認識ではなく、成員相互の努力の帰結として家族は形成されるものであるという認識があると言えよう。血縁関係を重視する国民性がわが国にあるとしても、近年の四組に一組が再婚者である（湯沢・宮本みち子 2008）状況や再婚に伴う生物学的親子関係をもたないステップファミリーの増加など、家族形態の多様化が進んでいることから考えるならば、現代日本においては、血縁家族だけが家族であるという固定観念からは離れつつあり、今日なお血縁関係を重視する国民性を里親制度低調の主要な理由とすることは適切ではないといえよう。

2　民俗学・歴史学からみた血縁関係のない親子概念

ところで、民俗学的・歴史学的にみれば、日本の国民性や習俗は血縁関係に縛られないさまざまな親子関係を受容し活用していたようである。そこで、日本の親概念についての多様性についてみていく中で、血縁重視の親子関係が日本の伝統的な国民性といえるのかどうかについて検討する。

さて、『日本社会民族辞典第二巻』（日本社会民族学協会編　1960: 504）によれば、里親制度が創設される前から、「正当な一種の子育ての方法として、実の親以外に他人の力を借り、成育上の効果を期待するために里親・里子の風習が存在していた」とされる。すなわち、何らかの必要性が生じたときに、血縁関係のない親子関係の契りが取り交わされることが明らかに古くから存在していたことを民俗学は示している。

民俗学者の柳田國男は、「日本人の如く、人をやたらにオヤにする慣習を持つて居た民族も稀である」（柳田 1946: 522）と親概念の多様性を指摘している。たとえば「名付親」との親子関係は生涯続いており、生みの親が子どものために、誰かもう一組の親を見つけて一生の杖柱とし、いざというときに頼りにしたり、支え合ったりする関係を作る風習があり、子どもが男であれば「烏帽子（えぼし）親」、女であれば「鉄漿（かね）親」といった（柳田 1948: 118–119）。さらに、伊豆七島のある島には、「モリ親」という風習があった。これは、娘が成人する前に必ず一度はどこかの赤子の子守になり、それによってその娘と赤子との間に兄弟の契りが結ばれるだけで無く、その子守の父母がその赤子と義理の親子となって、一生交際を続け、婚礼の席にも必ず参列したのである（柳田 1948: 119）。このように、近世において、血縁関係はなくとも、非常に長期間、ないしは生涯続く親子同様の関係があったことをさまざまな「親」という言葉の使われ方から示している。

また、柳田の論考を中心に詳細に親概念を検討した坂井摂子（2010）は「仮親慣習が存在し、公家社会でも農村でも子どもが健康で柔弱にならないよう他家から子を育ててもらう慣習があり」、これには児童保護ともいえる他児養育の側面があったことを指摘している。

さらに、太田素子（2007）は近世農村の家族生活と子育てを詳細に検討している。一九世紀の播州における貰い子の記録から、受け入れ家族の半数の六例は一石未満の零細農家であり、必ずしも大高持ちが率先してもらっていたのではないこと、しかも受け入れ家族の経済的に余裕のない時期の養子貰子もいることを指摘（太田　2007: 269）し、以下のように述べている。

民俗学では、この貰子の習俗について、動機を主として将来の労働力確保のためと考えている。しかし一石未満の小作農にとって、乳幼児を貰い受けて育てることは将来の労働力確保のためにどのような意味を持つのだろうか。ここでは貰い子の性格や動機についての早急な結論を避け、養育困難にある子どもを人々が積極的に引き受けて養育する傾向を持っていたことのみを確認しておきたい（太田　2007: 269）。

さらに太田（2007: 272）は、このような捨子や貰子の発生の背後にある社会的な階層格差の拡大による家崩壊を指摘するとともに、子どもの生命の尊厳に対する近代的・現世的な感覚が強まって、村落における捨子養育の仕組みが生み出されてきたことも指摘している。このように日本の民衆の中には、多様な親という概念がみられる。多様な親の形態や呼び名があるが、それらのさまざまな「親」は、一時の目的のための存在であったり、経済的なことと結びついていたりしたとはいえ、一生その子どもを何らかの形で支えていく存在という点で共通している。日本の国民性の一つの側面として、血縁重視ではなく、むしろ血縁関係に縛られないさまざまな親子関係を受容し活用していたことが確認できるのである。

表1-6　里親に関する特集一覧

年	雑誌名	特集タイトル	出版社
2002	子どものしあわせ	里親って知ってますか？	草土文化
2003	世界の児童と母性	社会的養護としての里親	資生堂社会福祉事業財団
2006	児童養護	社会的養護の視点で里親との連携を	全国社会福祉協議会，全国児童養護施設協議会
2007	子どもの虐待とネグレクト	子ども家庭福祉における里親制度の現状と課題	日本子ども虐待防止学会
2008	少年育成	里親は今	大阪少年補導協会
2010	世界の児童と母性	里親支援	資生堂社会福祉事業財団
2010	女性のひろば	血縁をこえて―里親・養子縁組を考える	日本共産党中央委員会
2012	子どもと福祉	里親委託ガイドラインを考える	明石書店
2012	子どもの虐待とネグレクト	代替的養育に関するガイドライン	日本子ども虐待防止学会
2016	子どもと福祉	「里親支援」に必要なもの	明石書店

出典：筆者作成.

第六節　里親制度への社会の注目

近年、里親制度への社会的養護関係者からの関心の高まりに呼応して、定期刊行物において、里親制度が取りあげられるようになった。二〇〇二年からの里親制度に関する特集を組まれた定期刊行物を表1-6にまとめた。定期刊行物といっても学会誌や専門家向けではあるが、里親制度への注目を集めようとする動きが確認できる。里親制度創設期は数度にわたって、里親制度の特集が学術雑誌などで組まれたことがあったが、その後は管見の限り二〇〇二年までは里親に関する雑誌の特集はなかったことから鑑みると、里親制度に対する児童福祉関係者の関心を高めようとする流れがあったことを窺うことができる。

なお、表1-6には含めていないが、養子と里親制度の研究誌である『新しい家族』[15]（養子と里親を考える会編）については、一九八二年に創刊され現在に至っている。また、二〇〇六年～二〇一五年まで、一〇年間、『里親と子ども』

（明石書店）が発行されている。『里親と子ども』は、里親や児童相談所など行政担当者だけでなく、施設関係者、保健医療関係者、教育・保育の関係者などへ向けた専門雑誌として、各号で特集を組み、里親制度と里親養育に関する記事を掲載していた。さらに、二〇〇九年に小規模住居型児童養育事業（ファミリーホーム）が第二種社会福祉事業として法定化されたことを受けて、『社会的養護とファミリーホーム』（福村出版）が二〇一〇年に創刊され、現在に至っている。

第七節　本章のまとめ

本章では、里親研究の動向を概観し、その成果と問題を検討した。

里親制度創設期から一九五〇年代までは、里親制度の基盤が形成された時期である。この時期の研究は、里親運用自体の問題として、里子村の状況や、里親委託と児童労働の問題や施設との関係についても議論されている。しかしながら、里親制度の成立の背景や、設立当初からの児童労働の問題に対する政策的対応については充分に議論されていない。

里親委託数が漸減していった一九六〇年代から一九九〇年代の研究においては、一九六〇年代は里親制度の意義が重要視されていながら、制度が未確立であり、その役割を果たしていないと認識されており、里親制度の確立を図ることの重要性が指摘された。一九七〇年代から一九九〇年代半ばでは、多くの実態調査が行われ、里親開拓への模索、里親養育の成果と問題、各自治体の里親制度運営格差など、それぞれ異なる視点から里親制度を考察し問題を提起している。いずれの研究も里親制度が徐々に活用されなくなっていることへの問題意識、あるいは危機感といったものを背景にして、里親制度の課題や解決方法へと迫ろうとした研究であった。これらの研究で里親制度運用の問題は多く指摘されているが、国の政策的対応や政策意図についてはあまり議論されていない。

一九九〇年代後半以降は研究数が増加し、一九九八年より前の里親研究のほとんどが、個人や民間里親支援組織による地域限定の研究であったことと異なり、一九九〇年代後半から厚生労働省、又はその関係団体の研究費補助による全国的な実態調査が行われている。一方で、二〇〇五年以降は質的研究の数が量的研究の数を上回っている。また、二〇〇〇年頃から里親に関する研究書や一般向け図書の出版が増加している。この時期は研究の増加に伴い、研究内容も①里親制度の運用と支援体制、②里親制度の歴史と位置づけ、③国際比較、④里親養育、⑤里親と施設の連携、など多岐にわたっている。更には、里親だけでなく、養子縁組もその研究の対象にされ始めている。これらの研究からは、里親制度を中心に社会的養護施策の不十分さが問題として指摘されるようになった。

里親養育に関する質的研究は里親と委託児童との関係を中心にした分析がほとんどであるが、社会的環境との関係の中で営まれている里親養育という側面からの研究は少ない。その中でも安藤（2017）は家族社会学の立場から、実親の存在が子どもや里親にとってどのように意味づけられているかについて詳しく考察している。さらに、安藤（2017）は里親の役割や意味付けについても丁寧に分析している。しかしながら、社会福祉学の立場から、実親との関係や、里親自身が認識する里親の役割や位置づけを制度・政策の問題として言及した研究は少ないことが指摘できる。養親や養子縁組里親については、真実告知の重要さと、難しさ、そして告知後のサポート体制の重要さが指摘されているが、他にも養親や里親は養育上どのような問題を抱えており、どのようなサポートを必要としているのかについては、さらなる検討が必要である。

最後に、里親制度不振の背景には、国民性として、簡単には排除できない血縁で結ばれるものが家族であるという「血縁意識」があるとしばしば言われてきた。しかし、民俗学的・歴史学的にみれば、現代の社会的養護につながる原初的な公的扶助システムとしての他家の子どもを育てる習俗が、江戸時代には存在していることが明らかになっている。さらに、日本の習俗は血縁関係に縛られないさまざまな親子関係を受容し活用しており、しかもそれは、単に児童の労働搾取ではなく、子どもの生命の尊厳を重視したものとして展開されることも少なくなかったのである。すなわち、日本人は、かなり以前から、少なくとも江戸時代には、非血縁者を家族の一員として受け入れる風習があり、多様な親子関係をも受容していたことが確認できるのである。里親委託の不振について、単純に日本の国民性に帰因させてしまうことは適切ではない。そうすることは、不振の理由を変えることのできない要因にしてしまうことになる。結果的に、里親委託の増大をあきらめる言い訳を用意してしまうことにつながる危険性があるといえよう。

以上のような先行研究の概観から、里親制度・政策の研究課題と里親養育についての研究課題をそれぞれ抽出した。

まず、里親制度・政策研究については、①里親制度の成立前後から今日までの変容を連続的に、社会的要因との関わりから分析する余地が残されていること、②里親制度の変容をめぐり、国の政策課題や政策意図にまで言及して分析した研究は非常に少ないこと、③里親制度の盛衰の政策的問題は十分に検討されていないこと、の三点が指摘できる。

里親養育に関する研究としては、①なぜ里親になるのか、その動機はいかなるものであり、里親開拓に繋げていけるのか、②里親や養親は社会的環境とどのような関係性をもっているのか、③里親や養親は自己の役割をどのように認識し、位置づけているのか、④里親や養親はどのような問題に直面し、どのようなサポートを必要としているのか、の四点の検討の余地が残されている。

注

1　「養子と里親を考える会」が発行している機関誌『新しい家族』には、養子や里親に関する調査研究や報告が掲載されているが、講述録という形での掲載のため、講演者が論文や報告書とした場合、重複してカウントする可能性もあるため対象文献から除外してある。また、例えば『月刊福祉』や『里親と子ども』など専門誌における解説、総説についても対象文献に含めなかった。

2　一九六〇年代から一九八〇年代において里親研究は実証的な研究が少なく、里親研究の視点や分析・考察の方法も画一的であった（畠中　1989、益田　1999）が、一九九〇年以降は里親に関して多方面から研究されはじめ、研究手法にも進展がみられている（益田　1999）と指摘されている。

3　同書は四部構成であり、第一部でわが国の里親制度と諸外国の里親制度を比較し、第二部では、わが国の里親制度の実態を分析し、第三部で、現状と将来に関する問題点を提起している。最後の第四部は資料編である。

4　松本武子の児童相談所の選択方法は、例えば一九八六年の調査では、里親委託児童状況の業績が顕著な自治体七か所と、それらとは対照的もしくは関連する自治体三か所であった。こうした調査研究によって、各児童相談所の運営状況と里親委託状況を明らかにし、児童相談所間を比較検討している。

5　家庭養護促進協会は、一九六一年に発足した民間団体であり、現在は社団法人で大阪市と神戸市に事務所をもっている。

6　コミュニティケアとは、長期ケアを必要とする障害者や高齢者等が、在宅や施設サービスを利用しながら、その人らしい地域生活を実現できるように支援するサービス、政策を示す概念である。最初にこの言葉が公の文書に用いられたのは、一九六九年の東京都社会福祉審議会答申「東京都におけるコミュニティケアの進展について」である。一九七一年の中央社会福祉審議会答申「コミュニティケア形成と社会福祉」では「社会福祉の対象を収容施設において保護するだけでなく地域社会すなわち居宅において保護を行い、その対象者の能力のいっそうの維持発展を図ろうとするものである」としている。

7　Strauss & Corbin（1998）は、質的研究は統計的な手法や数量化によらず行われる研究であり、その基本的構成要素のひとつとしてデータを分析しているものとしている。本書では質的データを数量化せず分析した研究を質的研究とし、データを数量化によって分析した研究を量的研究と定義した。

8　日本子ども家庭総合研究所は、一九三八年一二月に愛育研究所として開設された母子保健と子ども家庭福祉のための研究所である。一九六四年には国立の児童問題研究所に準ずる研究機関となり、一九九七年には厚生省（現厚生労働省）の援助で新しい研究棟が完成し、日本総合愛育研究所を日本子ども家庭総合研究所と改称している。

9　厚生省の企画を推進する目的をもつ一九九七年度の厚生行政科学研究であった。

10　二〇〇二年、栃木県宇都宮市で、里子女児が里母から身体的虐待を受けて死亡した事件。里母は傷害致死の疑いで逮捕され、懲役六年の刑が確定した。詳しくは津崎（2005）を参照。

11　セルフヘルプ・グループ活動とは、人々が自分たちの問題を自分たちで解決していくために、情報交換をしたり、支え合いながら社会的な活動をするものである。

12　養子と里親を考える会は、一九八二年一一月、養子制度および里親制度に関心をもつ市民、研究者、実務家が任意に集まって発足している。この会の目的は、社会的養護を必要とする子どもの養子制度および里親制度の改革、その他子どもの幸せを考え、関連諸制度の研究および改革をすることである。年三回研究会を開き、各分野の実務家と研究者、里親・養子縁組関係者などと研究および情報交換を行い、これらの活動について、講述録あるいはレポートとして会誌にまとめられ年一回発行している（養子と里親を考える会ホームページ http://kangaerukai.sakura.ne.jp/index.htm, 2010.4.15 閲覧）。

13　文政九年（一八二八年）から一五年間の日飼（ひがい）村（むら）の宗門人別改帳。日飼村（ひがいむら）とは現在の兵庫県たつの市龍野町日飼。

14　高持とは、江戸時代、年貢付きの田畑を持って、持高相当の年貢、諸役を勤める中堅の百姓のこと。本百姓。高持百姓（精選版 日本国語大辞典）。

15　『新しい家族』の特集内容（目次）については、「養子と里親を考える会」のホームページで確認することができる。(https://sites.google.com/site/kangaerukaisince1982/hui-zhi-xinshii-jia-zu, 2010.1.15 閲覧）。

第二章　里親制度の創設期（一九四五年〜一九五〇年代）

——篤志家への期待と児童労働搾取への対応

本章では、児童福祉法の立案から成立に至るまでの里親の位置づけと、里親が児童福祉法に規定された理由、及び児童福祉法制定後の里親委託の位置づけについて考察する。

この時期を簡潔にまとめるならば、里親がわが国において初めて公的なものとなって児童福祉法に規定され、創設期として里親委託児童数が大幅に増加した時期である（図序-1参照）。しかし、一九五九年以降、里親委託児童は減少に転じ、里親制度の衰退が始まっている。すなわち、この時期は里親委託の制度化と、里親委託の増加、そして一九六〇年代以降の長期にわたる里親委託減少の端緒となった重要な時期である。

第一章第一節で検討したように、この時期についての先行研究では、里親制度の創設の過程と理由、当時の里親村と児童労働の問題、里親委託と施設との関係、里親の養育の意識などが検討されている。しかし、児童福祉法成立過程において、最終的に「里親」という名称で児童福祉法に規定された詳細な経緯については検討されていない。また、里親制度創設期の里親委託と児童労働の問題についての政策的対応についても検討されていない[1]。そこで、児童保護をめぐるこの時期の社会状況下における政策的対応と政策意図の分析を通して、政策主体による里親制度の位置づけについて検討する。

第一節　児童福祉法成立過程における家庭的養育の変遷

1　児童福祉法に里親という用語が位置づけられた過程

ここでは、一九四七年の児童福祉法成立過程において、政府が里親をどのように児童福祉法に位置づけるに至ったのかその経緯を検討する。すでに、松本園子（1985）は、一九四六年の「児童保護法案要綱大綱案」を起点として、丹羽（2003）は、それ以前の一九四五年の「戦災遺児保護対策要綱案」からの児童福祉法制定過程における里親の位置づけの変遷を検討している。しかし、法案が変遷する中で「里親」に絞られていった過程と背景については十分に検討されていない。そこで、表2-1に、施設以外の家庭的な委託先が児童福祉法に「里親」として位置付けられるまでの政府における検討過程を時系列で示した。

保護を必要とする子どもの問題は敗戦前から顕在化しており、戦争末期には、戦災孤児や浮浪児が町にあふれ、その子どもたちを保護することは、わが国の緊急課題であると政府は認識していた。そこで、第二次世界大戦末期には「戦災遺児保護対策要綱案」が作成されている（表2-1-①）。この要綱案では孤児らの保護育成の方法として、（1）養子縁組の斡旋、（2）個人家庭に対する養育の委託、（3）集団保護育成の順に記載されている。さらに、敗戦からわずか35日後の一九四五年九月に、「戦災孤児等保護対策要綱」を打ち出し、孤児の保護育成の方法は、（1）個人家庭への保護委託、（2）養子縁組の斡旋、（3）集団保護の順に示されている（表2-1-②）。このように、戦災孤児などの子どもたちの保護を検討する当初から、施設保護を意味する集団保護よりも前に個人家庭での保護と養子縁組の斡旋が記載されている。このことから、丹羽（2003）が指摘しているように、日本政府は集団保護より、個人家庭での保護を優先していたことが窺われる。[2] ただし、この要綱が具体的にどのように実施されたかについては不明であり（逸見勝亮 1994, 土屋敦 2014）、この要綱通りに実際の保護が運用されていたかどうかは、疑わしい。[3] 実際に、この当時の諸状況についての記述で目立つのは、後に触れる「浮浪児狩り」であり、その保護先は公的、私的を問わず施設などであった。

次に、児童福祉法成立までの間の施設を除く委託先の変遷を図2-1に示した。委託先として、一九四六年の児童保護法案の段階では、「親族その他の私人の家庭」であったが、それが、「親権者又は後見人」となり、その後「親族などの家庭、寺院、教会、保護団体その他適当なもの」に変わっている。寺院や教会が保護先に加わった点については、戦後の混乱期に「寺院で一人ずつ」という里親運動をおこしていた寺院もあり、[4] 寺院や教会は、はじめは二〜三人の要保護児童を預かっていた（山口春子 1985）という実態を反映したと考えられる。しかし、東京都戦災孤児等合宿教習所に見られるように、寺院がその収容先に当てられており（逸見 1994）、寺院での保護が集団を対象にしていることから、家庭的な養育先というイメージから外れていったと推測される。最終的には、家庭的養育として、公的に認可された里親という用語に集約させていったと考えられる。

ここまでの保護先の変遷からは、施設以外の家庭的な委託先をどのように表現するのが適切であるのかという迷いが見て取れる。土屋（2014: 69–71）によれば、一九四六年四月以降は、「浮浪児狩り」が開始されて、施設に収容されながら、その後、脱走する児童が多かったことが示されている。こうした状況を背景に、家庭的な保護先をどのように位置づけるかが模索されていったと考えられる。

表 2-1　児童保護対策から児童福祉法成立過程における家庭的な委託先

年	月	日	法　案　名	委託先の記述
1945	6	28	①戦災遺児保護対策要綱案	(1) 養子縁組の斡旋 (2) 個人家庭に対する養育の委託 (3) 集団保護育成
	9	20	②戦災孤児等保護対策要綱	(1) 個人家庭への保護委託 (2) 養子縁組の斡旋 (3) 集団保護
1946	10	15	③児童保護法案要綱大綱案	第 10 条 3　保護者から，児童を引き取りこれを親族その他の私人の家庭又は適当な施設に委託すること
	11	4	④児童保護法仮案	第 22 条 3　保護者より児童を引き取り親権者又は後見人に引き渡すこと 4　私人に児童の養育を委託すること 5　児童を児童保護施設に入所させ又は収容し若しくは収容を委託すること
	11	26	⑤児童保護法要綱案	第 2 章　保護　第 14 条 4　児童を，親族等の家庭，寺院，教会，保護団体その他適当な者に委託すること 5　教護院又は療育院に児童を送致すること 6　養育院に児童の収容を命じ又は収容を委託すること
	11	30	⑥児童保護法要綱案	第 2 章　保護　第 14 条 4　児童を親族などの家庭，寺院，教会，保護団体その他適当な者に委託すること 5・6 （11/26 案と同じ）
1947	1	2	⑦児童福祉法要綱案	第 3 章　保護　第 38 条 4　児童を里親，親族などの家庭，寺院，教会，保護団体その他適当なものに委託すること 5　乳児院若しくは養護院に児童を収容し，児童の収容を委託し，又は命令の定めるところにより，療育院若しくは教護院に児童を送ること
	1	6	⑧児童福祉法要綱案	第 3 章　保護　第 34 条 4　児童を里親，親族等の家庭，寺院，教会，保護団体その他適当な者に委託すること 5 （1/2 案と同じ）
	1	11	⑨児童福祉法要綱案	第 3 章　保護　第 35 条 4　児童を里親，親族等の家庭，寺院，教会その他適当な者に委託すること 5　乳児院もしくは養育院に児童を収容し，児童の収容を委託し，又は命令の定めるところにより，療育院もしくは教護

			院に児童を送ること
1	25	⑩児童福祉法要綱案	第3章　保護　第35条 4　児童を里親，親族等の家庭，寺院，教会その他適当なものに委託すること 5　(1/11案に同じ)
2	3	⑪児童福祉法案	第3章　保護　第35条 5　児童を里親，親族等の家庭，寺院，教会その他適当なものに委託すること 6　(1/11案に同じ)
6	2	⑫児童福祉法案	第2章　福祉の措置について 第3節　鑑別　第26条 5　児童をその保護責任者から引き取り，里親，親族等の家庭，寺院，教会その他適当なものに委託すること 6　児童を，命令の定めるところにより，児童福祉施設に入院又は入所させること 第5節　里親　第31条 都道府県知事は，第25条第3号の児童を養育することを希望する私人であって，地方児童福祉委員会の意見を聞き適当と認めるものを，里親としてこれを登録しなければならない．児童を里親に委託した都道府県知事は，里親が児童の虐待にわたることのないように，常に監督しなければならない．里親に関しては，この法律で定めるもの外，命令でこれを定める
7	4	⑬児童福祉法案	第2章　福祉の措置　第27条1 里親（保護者のない児童又は保護者に監護させることが不適当な児童を養育する私人であって，都道府県知事が，地方児童福祉委員会の意見を聞き，適当と認めるものをいう．），親族等の家庭，寺院，教会その他適当なものに委託すること
8	11	⑭児童福祉法案（国会への政府提出案）	第2章　福祉の措置及び保障　第26条3 里親（保護者のない児童又は保護者に監護させることが不適当であると認められる児童を養育することを希望する者であって都道府県知事が，適当と認める者をいう）
12	12	⑮児童福祉法成立（法164号）	第2章　福祉の措置及び保障　第27条3 里親（保護者のない児童又は保護者に監護させることが不適当であると認められる児童を養育することを希望する者であって，都道府県知事が適当と認める者をいう）

出典：児童福祉法研究会［編］(1978)「児童福祉法成立資料集成　上」ドメス出版，寺脇隆夫［編］(1996)「続　児童福祉法成立資料集成」ドメス出版より作成．

図 2-1　児童保護法案・児童福祉法案における家庭的な養育の範囲の変遷

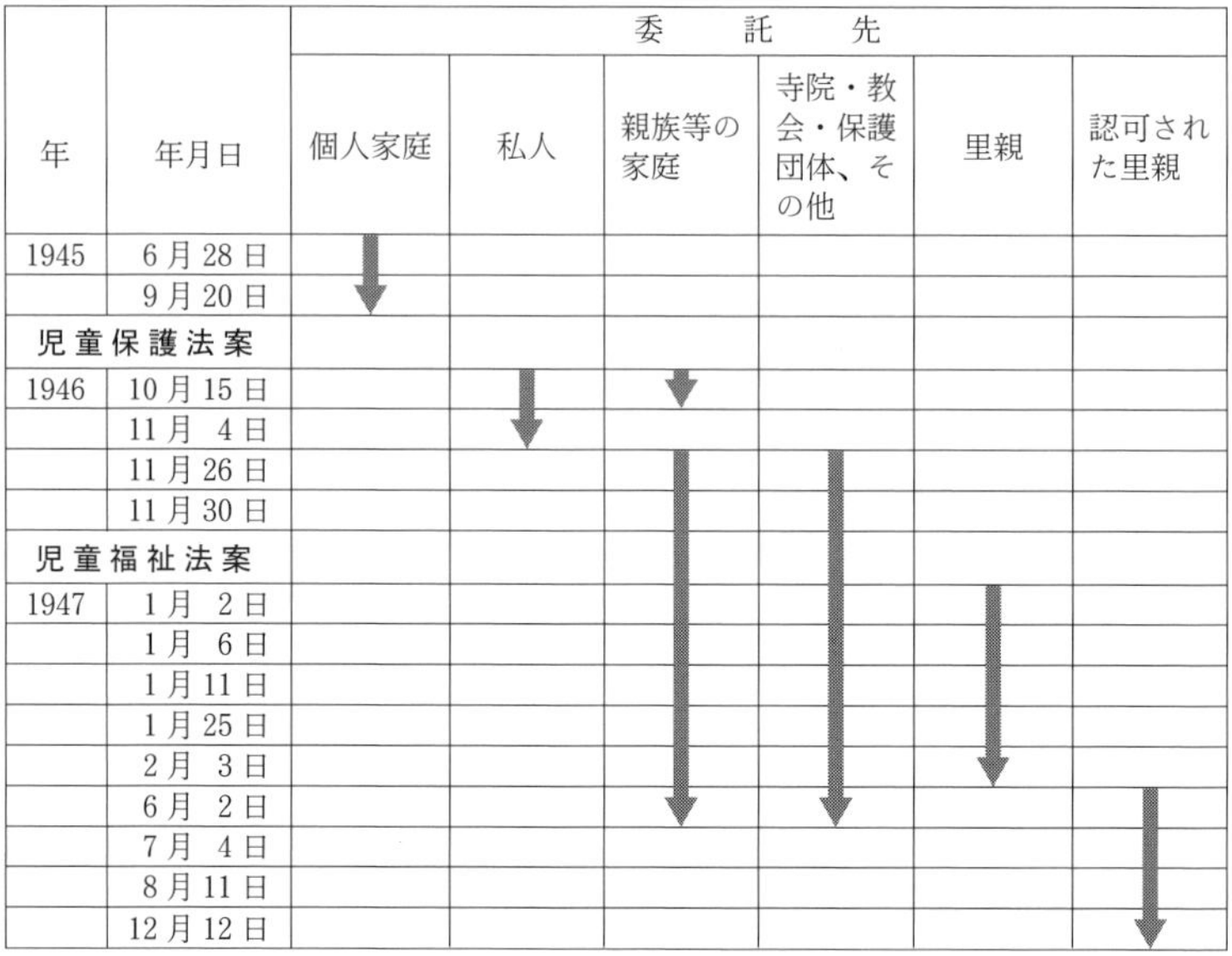

出典：表 2-1 より作成.

ところで、一九四六年一一月三〇日の「児童保護法要綱案」の最終案が作成された後、一九四六年一二月に、戦後初めての中央社会事業委員会が開催されたときには、この一一月三〇日の保護法案が検討されたが、対象が特殊児童に限定されているとして批判されている（寺脇隆夫 1976）。この審議会の後、一九四七年一月には、「児童保護法要綱案」から「児童福祉法要綱案」へと、名称が変更されている。すなわち、要保護児童という特定の対象から、全ての児童へと対象が拡大されたといえる。この児童福祉へと名称が変わったときから、「里親」が加わり、最終的に、「認可された里親」のみに限定されている。このような家庭的な保護先は、一番始めに検討された「戦災遺児保護対策要綱案」の時から、成立した「児童福祉法案」まで、一貫して、児童保護施設ないしは児童福祉施設よりも先に記述されている。すなわち、当初から、要保護児童の収容、委託先は家庭的な保護先が最も望ましいと考えられていたようである。

2 「里親」の法的位置づけ

このようにして、里親という用語が法律の中に位置づけられ、児童福祉法成立時には、法第二七条第一項第三号に、「里親（保護者のない児童または保護者に監護させることが不適当であると認められる児童を養育することを希望する者であって、都道府県知事が適当と認める者）」と規定された（表2-1-⑮）。他の児童福祉施設は、同法第三六条から第四四条まで、それぞれ一条を設けて定義されているのに対して、この里親の定義だけが条文の中に括弧でくくられて説明されている。里親に関する条文が、他の児童福祉施設と比べ簡潔なものとなったことについて、網野（1950）は児童福祉法の立案当時、「里親制度に関する研究が充分に行き届かなかったことから、立案者の意識の底に沈殿したことが原因であろう」と里親制度の創設に当たって、検討が不十分であったと捉えている。同様に、中川（2004）は「児童福祉法の中に『里親』という言葉とその定義が記されたというだけであり、里親制度は制度としては中途半端なスタートであった」と法律の不備を指摘している。たしかに、条文を字義通りに解釈すれば、この指摘はもっともである。しかしながら、児童福祉法案の立案過程を見ると、里親制度を育てていくために、里親の定義だけにとどめた政府の意図が見えてくる。一九四七年六月二日案（表2-1-⑫）においては里親について一条を設け里親登録や里親の監督について規定していたが、八月一一日の政府提出の最終法案では、里親の定義を簡潔に記述するのみになっている。この点について、米沢常道児童局長は参議院議員山下義信の質問に答えて、以下のように答弁している。

できるだけこの制度を今後開拓して行きまして、一つの児童関係の有力な施設と申しますか、一つの方法というふうに育てて行きたいと考えておるのであります。つきまして、お尋ねのようないろいろな里親の取締という問題もいろいろ考えて見たのでありますが、余りここに取締的なことをいたすよりも、むしろこれはできるだけ行政的に、指導その他によりまして開拓して行きたいというふうな意味で、罰則その他につきましては別に規定をいたさなかつたのであります（一九四七年九月一九日参議院厚生委員会一五号）。

このような法案の立案や、米沢児童局長の国会発言からは、里親制度を国の制度として育てていこうとしている政府の意図が読み取れる。政府は従来の里親養育に欠陥があることを認識していたが、法律で里親の罰則等を規定することを避け、里親制度創設後に通知等により指導・管理を行うことで、従前の里親問題の改善を図ろうとしたのである。

第二節　里親を児童福祉法に取り入れた理由

1　家庭養育重視説と施設収容力限界説

第二次世界大戦後、戦災孤児など要保護児童が激増する一方で、空襲による施設の損壊も加わり、収容施設は収容力が不十分になっていた。このような状況の中、里親制度が児童福祉法に取り入れられた理由として、三吉ら

（1963: 16）は、「児童は家庭において養育されることが最も望ましいという思想」[5]の存在を指摘している。

一方、松島（1950a）は、児童福祉法に里親が明文化されたのは、第二次世界大戦までの長い間、施設収容第一主義できたことが、戦後困難になったからであると述べている。松島（1950a）は施設収容第一主義が困難になった理由として、①要保護児童の激増、②戦災による施設の収容能力激減、③児童収容施設の新設拡張のための資材・資金・人材の不足、④新憲法・児童福祉法の思想により、児童収容施設の育成方法が批判されたこと、⑤占領軍当局による里親委託の強力な推進、⑥戦前の施設による里親委託が成績をあげていたこと、⑦里親委託の方が国家財政にとって経済的であるという七点をあげている。

この二者の違いは、児童養護における理念の違いである。すなわち、三吉は里親委託推進派の研究者であり、子どもの発達を保障するためには家庭生活が重要であることを強調し、里親の有効性を第一義に捉えようとしている。一方、松島は養護施設の園長であり、戦前からの流れに沿って、施設収容第一主義を固持していきたいという気持ちが背後にあったことが窺われる。

2　個人養育の推進と児童の福祉の保障

施設と里親について、政府は国会審議関係資料として一九四七年七月二六日に提出した児童福祉法（案）要旨[6]の中で、以下のような見解を示している。その法案の要領には、児童保護施設については「設備の貧弱及び運営の未熟等のため、逃亡する者すら存する現状に鑑み、中央児童福祉委員会の意見をきいて、それぞれの施設に応ずる最低基準を設定し、その維持をはかろうとした」としている（児童福祉法研究会　1978: 764）。一方、個人養育の制度については、「施設による保護のみに依存することなく、篤志家による個人養育の制度（里親の制度）を開拓した」と記載している（児童福祉法研究会　1978: 765）。さらに、次の六つの事項を骨子として保護施策を体系化したとしている。その第一は児童委員の制度、第二は児童相談所の制度、第三は児童保護施設を分類と整備、第四は個人養育の制度（里親の制度）の整備、第五は妊産婦及び乳幼児の健康指導の制度化、第六は児童福祉委員会を設けるというものであった（児童福祉法研究会　1978: 763–765）。このように、児童保護施設は量的な不足だけではなく、その設備や運営などの質的な面が問われており、国には施設だけに依存しない個人養育の制度を開拓したいという意図があったのである。

とはいえ、私的な里親委託は児童福祉法に里親が規定される以前から行われていた。この里親委託の慣行を調査した厚生省の児童局養護課事務官であった網野（1948b）は、児童が委託される経路から里親を①児童の保護者が親戚、知人になど縁故者に直接に委託するもの、②仲介業者の斡旋によるもの、③養育院などの収容施設から委託したものと三つに分類している。この③の場合であっても、「わずかな指導と監督がなされているにすぎず」、いずれも「委託後の児童に不幸と危険が去来する公算が大きかった」ので、「児童の保護のひとつの形態として里親制度を規定し」（網野　1948b）、「里親養育に、法的規制を与えることによって児童の福祉を保障しようとした」（網野　1950）と、当時を振り返って述べている。もちろん、政府も里親委託の慣行を知っており、児童福祉法案の国会審議の中で、厚生省の米澤常道児童局長は、以下のように答弁している。

里親の問題でありますが、これは御承知のように、この法律の建前といたしましては、今後里親へ委託しますのは都道府縣知事が里親に委託する。（中略）今後できるだけはつきりした制度としまして、これを開拓していきたいと考えておるのであります（一九四七年一〇月六日衆議院厚生委員会二〇号）。

以上のように、戦前には里親に預けるといっても、子どもの委託にあたっての指導・監督は施設委託の場合に多少あるのみであった。そこでの生活は児童の福祉が踏みにじられることが多かったことから、国は里親委託を監督する対象として法的な管理下におき、児童の福祉を保障するために里親を児童福祉法に規定したのである。

3　GHQ／PHWの影響

児童福祉法に里親制度が組み込まれたのは、連合国軍最高司令官総司令部公衆衛生福祉局[7]（以下、「GHQ／PHW」）の影響が大きかったと言われている。そこで、ここではこの点について、再考しておく。

三吉ら（1963: 15）は「占領軍当局の努力と相まって『里親制度』が取りあげられ」たとしている。一方、松島（1950a）は「占領軍当局が里親委託を相当強力に推進せられた」とした。両者の表現は異なるが、占領軍当局の影響があったと一致した見解を示している。さらに岩永公成（2006）はGHQ／PHWが一九四六年九月に作成した「日本政府宛覚書草案」[8]に、児童局の行うべき一二項目のプログラムが記載されていることを示している。その四番目には「有効な里親措置プログラム」、五番目には「里親家庭に対する均一基準による適切な政府補償」、六番目には「適当な里親家庭がない児童の世話と処遇のために、適切に指導監督された公私施設」が記述されており、特に六番目の提案から、GHQ／PHWの施設より里親を重視しているという考え方は、厚生省発案とは考えにくいと指摘している。

しかしながら、ＧＨＱ／ＰＨＷは、Foster Homeを安易に日本に導入することに懸念を示している。ＧＨＱ／ＰＨＷの文書WEEKLY BULLETIN[9]の一九四六年一一月一〇日～一六日[10]の文書に、Foster Homeについての記述がある。そこでは「Child Placement（Foster Home Program）」という見出しで、日本旧来のFoster Homeの実態が、養子縁組を装った人身売買や児童労働搾取になってしまっていることを把握したうえで、Foster Homeを推奨すべきものと考えてはいるが、監視体制などの予防的措置が保証されるべきであるとしている。すなわち、Foster Homeの日本での現状に疑問を呈し、児童労働による搾取や虐待にならないようにするべきとの考えをＧＨＱ／ＰＨＷがもっていたことが読み取れる。

第三節　児童労働と人身売買への政策的対応

1　児童労働と里親制度の整備

児童福祉法が成立した後、里親委託の具体的な運営方法が規定されていった。里親制度の整備過程を示すために里親に関する法令・通知を表2-2にまとめた。まず、一九四八年三月には「児童福祉法施行令」で、里親の認定方式や里親の訪問指導が規定された（表2-2-①）。「児童福祉法施行に関する件」（表2-2-②）では、児童を里親に委託したときは、都道府県知事に対して児童相談所等を通じ、厳重にこれを監督し、児童の労働力の搾取とみられるような行為がないようにすること、及び里親制度の利用と宣伝に努めることが通知された。このように、児童労働搾取を防止するために、里親制度を活用することが推奨された。「児童福祉法施行規則」では、里親希望者の申し出や里親登録簿への登録などが規定された（表2-2-③）。

一九四八年一〇月には、事務次官通知「里親等家庭養育の運営に関して」が出され、里親の指導・監督は都道府県知事に委任された児童相談所長となり、里親はその希望を出した者が都道府県知事の認定を受けなければならないとされた。この通知には別紙として、「家庭養育運営要綱」が添付されており、里親制度の実際の運営方針が具体的に定められた（表2-2-④）。この要綱では、「専ら児童を働かせようとする目的をもつて、児童の養育を希望する者又は初めから児童を他人のもとに通わせて働かせることを希望する者に対して、里親として児童を委託してはならない」と、児童労働を目的とする里親への委託の禁止を打ち出している。ところが、同時に、「児童を養育しながら、そのもとで働かせることを希望する里親に児童を委託しようとする場合、里親が遵守すべき条件[11]」を知事名で児童委託通知書に記入し、児童相談所を経てこの通知書を里親に交付しなければならないとして、労働を条件付きで容認してしまっている。また、通知に添付された里親申込書の様式には、児童を働かせようとする場合、その仕事や場所などを記入する欄も設けてあった。この「専ら児童を働かせることを目的とする場合」と「児童を養育しながら働かせる」場合とで、児童の労働搾取となるか、ならないかの境界線は曖昧であり、識別することは難しかったのではないかと推察される。

続いて、一九四九年五月に「親元を離れ他人の家庭に養育され又は雇用されている児童の保護について」が出されている（表2-2-⑤）。この通知の趣旨は、従来から広く行われていた、他人の児童を引き取りその家庭で養育又は雇用する慣行（以下、「家庭養育雇用慣行」）が社会問題[12]になったことを受けて、児童の福祉に関してきわめて重要な問題であるとし、家庭養育雇用慣行児童の全国的な保護対策を決定したというものであった。

1950	5	⑦児童福祉法の一部を改正する法律（第4次改正）（法律213）	里親の最低基準を定める（第45条第1項）.
1951	6	⑧児童福祉法の一部を改正する法律（第5次改正）（法律202）	保護受託者（保護者のない児童又は保護者に監護させることが不適当であると認められる児童で学校教育法に定める義務教育を終了したものを自己の家庭に預かり，又は自己のもとに通わせて，保護し，その性能に応じ，独立自活に必要な指導をすることを希望するものであつて，都道府県知事が適当と認めるものをいう）（第27条第1項第3号）. 保護受託者に委託する措置は，あらかじめ，児童の同意を得，且つ，一年以内の期間を定めて，これをとらなければならない（第27条第6項）. 「並びに里親の行う養育」「里親の行う養育並びに保護受託者の行う保護」に改める（第45条第1項）.
1951	10	⑨保護受託者制度の運営に関する件（発児1313：都道府県知事）	義務教育修了児童については，適当な職業につかせる前段階として，社会生活への適応性を高め，同時に独立自活に必要な能力を与える準備が必要であることから保護受託者制度を設けた．保護受託者とは，児童を自己のもとに預かり又は自己のもとに通わせて，保護し，その性能に応じ，独立自活に必要な指導をすることを希望する者であって，保護受託者登録簿に登録されているものをいう．対象児童は，児童福祉施設入所児童，里親委託児童，児童相談所へ通告，送致若しくは相談のあつた児童であって，義務教育を終了したものをいう．
1951	11	⑩児童福祉法の一部を改正する法律（第5次改正）の施行について（発児69：都道府県知事）	年長児童の保護指導の一手段として保護受託者制度を創設したことが，改正の主要事項にあげられた．
1952	2	⑪所謂児童の人身売買事件の対策について（発児15：都道府県知事）	所謂人身売買の定義とその基本的な対策要綱が定められ，二月一四日の次官会議において決定され，その線に沿つて関係各省がそれぞれ具体的対策を講ずることになつた．ついては，貴都道府県におかれても，左記により，益々人身売買の対策に関する活動を促進されるよう御配慮を願いたい．特に本件については，市町村長と緊密な連絡の下に，十分その協力を得るよう配意せられたい． 保護受託者制度の活用：適当な職業に直ちには就けない児童について，その将来の自立を促進するため，保護受託者制度の活用を図るものとし，当該家庭等から保護受託者の許へ通勤し又は保護受託者の許へ同居して，独立自活に必要な指導を受けさせる等の措置等を考慮すること．
1952	7	⑫児童福祉法の一部を改正する法律（第7次改正）の施行について（発児59：都道府県知事）	児童の福祉を阻害する行為の禁止規定の整備に関する事項の一つとして，保護受託者制度を活用して，適正な就労の便宜を図ること．

出典：厚生労働省法令等データベースサービス．
http://wwwhourei.mhlw.go.jp/hourei/index.html をもとに作成．

表 2-2　児童福祉法制定後の里親制度・保護受託者制度に関する法令・通知年表

年	月	法令・通知 （文書番号：宛先）	内　　容（要　　約）
1948	3	①児童福祉法施行令（政令 74）	・都道府県知事は，里親の認定をするには，都道府県児童福祉審議会の意見を聞かなければならない（第 9 条の 3）. ・都道府県知事は児童を里親に委託する措置をとった場合には児童福祉司，精神薄弱児童福祉司又は社会福祉主事のうち一人を指定して里親家庭を訪問して，必要な指導をさせなければならない（第 9 条の 4）.
		②児童福祉法施行に関する件（発児 20：都道府県知事）	・児童を里親に委託したときは，都道府県知事は，児童相談所等を通じ，厳重にこれを監督し，児童の労働力の搾取とみられるような行為がないようにすること. ・児童を他人に委託するときは，この法律による里親の制度を利用し，里親に委託するように宣伝指導に努めること.
		③児童福祉法施行規則（厚令 11）	・里親等希望者は，居住地の児童相談所又は福祉事務所を経て，都道府県知事に，その旨を申し出なければならない（第 30 条）. ・都道府県知事が適当と認めたときは，その者（里親）の住所，氏名，年齢，履歴，職業，資産の状況その他児童を委託するのに必要と認めた事項を里親登録名簿に登録しなければならない（第 31 条）.
1948	10	④里親等家庭養育の運営に関して（発児 50：都道府県知事）	・児童の里親委託の権限を児童相談所長に委任し，また，養子縁組についても児童相談所長が相談と斡旋の機能を果たすこと. 別紙「家庭養育運営要綱」 ・専ら児童を働かせようとする目的をもって，児童の養育を希望する者又は初めから児童を他人のもとに通わせて働かせることを希望する者に対して，里親として児童を委託してはならない. ・児童を養育しながら，そのもとで働かせることを希望する里親に児童を委託しようとする場合は，里親が遵守すべき条件を第 1 項の書類に記入し，児童相談所を経てこれを里親に交付しなければならない．但し満 12 歳未満の児童はこれに委託してはならない. ・里親家庭と養子縁組による保護を家庭養育として運営方針を規定した.
1949	5	⑤親元を離れ他人の家庭に養育され又は雇用されている児童の保護について（発児 45：都道府県知事）	・親元を離れ他人の家庭に養育され又は雇用されている児童について全国的な保護対策を保護対策実施要項により決定する．家庭養育雇用慣行の態様と実情の把握に努める. ・児童の福祉が保証される措置をとるように指導に努める．児童の就学を奨励すること. ・児童が就職するときは必ず公共職業安定所を利用する．仲介業者の排除根絶に努める. ・児童福祉法のいう里親制度の普及徹底を図る.
1949	6	⑥児童福祉法の一部を改正する法律（第 3 次改正）（法律 211）	人身売買防止のため，「営利を目的として児童の養育をあっ旋する行為」の禁止規定（第 34 条第 1 項 8 号）と同居児童の届け出制度（第 30 条）を設けた.

この通知に添付された保護対策実施要綱は、「家庭養育雇用慣行の態種は多様であって、先ずその態様と実情の把握に努めることが必要である」としている。そして、児童が虐待や冷遇されているなど著しく不適当な監護を受けている場合は、親元に帰すことや、他の里親に委託すること、適当な里親が見つからないときには児童福祉施設に入所させることなどの指導に努めるようにとした。しかし、引き続いて保護されることが児童にとって幸福であると客観的事情が認められる場合は、「先ず第一に児童福祉法にいう里親として的確なものは、法の里親にすること」とした。この点について、姜恩和（2013）は「慣行を里親制度に結びつけて積極的な働きかけを掲げている」と指摘している。つまり、加登田恵子（2009）が指摘するように、家庭養育雇用慣行は、「里親制度を利用するという行政コントロールを受けることになった」のであった。

保護対策実施要綱は他にも、児童が就職するときは公共職業安定所を利用すること、児童の就学を奨励すること、仲介業者を排除して里親制度の徹底普及を図ることなどが示されている。このように、子どもを虐待や冷遇から解放するために、さまざまな制約を設けるとともに、里親制度の活用を積極的に促していったのである。

さらに、一九四九年六月には児童福祉法の第三次改正が行われた。この改正は、一九四八年の末から新聞紙上でとりあげられて大きな社会問題になった栃木、福島両県における「児童の人身売買事件」が直接の契機になった（高田正巳　1951: 13）。政府は里親制度の整備強化をはかり、「営利を目的として児童を斡旋する行為」の禁止規定（第三四条第一項八号）と同居児童の届け出制度（第三〇条）を設けている（表2–2–⑥）。このように、法律に禁止規定を組み込んだのは、丹野喜久子（1997）によれば、人身売買の問題をＧＨＱが重視して国連に報告し、国連から「児童奴隷」の徹底的根絶への忠告が日本政府にあったという事情もあった。このように、政府は児童労働や児童の人身売買を防止する政策を打ち出していったが、これらは依然として排除しきれなかったのである。

一九五〇年五月には、児童福祉法の第四次改正において、里親の最低基準を定める（第四五条第一項）ことが明記された（表2–2–⑦）。最低基準を定めた理由について、高田正巳児童局長は国会で、以下のように説明している。

現在厚生省で定められております児童福祉施設の設備、運営についての最低基準を、里親における養育についても拡充するということであります。これは里親委託せられた児童の養育のために必要な点を定めて、里親の養育を科学的、合理的なものとし、児童の健全な育成を保障することを目的としております。そしてこの最低基準を維持するために、行政庁は里親に対して必要な報告をさせ、児童の福祉に関する事務に従事する官吏または吏員に、実地につき監督させることができることにいたしました（一九五〇年四月二六日衆議院厚生委員会三二号）。

児童の労働搾取や人身売買があとをたたない社会状況の中で、里親を管理・監督するために、政府は里親制度の法的整備を進めていったが、最低基準の制定は二〇〇二年まで先送りされ、「家庭養育運営要綱」が最低基準の代わりになるというかたちがとられた[13]。

2　保護受託者制度の導入とその意図

以上のように政府は、児童の人身売買や労働搾取防止のために児童福祉法の改正やさまざまな通知を都道府県に出すなど政策的対応をとってきた。さらに、一九五一年六月、児童福祉法の第五次改正において、保護受託者制度を設けた（表2-2-⑧）。この保護受託者制度については、これまでほとんど検討されていない。そこで、保護受託者制度の導入とその意図について分析する。

この保護受託者制度は、学校教育法に定める義務教育を修了した要保護児童を家庭に預かったり通わせたりして保護する制度である。里親制度と保護受託者制度は、浮浪児や戦災孤児の家庭的保護という共通点があったが、保護受託者制度は、年長児童のために独立自活に必要な指導を受けさせる職親という目的と意義があった。すなわち、「年長児童のアフターケアの一手段」（高田　1951: 16）という位置づけであった。高田（1951: 15）は、この改正の直接の契機は、国際連合のキャロル（Carroll, A. K.）が数多くの示唆と貴重な業績を残していったことであると述べている。

保護受託者制度創設の数か月後、一九五二年二月の国会審議では、山下義信委員から、里親制度の活用が少ないことを指摘され、里親制度の開拓の見込みについて質問を受けた高田児童局長は以下のように答弁している。

> 結論から先に申しますと、里親制度はまだ伸びると思います。（中略）今御指摘の日本の何と申しますか、慣習と申しますか、家庭生活の、社会生活の実態と申しますか、親子の間の感情と申しますか、そういうふうな日本の風俗、習慣というものが相当影響いたしまして、やはりよその国のような、例えばアメリカのようには伸びないだろうと思います。併しまだ伸びると思います（一九五二年二月二一日参議院厚生委員会八号）。

このように、高田児童局長は里親制度が十分に伸びていない事について、日本独特の「風俗・習慣」などが原因であると答弁している。[14] この時期、政府が児童労働搾取や人身売買の政策的対応を行っていたことを鑑みれば、日本の「風俗・習慣」とは、こうした問題を含んでいるとも考えられる。

さらに、高田児童局長は以下のように答弁を続けている。

> 先般の改正で御審議を頂きました保護受託者という制度を別に設けましたので、里親というものはもう純粋に養育をするということを中心のものに限つて行きたいと非常に厳格に考えておるわけであります。かような方針でおりまするので、保護受託者になる者も今後相当あると思います。（中略）併しながら結論的に申しますれば、（里親制度は）まだ伸びる余地があると私はそういうふうに考えております（一九五二年二月二一日参議院厚生委員会八号）。

高田児童局長の答弁からは、保護受託者制度を設けたことにより、里親制度から労働を切り離したのだから、里親制度はまだ伸びると考えていることが窺える。保護受託者制度は、年長児童のアフターケアとして導入されたものであったが、もう一方で、保護受託者制度を設けることによって、里親制度から労働という部分を切り離し、里親制度を純粋に養育する制度としたいという意図があったのではないかと考えられる。言わば、他人の家庭に預けられ、労働することを公に認めた保護受託者制度を利用させることにより、児童を労働力として求めるような里親委託を阻止しようとしたのである。しかし、この保護受託者制度についても、国会で藤原道子委員から「労働の搾取にならないか」という質問を出され、高田児童局長は、「労働搾取にならないよう、充分な注意を払っていきたい」と答弁している（一九五二年二月二一日参議院厚生委員会八号）。

さて、児童の労働搾取につながる人身売買についても、国会で問題としてあげられている。例えば、一九五〇年五月から一九五一年八月頃にかけて、八八名の女子年少者が人身売買されたという事件が取りあげられ、関係者の証言を求めている（一九五二年三月三日衆議院行政監察特別委員会一二号）。こうした議論に前後して、国は都道府県に対して児童労働の取締りに向けて注意喚起している。実際に一九五一年一〇月から一九五二年七月の間に、四つの通知により、児童の福祉を阻害する行為の禁止のためのひとつの方策として保護受託者制度を活用し適正な労働の便宜を図るよう都道府県に指導している（表2‐2‐⑨⑩⑪⑫）。

一九五二年二月一四日の通知には、「最近の社会情勢は、所謂人身売買を益々増加させ、それについて根本的な対策を講ずることは緊急の課題である」とあるように、政府が人身売買を社会問題として問題視していることがわかる。同通知において、中央青少年問題協議会において、所謂人身売買の定義とその基本的な対策要綱が定められたことを示し、関係各省がそれぞれ具体的対策を講ずることを通達している。なお、人身売買の定義を「児童をしてその福祉に反するような労務又は不当な人身の拘束を伴う労務を提供させ、その対価として財物その他の物を給付することを内容とする契約又はこれを斡旋する行為」としている。

保護受託者制度が新設され、その制度を活用するため、都道府県に通達するなど政策的対応をとったが、その後も、子どもの人身売買の問題は絶えることがなかった。一九五三年一二月参議院本会議において、子どもの人身売買についての質問を受けた山縣勝見国務大臣は次のように答弁している。

地域的には観念的に人身売買を何とも思わないというような風習の面もありまするから、これに対しましては、青少年問題協議会等が中心になつて啓蒙に努力をいたし、或いは又その他のあらゆる機関を通じて、例えば民生委員或いは児童委員等が指導いたし、或いはいろいろ斡旋をいたして、里親或いは児童の就職等に努力をいたし、なおその他、特に悪質のブローカーに対しては、関係各省と連絡をとりまして、かような人身売買のないように、できるだけ努力をいたしたいと折角、策を講じておる次第でございます（一九五三年一二月二日参議院本会議三号）。

この答弁の後に、拍手がおきていることが議事録に記載されており、こうした問題が、国会においても重要課題として関心をもたれていたことが窺われる。

以上述べたように、児童労働や子どもの人身売買の問題に対して、里親制度と保護受託者制度の活用がその対策として奨励された。しかし、保護受託者への委託児童数は、一九五二年から一九五四年にかけて一〇九人、一七三人、二二三人であり、里親委託児童数が七五三六人、八〇四一人、八六三三人であったのに比べると活用は非常に少なく、保護受託者制度の活用は政府の意図に反して十分なものではなかった。

第四節　ホスピタリズム論争の影響

わが国初の公式な里親制度は、一九四八年の里親運営要綱の策定と一九五一年の保護受託者制度の制定をもって、一応の完成をみたといえる。その同じ一九五一年に、厚生省児童家庭局は、ベンダー（Bender, L.）による『家庭生活に優るものはない』という米国児童福祉資料を訳出した。この資料では、施設養育の問題点を指摘し、子どもには暖かい家庭が必要であることや里親保育は出来る限り早い月齢に始めるべきであることが指摘されていた（ベンダー 1950)。同時期、厚生省は施設数と施設収容定員を増大させ、施設養護を促進するような施策をとりつつ、一方では施設養護の限界を指摘するような文書を出している。野澤（1996）が指摘するように、この文章は、当時の施設関係者に衝撃を与えている。

また、ベンダーの翻訳が発表された同年、ボウルビィはWHOから、『Maternal care and mental health』を出版し、養子縁組、養育ホーム、グループケアなどの事例から、乳幼児期における母性的養育の重要性やホスピタリズムの原因が母性的養育の剝奪にあることを指摘し世界的に大きな衝撃を与えた。同書は、その後一九六二年に『乳幼児の精神衛生』と題する翻訳書として出版された。ボウルビィ自身はここから母子間の愛着[15]の重要性を主張する研究へと移行していく。このような時代背景の中、わが国においては、一九五〇年に『社会事業』誌に発表された堀文次の「養護理論確立への試み」をきっかけに、主に施設関係者の間で一九五〇年代始めに、ホスピタリズム論争と呼ばれている議論が起きている。野澤（1996）によれば、このホスピタリズム論争に関連する論文として、『社会事業』誌だけで、三二本が発表されている。

この論争を振り返り、窪田暁子（1986）は「ホスピタリズムといわれる現象の研究と児童の施設養護そのものの肯定あるいは否定が、このように直結して論じられた結果、心理学的、医学的研究の成果は必ずしも正確に反映されず、「論争」は社会的養護の形態をめぐる関係者の意見と不安を反映したり、必ずしも十分な資料に拠らないままの主張を含むことになった」と述べている。すなわち、ホスピタリズム論争は、科学的な観点から十分に議論されたとは言えなかったのである。野澤（1996）は、ホスピタリズム論争は、「論点が深められないままの状況が入所措置福祉で固定され制度化されていったのではなかろうか」と、その後の社会的養護への影響を指摘している。

このように総括されるホスピタリズム論争であるが、当時、厚生省はどのような反応を示したのであろうか。ホスピタリズム論争の最中に、一九五二年から二年間にわたり、「厚生科学研究費」による大規模なホスピタリズム研究（代表：谷川貞夫）が行われている。その報告は、ホスピタリズムの存在を実証し、その予防策として、第一に里親制度の確立、第二に小舎制の採用をあげている。「家庭生活とその社会経験が、正常な人格の発達に不可欠であるとするならば、里親家庭がもっとも理想に近いということになる」と述べ、特に「乳幼児は、里子を原則として、その制度の確立を期すべきであろう」と結論づけている（谷川　1954）。このように、ホスピタリズムの研究により、集団的な施設よりも里親制度が有効であると主張されたのである。

また、一九五三年一二月、国会で厚生省の太宰博邦児童局長は児童福祉事業一般について説明し、ホスピタリズムについて次のように述べている。

多数の子供を養護施設で預かつておりまするというと、いわゆるホスピタリズムと申しまして、一つの癖が出て来る。本当に子供のためを思うならば、できるだけ家庭に近いような環境で育てるのがいいのだというようなことが唱えられております。さよう点から考えまするというと、里親の制度というものが普通の家庭に代るものとしては好ましい形態であるというふうにも感じられるのでありまして、かような点から、里親の制度を育成して参りたい（一九五三年一二月四日参議院厚生委員会二号）。

さらに、一九五四年に刊行された『養護施設運営要領』には、次のように書かれている。

現在の職員一人当りの担当児童数その他の事情等からかん案しても、施設保護はともすれば児童の個別指導が十分に行きとどかないところもあるので、すくなくとも幼児については里親の方がより家庭に近い環境のなかで適切な指導を与えると思われる（厚生省児童局　1954）。

この時期、厚生省は、ホスピタリズムの問題に言及し、家庭的で個別的な養育環境の必要性を主張し、里親制度を伸ばしていきたいと述べてはいても、里親制度を積極的に推進する具体的な政策を打ち出さなかった。当時、児童相談所は全国で一二〇か所ほどと少なく、その内容も極めて不備な状態であったという背景があった[16]。結局、ホスピタリズムの問題について、施設関係者は施設養育そのものが母性剥奪になっているとは捉えずに、施設内でのホスピタリズムの解消に向けた養護原理の確立が強調されたのである。このようにホスピタリズム論争は施設措置優先からのパラダイム転換には至らず、施設養護の改善へのムーブメントになってしまったのである。

第五節　本章のまとめ

本章では児童福祉法成立期の里親制度をめぐる政府の課題と意図、及びその位置づけについて検討した。

その第一は戦争末期の浮浪児対策から、児童福祉法成立までの家庭的養護の位置づけの変遷についてである。終戦前後から、街にあふれる戦争孤児などを中心とした浮浪児対策が喫緊の課題であり、児童福祉法という考えが導入される以前は保護対策を中心に政府は捉えていた。実際、一斉に浮浪児たちを施設に収容保護する「浮浪児狩り」が行われていた。しかし児童保護を法制化することを考えていた当初から、政府は施設養護より家庭的養護の方が望ましいと捉えていた。この考え方にはしばしばＧＨＱ／ＰＨＷの影響が取り沙汰されるが、政府はＧＨＱ／

ＰＨＷの指示以前から、家庭的養護の優先性を認識していたと考えられる。

里親が児童福祉法に規定された背景には、児童保護施設の量的不足と質的な問題があった。そこで、政府は施設保護だけに依存しない個人養育を開拓しようとし、児童の福祉を保障するために個人養育を法の管理下におこうとした。そこで、里親を児童福祉法に規定し、里親委託を児童保護育成の方法として定着させようとしたのである。

第二に検討したのは、児童福祉法成立後の児童をめぐる問題と里親制度の関係、及び政府の対応である。当時は子どもの労働搾取や人身売買が社会問題となっていた。そのため、厚生省は子どもの労働搾取や人身売買を防止するために、里親制度を活用すること、さらには厳重に里親を監督し、労働搾取がないように配慮することを都道府県知事に注意喚起するなどの児童労働搾取の防止に追われたのである。しかし、里子を養育しながら、同時にその労働を里親制度は条件付きで容認してしまっていたため、結果的に里子の労働力の供給源に里親制度がなってしまうことを排除しきれなかったのである。

児童労働搾取や人身売買が社会問題となる中で、年長児については独立自活という観点から保護受託者制度を設けたが、保護受託者制度は里親制度に比べあまり活用されず、政府が目指すような効果は得られなかった。里親制度についても、制度創設五年あまりで、わが国の風俗・習慣を理由に、里親制度への限界やあきらめといった認識が厚生省内にあったことが窺われた。

また、家庭養護優先にしようとしていたのであろうベンダー（1950）の文書が、ホスピタリズム論争を呼び起こし、政府は里親を推奨したが、実際には、要保護児童の措置先は圧倒的に施設であり、里親中心の委託システムへのパラダイム転換は起きなかった。その要因の一つとして、政府は里親制度が内包してしまった負の側面を撲滅することに傾注せざるを得なかったことが考えられる。

以上のようなわが国の里親制度への政府の認識や位置づけは、その後の里親制度にどのように影響していくのか、第三章で論じていくこととする。

注

1　松本（1985）は、里親制度発足後しばらくは古い里親の実態が存在し、行政当局も労働力利用目的の里親を認めていたなど、里親制度の出発点における問題点を検討しているが、政策的対応とその意図については十分に検討されていない。

2　土屋（2014: 68）は「占領期の浮浪児対策は、施設保護対策よりも里親委託や養子縁組の斡旋を優先させることを明示するかたちでなされるが、この優先順位自体が、終戦後間もない時期に占領政策が開始される以前に、日本政府から出されたこの要綱においても言明されていたこと自体大変興味深い」と述べている。

3　一九七八年の『児童福祉三十年の歩み』には、「戦災孤児等保護対策要綱」を振り返り、「施設による収容保護対策が取り上げられた」（厚生省児童局　1978: 8）と書かれているが、個人家庭での保護や養子縁組の斡旋については触れられていない。

4　長野県の円福寺愛育園は、一九四七年三名の孤児を上野駅より連れ帰り、円福寺庫院をそのまま施設として一九四八年五月五日に創立した（同園ホームページ http://enpukuji-aiikuen.com/about/index.html, 2019.2.28 閲覧）。

5　三吉ほかは家庭での養育が最も望ましいという思想として、一九〇九年の白亜館会議（White House Conference）でアメリカ大統領テオドール・ルーズベルト（Theodore Roosvelt）が「家庭生活は文明所産のうち最も高い、最も美しいものである。精神と性格を形造る力である。児童は緊急やむを得ない理由がない限り、家庭生活から引き離してはならない」という宣言等をあげている（三吉ほか　1963: 16）。

6　この児童福祉法（案）要旨は『児童福祉法成立資料集成　上巻』七六三頁～七六五頁に収録されている。

7　公衆衛生福祉局（ＰＨＷ）は一九四五年一〇月二日、ＧＨＱの発足と共に設置された。同局は防疫、保健、福祉、衛生行政等を担当し、厚生省の再編、保健所制度の強化、医術・歯科医術・看護等の分野の改革、麻薬取締り、児童福祉、身体障害者福祉、社会保障、公的扶助、伝染病予防等に携わった（国立国会図書館リサーチナビ http://rnavi.ndl.go.jp/kensei/entry/PHW.php）。

8　岩永（2006）によれば、「日本政府宛覚書草案」の一二のプログラムには、以下の記載があった。①世話または支援の明確な方法が欠けている、居場所のない家なき児童の継続的な捜索。②児童を受け入れ、措置する機関。一時保護を提供する機関。③社会サービス登録システム。このシステムを通じて、各機関は援助を試みている個人の情報を交換できる。④有効な里親措置プログラム。⑤里親家庭に対する、均一基準による適切な政府補償。⑥適当な里親家庭がない児童の世話と処遇のために、適切に指導監督された公私施設。⑦再生された少年審判所システム。⑧少年拘置所と教護院の分離。非行傾向がある児童に、人道的かつ有益な拘留と処遇を保証するために、適切な設備と十分な人的配慮がなされること。成人の犯罪者との明確な区別。⑨両親、親戚、里親、施設等どこにいても、児童が健康と正常な発育に最低限必要な食事を与えられるよう保証するために、政府は現金または現物給付（あるいはその両方）を行い支援すること。⑩すべての福祉施設における均一な栄養計算システム。⑪多様な児童福祉領域において、経験と訓練を基準とした、常勤・有給の政府職員の任用。⑫不適切な職員の解任である。

9　WEEKLY BULLETIN とはＧＨＱの公衆衛生福祉局（ＰＨＷ）がまとめた府県軍政チームへの連絡文書のことである（杉田聡のホームページ：日本の近代化と健康転換 http://www.rekishow.org/GHQ-PHW/index.html, 2019.3.25 閲覧）。

10　Public Health and Welfare Section（1946）Weekly Bulletin Nov.10- Nov. 16 前掲のサイトの資料を基に、原文を国会図書館のデジタルコレクションにて確認した（国会図書館デジタルコレクション http://dl.ndl.go.jp/, 2019.3.25 閲覧）。

11　「家庭養育運営要綱」には、里親が遵守すべき事項として、①一日の就業時間の制限、②危険有害な仕事にはつかせない、③肉体的精神的に苦痛を与える仕事につかせない、④午後八時から、午前五時までの間に働かせないことが記述されていた。

12　一九四八年、第一次舵子事件が起きた。これは雇主のもとから逃亡した二人の少年が、警察に保護されたことに端を発し、舵子の監禁死亡事件が判明し、雇主が実刑判決を受けた。一九五一年、第二次舵子事件が起きた。これは五名の舵子の集団脱走に端を発して、新聞や写真雑誌に典型的な人身売買の事件として取り上げられ、ＮＨＫでラジオドラマ化された（加登田 2009）。

13　山本（1988）は、里親制度は基本的にはボランティアの家庭に児童を委託することであるため、施設の最低基準のような命令は出さず、一九四八年の「家庭養育運営要綱」が、里親制度の最低基準の代わりになっていたと述べている。

14　こうした発言は、「毎年の里親月間に各地で行われる『里親開拓運動』の不毛な結果」（岡村　1964: 24）によるとの見方もあった。

15　一九六〇年代終わりから一九七〇年代にかけて、Ｊ・ボウルビィによって愛着（attachment）に関する『母子関係の理論』三部作が刊行されている。特定の対象に対する特別の情緒的結びつき（affectional tie）をボウルビィ（1969）は愛着（attachment）と名づけた。この愛着の概念は、親と子の絆の形成が子どもの発達やその後の人間関係にも影響をもたらすという特に乳幼児にとっての家庭的養護の重要性を示す概念である。

16　厚生省太宰局長は、里親制度を育成して行くにあたって、「それにはいろいろな障害がございまするが、それも片附けて、とにかくこの制度を伸ばして行きたいというような気持も持つております。又児童相談所は現在御承知の通り百二十カ所ほどございまするが、これも内容がまだ極めて不備でございます。かような点についても、内容の充実というものも図つて行く必要があるのではないか、かように考えておる次第であります」と答弁している。

第三章　里親制度の衰退期（一九五五年頃〜一九八〇年代）

——公的責任の回避とボランティアへの位置づけ

第二章で論じたように、里親制度の創設期には、政府は児童の保護先として、家庭が一番よいと捉えていたが、多数の浮浪児の保護を優先せざるを得ず、施設保護に大きく依存していた。さらに、児童の労働搾取や人身売買が問題となっており、その防止策として政府は里親制度を活用することを勧めると共に、厳重に里親委託を監督し、労働搾取がないよう注意喚起することに追われていた。ところが、里親制度は児童労働を条件付きで容認するという自己矛盾を抱えていた。里親制度発足から数年後には、厚生省から里親委託が思うように拡充しないことへの弁明が聞かれるようになる。このような、創設期の里親制度が持つ問題点や、政府・厚生省の消極的姿勢は、一九五八年にピークとなった後の、里親委託児童数の減少として現実のものとなってくるのであった。

本章ではこの後の委託児童数の漸減した時期を「里親制度の衰退期」とし、政治・経済状況と里親制度・政策に関する国の認識に焦点を当てて検証する。その際に、里親制度の史的展開を社会経済的要因から、一九五五年頃から一九七三年までの高度経済成長期と一九七四年から一九八〇年代終わりまでの低成長・臨調行政改革期の二つに区分し、里親制度・政策を検討する。

第一節　里親と施設への措置数減少の要因

里親委託児童数の減少の問題を論じるときに、養護系施設（養護施設と乳児院）との関係を見ていかなければならない。なぜならば、要保護児童の多くは里親委託又は養護系施設への措置となるため、要保護児童に占める里親委託と養護系施設への措置の比率は、必然的に一方が高くなれば、他方は低くなるからである。里親だけでなく、養護系施設の入所児童数はどのように推移していったのか、里親委託児童数の推移を養護系施設入所児童数の推移と関連づけて分析する。

里親委託児童数等の推移を図3-1に示した。登録里親は前章で検討した一九四七年から一九五五年までは急激に増加している。それに比べて委託児童数は一九五〇年頃から伸び率は緩やかになり、一九五八年にピークを迎えている。一九五五年には、受託率（登録里親に対する受託里親の比率）が五〇％を下回っている。

養護施設の入所児数等の推移を示したのが図3-2である。戦後、要保護児童の保護先が不足していたため、国は一九五〇年に始まった朝鮮戦争の経済効果による好景気を背景に養護施設を増加させた。一九四七年の三〇六施設から一九五五年には五二八施設へと八年間に二二二施設が設立され、伸び率としてはおよそ一・七五倍になっている。養護施設入所児童数も、一九四七年には九、八四〇人であったのが、毎年急増し、一九五九年には三五、四三四人でピークを迎えている。養護施設の定員数に対する入所数である充足率を算出すると、一九五三年から一九五五年にかけての三年間は一〇〇％を超えている。一九五二年以前の養護施設定員数は不明だが、戦災孤児、浮浪児問題対策を急務としていた国の状況からは、一九五三年以前も養護施設の入所数は定員数を上回っていたと推測できる。

里親の場合は、委託児童数に比例して受け皿である登録里親数も減少していったが、施設の場合は、戦後、需要に合わせて定員数を増大させてきたため、要保護児童が減少すると定員割れを来たし、充足率低下という問題を抱えるようになった。施設の充足率が低下すれば、施設入所が容易にできる状況になり、里親委託の運用にも影響が

図 3-1　登録里親数，受託里親数，委託児童数，受託率の推移

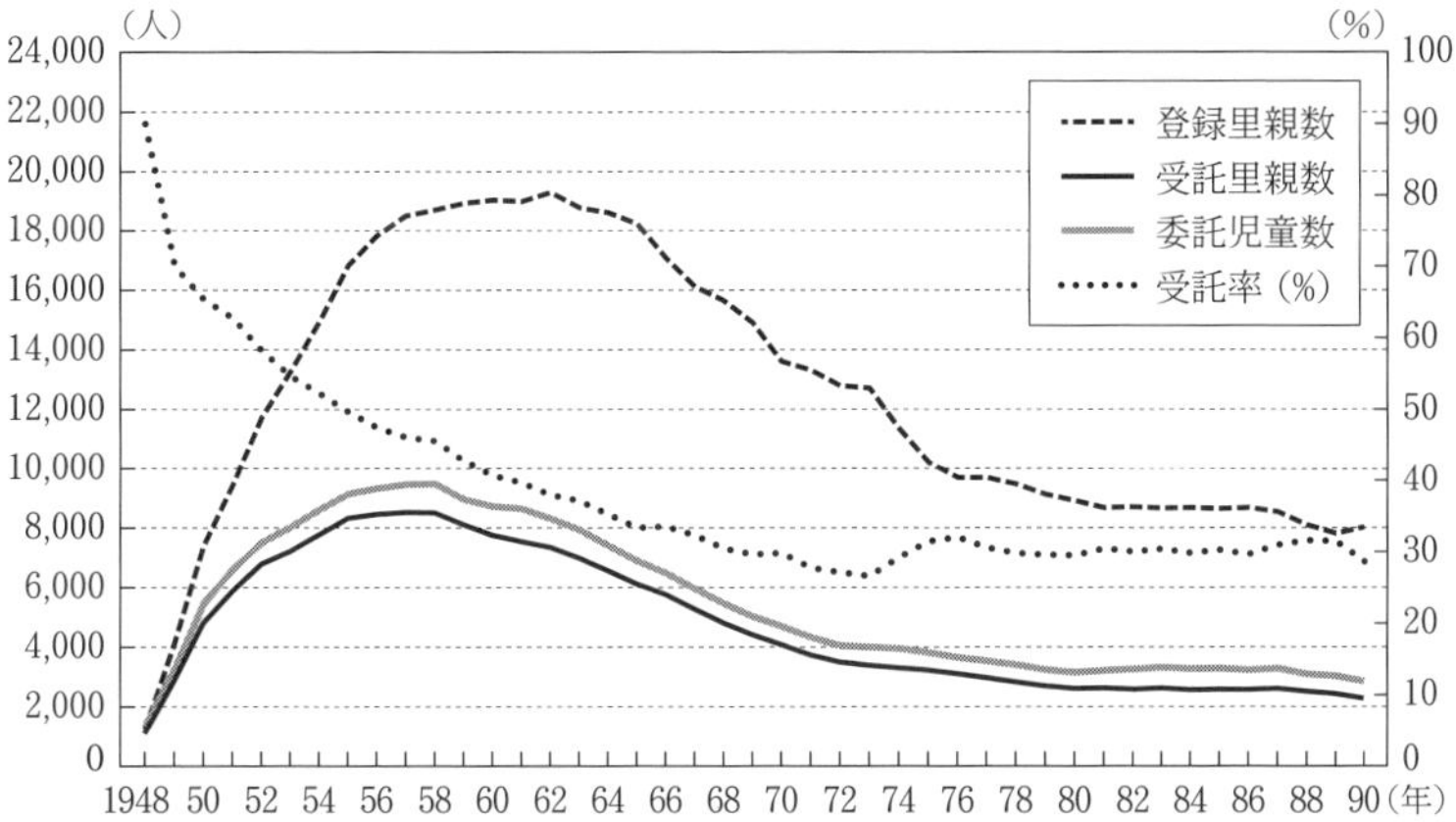

出典：各年度の福祉行政報告例より作成.

図 3-2　養護施設の入所定員，在籍人数，充足率の推移

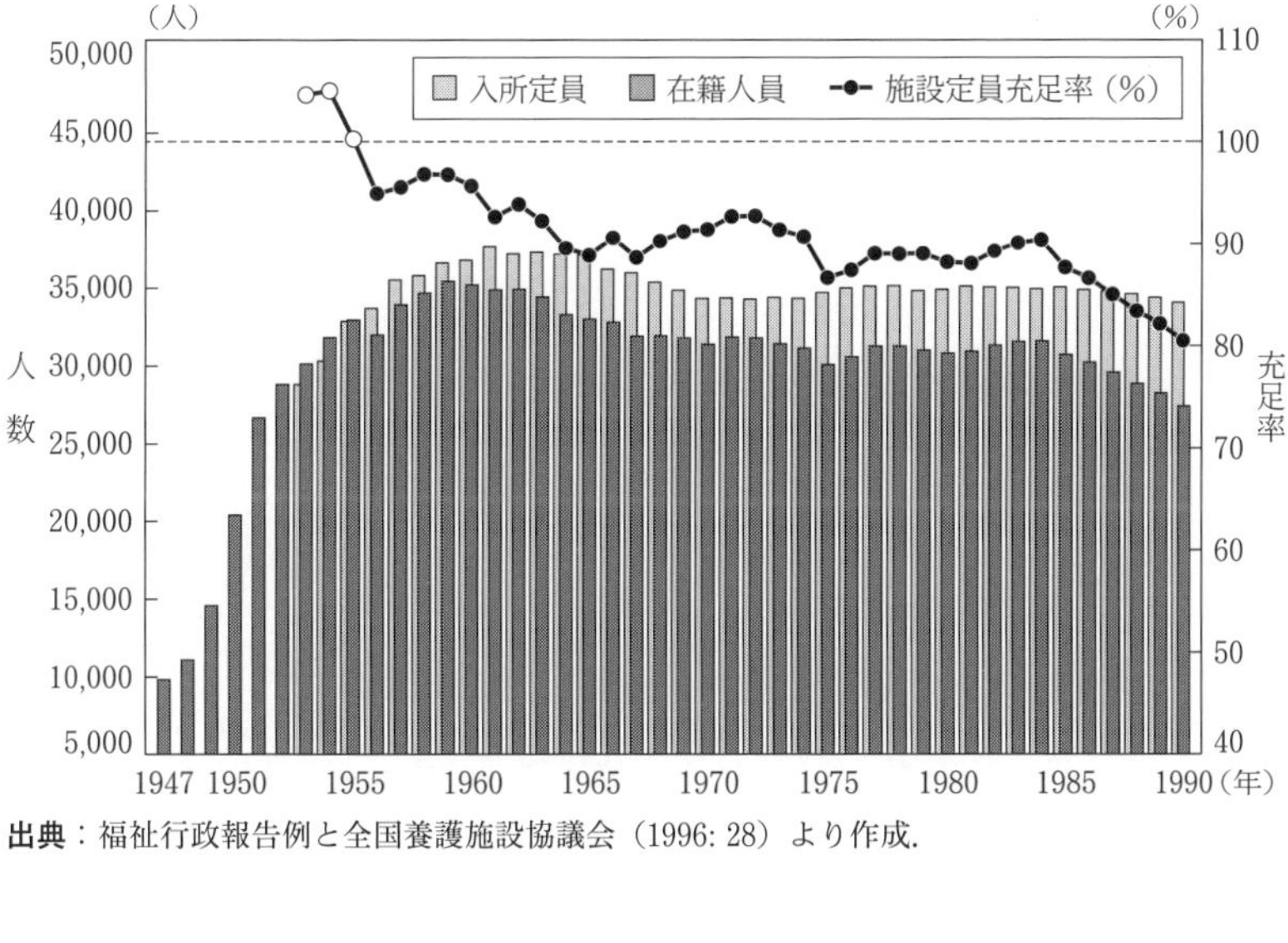

出典：福祉行政報告例と全国養護施設協議会（1996: 28）より作成.

表 3–1　施設入所児数と里親委託児数

年度	養護施設入所児数	乳児院入所児数	里親委託児数	入所児数＋委託児数
1950	20395	1708	5488	27591
1955	32944	2755	9169	44868
1960	35212	3121	8737	47070
1965	32986	3188	6909	43083
1970	31389	3331	4729	39449
1975	30084	3126	3851	37061
1980	30787	2945	3188	36920
1985	30717	2885	3322	36924
1990	27423	2599	2876	32898

出典：福祉行政報告例，坂田編（1986: 74），Goodman（2006: 78）をもとに作成.

出ることになる

一九五〇年から一九九〇年までの施設入所児数と里親委託児数の推移を示したのが表3−1である。一九五〇年から一九五五年までは、施設入所児も里親委託児も同様の伸び率を示している。一九五五年から一九六〇年にかけて里親委託数は減少を始めており、この五年間で、約四〇〇名委託児が減少しているが、養護施設入所児数は、約二、〇〇〇名増加している。

表3−1を基に一九五五年の施設入所児数と里親委託数を一〇〇と指数化した年次推移を図3−3に示した。一九五五年を起点として、その後の二〇年間の推移を見てみると、措置・委託された全体の人数は二〇ポイント減少している。一方、養護施設入所児数は約一〇ポイントの減少にとどまっているのに対して、里親委託児数は約六〇ポイント減少している。また、一九七五年からの一五年間では、養護施設入所児数も里親委託児数も、更に約一〇ポイント減少している。乳児院については、当時は二歳未満の幼児を預かる施設であるため、措置から解除までの期間が短く養護施設とは違った推移をみせている。乳児院に特徴的なのは、在籍数が一九七〇年まで増加し続けていたことであるが、その後減少している。いずれにしても、施設入所児の減少率よりも、里親委託児の減少率は大きく、社会的養護に占める里親委託の割合が低くなっていったことが確認できる。

このように、一九五〇年代後半のほぼ同時期に、里親委託数も、養護施設措置数も頂点に達し、その後は減少傾

図 3-3　1955 年の施設入所児数と里親委託児数を 100 とした比率の推移

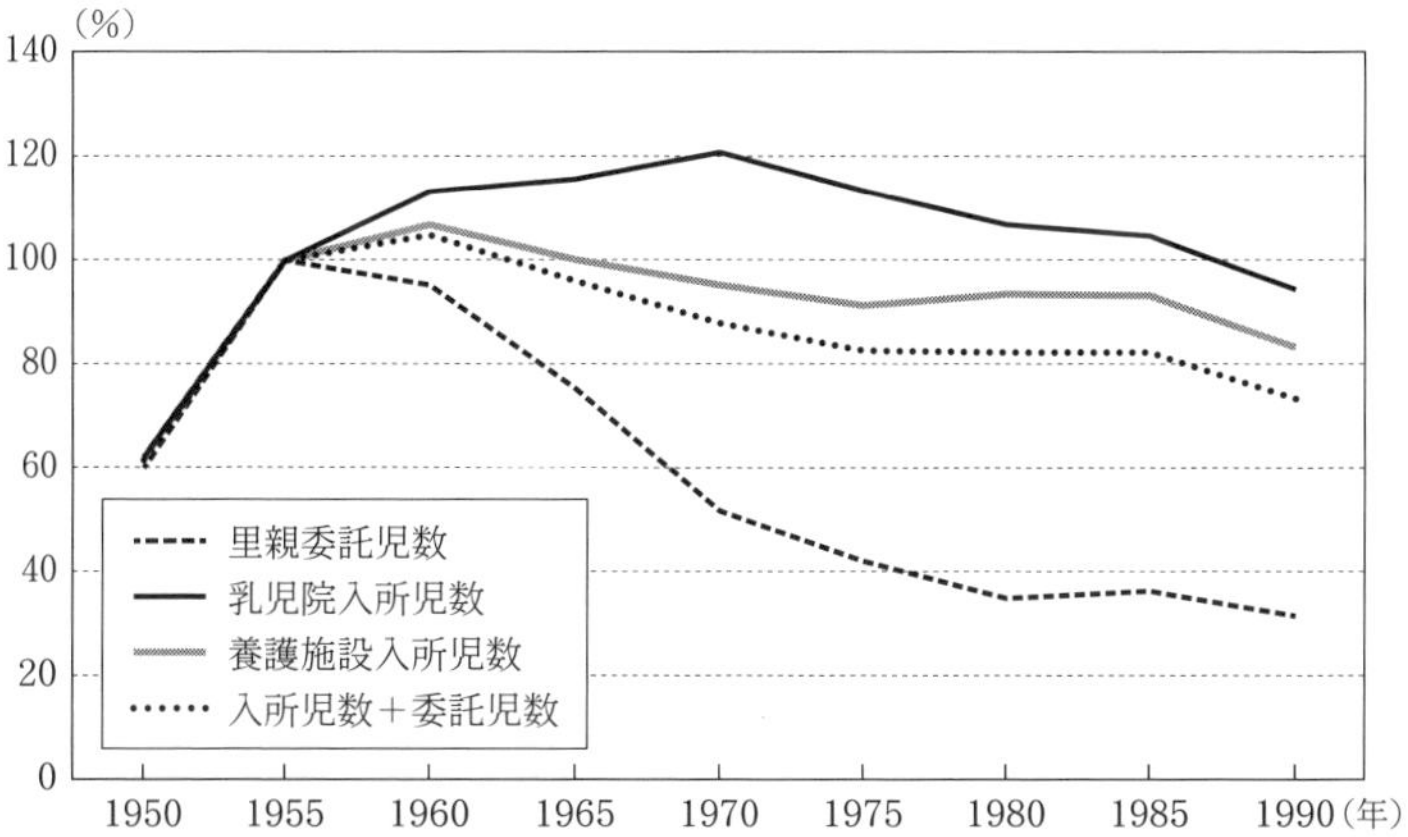

出典：表 3-1 をもとに作成.

向となっていった。これは、戦後数多く保護された戦災孤児や棄児たちが成長し、義務教育を修了し、里親委託や施設措置が解除されていったことが主因である。一九五〇年代末には、里親委託も施設措置も戦後処理としての児童保護事業の終焉を迎えたことになる。

第二節　高度経済成長期の里親制度

1　経済成長の進展と産業構造の変化

本節が取り上げるのは、日本のGNPの伸び率が一〇%に達した一九五五年から一九七三年の高度経済成長期である。一九五六年の経済白書は「もはや戦後ではない」と、戦後復興の終了を宣言した。工業化が進展し、日本の産業構造が大きく変わった時期でもある。国勢調査のデータを基にした産業別就業人口の比率を図3-4に示した。一九五〇年代半ばまで、第一次産業の比率が最も多かったが、その後、特に、第三次産業の比率が増加している。

表3-2に示したのは中学卒就業者の農業及び製造業に占める割

図 3-4　産業別就業率の推移

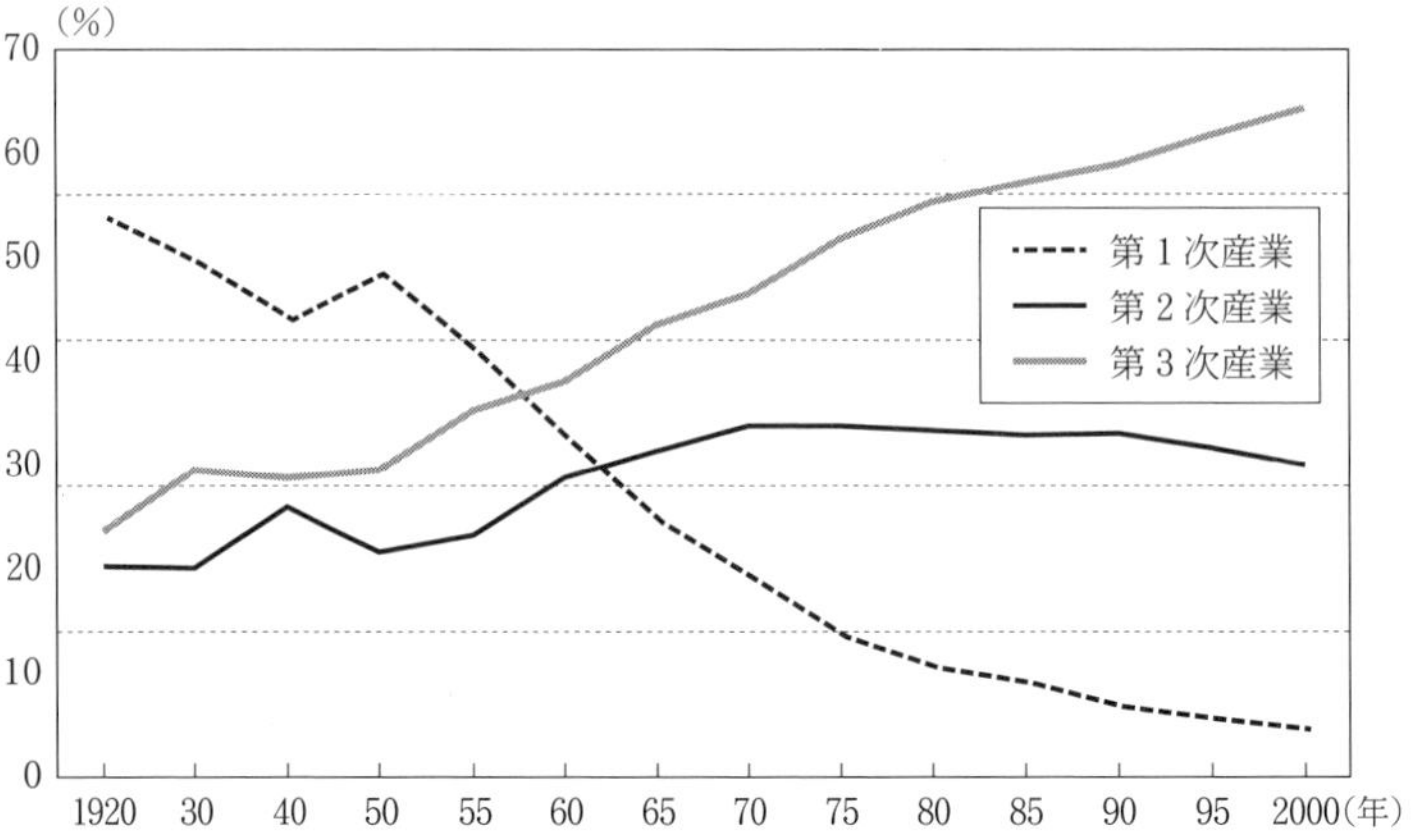

注：総務省統計局「国勢調査」から厚生労働省政策統括官付政策評価官室作成.
出典：厚生労働省（2005）『厚生労働白書』p. 5.

合である。中学卒労働力の就業先は、既に一九五一年から農業から工業へ急速に移行し始めている。一九五四年以降には全産業に占める農業の割合は三〇%を切り、さらに下がり続けていった。

こうした産業構造の変化は、里親委託児童数の減少に大きく関与している。つまり、一九五〇年代半ばまでは、産業が農林漁業中心であったため、里子村も各地に存在しており、里子村以外でも里子を預かって農林漁業を手伝わせている里親もいた。しかし高度経済成長の進展と共に、労働人口の地方から都会ないしはその近郊地域へという移動が進む中で、核家族化が進展し、労働者はサラリーマン化し、妻は家庭で育児を担当する役割分業化が進行したのである。当然、養育されつつ農林漁業を手伝っていた里子は減少していった。

一九五六年版の厚生白書は、児童福祉について「社会生活の変化に伴って、家庭生活の形態も次第に変化し、必ずしも父母の手のみでは児童の健全育成の責任が負いきれなくなった。あるいはまた、児童の福祉を脅かす社会的な要因が、時とともに増大してきた」ことから、「今日の常識として、国家社会は人道上あるいは社会秩序の上から放置できないいわゆる『要保護児童』のための施策のみならず、ひろく一般児童の健全育成のため、積極的に手をさし伸べるべきであり、そのような制度が次第に造られつつある状況である」（厚生省 1956）と記述している。児童福祉において、浮浪児保護対策といった戦後処理の時期は終わり、一般児童の健全育成へと政策を転換しようとしていたことを示している。

その後、一九六〇年版の厚生白書のテーマにあるように「福祉国家への道」が始まったのである。[2] しかし、高度経済成長は社会の歪みも引き起こすことになった。[3] 直井道子（2010: 18–19）が指摘するように、「高度経済成長期の後半になると、高齢者、母子世帯など、高度経済成長から取り残された人々の問題や公害や交通事故など急激な高度経済成長の歪みも明確になり、革新自治体の誕生を促した」。以上のような社会状況を背景に、一九六三年に中央児童福祉審議会は、家庭の機能を再確認し、児童と家庭を一体として把握する方向性を示している。

表 3-2　中学卒就業者の農業および製造業に占める割合
（全産業＝100）

中学卒業	男子		女子	
年月	農業	製造業	農業	製造業
1949	54.9	20.9	57.3	18.3
1950	56.7	18.4	58.9	20.6
1951	48.4	26.5	50.4	29.9
1952	43.5	29.3	47.4	27.2
1953	33.4	38.4	33.6	37.9
1954	30.2	41.7	30.4	40.3
1955	28.8	39.6	29.9	35.9
1956	24.2	44.6	24.3	41.8
1957	19.7	51.1	19.6	48.8

出典：文部省「学校基本調査」「産業教育調査」[1].

2　厚生省の里親制度への認識

厚生省の里親制度への認識は、厚生白書の里親制度に関する記述から以下のように読み取ることができる。一九五六年版の厚生白書では、「里親制度とは、親のない児童を篤志家の手もとに預けて、その家庭的雰囲気の中で育てて行こうとする制度である」としている。また、里親制度の当時の問題として、里親登録数は年々伸びていても、委託児童数はそれに比例して伸びていないことをあげ、その原因として、里親側の児童に対する希望条件が難しくなっているということと、里親に支給される養育手当が少額であるためであろうと記述している。さらに、この制度はすぐれた長所をもっているため、一般世間の篤志家にすすんで名乗りをあげてもらうように、委託促進運動ないしは里親開拓運動が必要とされるのであるとしている（厚生省　1956）。

一九六〇年版の厚生白書では、「国民性がこうした制度になじみにくいことなどいろいろ理由もあろうが、不幸な児童の福祉を少しでも向上するために、児童が暖かい家庭の雰囲気にふれることができるこの制度の育成には、さらに一層の努力がはらわれてしかるべきであろう」（厚生省　1960）と里親委託が伸び悩んでいる理由を国民性という曖昧なものに起因させ、他人事のように記述し、具体的な里親委託推進の方針を提示していない。

『児童福祉白書』（厚生省　1963）によれば、一九六三年当時の里親制度の現状は、全国の里親一八、九三〇人のうち、三一％は登録後一回も児童を委託されたことのない里親であり、未委託里親の多い原因の一つとして養子縁組を前提とする里親が多いことがあげられている。さらに、登録里親を職業別に見ると農林業経営が三二・二％と最も多く、「とかく自営業においては、児童の労働力が期待されやすいので、労働過重等の弊害がないよう、これらの家庭の里子養育に対して一層の指導が必要である」とし、労働力目的の里親の存在がまだ残っていることを示している。保護受託者については、委託児童数は一一九人（一九六二年九月現在）で、減少傾向にある。その原因について、「施設収容児童の義務教育終了児童の就職状況が好転し、保護受託者のもとに行くことを希望するものが少ない」ことをあげ、「比較的知能の遅れた児童には効果的である」（厚生省　1963: 100–101）としている。

さて、一九六一年に厚生省児童局長になった黒木利克（一九六四年からは厚生省児童家庭局長）は、「里親制度は民間の篤志家の行うべき事業としてきわめて適当なものであり、またその効果のきわめて大きいものであるので、今後の発展が期待される」と里親制度重視の姿勢を示している。また、「本来里親制度は、家庭環境に恵まれない児童にできるだけ家庭的生活をあたえるために設けられた制度である。児童福祉施設における生活は専門家による適切な指導を受けられるという点では大きなプラスであるが家庭生活という面では劣っている」（黒木　1963: 35）と要保護児童が家庭生活を送る重要性を論じている。

さらに、『里親制度の研究』（三吉ら　1963: 3）には、黒木が、「これがわが里親制度の科学的研究についての契機となり、制度運営の効果に役立つことを信じ江湖に推薦する次第である」という序文を寄せている。『里親保護――その研究と実践』（小笠原　1967）には、渥美節夫が「序」を寄稿している。当時、黒木と渥美は二人とも現役の厚生省児童家庭局長であった。このように二つの著書の序文を通して、厚生省は里親制度に期待していることを表明したのであった。

3　里親制度促進の取り組み

このように、厚生省が里親への期待を表明しているにもかかわらず、里親委託児童数が停滞していった。その中で、当時の里親制度の新たな展開は一部の自治体と民間団体の取り組みの中に見出される。それは、一九六〇年代初めから神戸市と大阪市に設立された家庭養護促進協会によって始められた家庭養護寮制度である。家庭養護寮制度とは、児童相談所から委託される児童を二名以上里親家庭に委託するというもので、里親制度と施設養護の中間的機能をもつものであった。また、家庭養護促進協会は一九六三年から「愛の手運動」と呼ばれる新聞やラジオを媒体にした里親開拓運動を始めている。

こうして民間団体が里親開拓・里親委託促進運動を始めた頃、厚生省による里親促進政策は、里親および保護受託者制度の普及発展のため毎年一〇月に里親および保護受託者を求める全国運動を行なっていることや、一九六一年度から里親委託支度品の支給が国の助成によって行なわれていることであった（厚生省　1963）。

さらに、里親家庭への支援として、一九六七年に「里親に委託された児童（里子）に係る扶養控除の適用について」（児発第六四三号）が出された。この通知は里親委託児童が所得税法に規定される扶養親族とされ、扶養控除が適用されるというものであった。翌年には地方税に関しても適用となった。これによって子どもを持つ一般家庭と同様の税制優遇策がとられるようになった。その背景には、児童扶養手当法など経済成長政策の下で、子どもを抱える家族に対する社会福祉政策の前進に連動したという側面があった。[4] 前述した黒木の「里親の養護技術の向上を図る必要がある」という発言からすると、税制優遇という経済面だけにとどまった対応策は的外れであった。ところが、これらの通知に対して当時の全国里親会の会長であった渥美節夫は、「里親の所得課税についての大革新であり、大きな影響を与えることになった」と評価している（網野　2003: 5）。確かに、税制優遇措置は経済的に里親家庭に歓迎されたことが想像できるが、これをもって里親制度の推進と言うには乏しい対応策であった。

その後も一九六八年版の厚生白書では、「里親制度を推進させるためには、その運営方法を社会情勢の変化に即応させるなど、効果的な運用を図る必要がある」（厚生省　1968）とし、里親制度の進展は、運用の問題であり、制度・政策の問題として考えられていないことが読み取れる。

4　厚生省の養護施設への認識

要保護児童の養護を中心的に担っていた養護施設の充足率は一九五九年以降低下し、その後も九〇％前後で推移している。そこで厚生省は、一九六四年に全国児童課長会議において、全国の養護施設で定員の一割が未充足状態にあり、入所児童の約二割が本来の養護施設対象児童ではないとの見解を示し、養護施設の定員削減や他業種への転換を指示している（全国養護施設協議会　1996: 45）。一九六四年版の厚生白書でも、「養護施設の実体を分析把握するとともに、施設の規模、運営形態、児童の指導方法などについて再検討を行なう必要がある」（厚生省　1964）とし、養護施設そのものの見直しを課題としていた。そこで、厚生省は一九六八年に支弁定員払制[5]を設定するという案を示した。これに対して全国養護施設協議会（全養協）は反対の要望書を提出し、厚生省は支弁定員払制を断念したが、その後、開差是正措置[6]の動きへと展開するのである（全国養護施設協議会　1996）。

一九七一年一月、厚生省は養護施設に対して、前年度の児童定員充足率が八五％以下の場合、暫定定員を設けて事務費を支払うという開差是正措置のための開差一五％案を発表した（全国養護施設協議会　1996: 48）。この措置は、施設運営上の危機と施設側は捉え、全国養護施設協議会は「定員と現員の開差に関する全養協の見解」を発表し、厚生省や都道府県などに送付している。[7]その結果、厚生省は一九七二年四月「児童入所施設の定員と現員との開差の是正措置の円滑なる実施について」[8]（児企第一三号）を通知して、開差が一七％を超えた場合、是正措置（定員の改定または暫定定員の設定）を講ずることにした。すなわち、充足率が八三％を下回ると暫定的に定員数を減らされてしまうという仕組みをつくったのである。児童福祉施設にとって定員数を暫定的にせよ減ぜられることは施設の経営の圧迫だけでなく、その結果としての施設の存続にも関わる問題であったため、国に対して児童収容施設暫定定員制撤廃を要求したり、児童福祉緊急全国代表者会議が開催されたりした。また、その通知では開差が一〇％から一七％の施設については、当該施設の開差が生じている原因を十分究明し、必要に応じて、児童相談所等を通じて入所の措置の促進を図るように指示している。

一九六九年版の厚生白書は、「生活障害・人間疎外等が増加する社会環境のなかで、若い父母から養育を放棄された幼児、交通遺児等が増加する傾向にある」と、要保護児童増加の認識を述べ、乳児院は「医学的健康管理が重視されている」、養護施設は「被虐や養育放棄をされた児童や保護者が病気の児童を養育する施設である」と両施設の役割を具体的に示している。このように、厚生省は、養護施設等への対象児童を明確にしつつ、暫定員制を導入することで合理化攻勢を強めていったのである。

5　里親推進派と集団養護派の主張

このような政策動向を背景として、一九七一年から一九七二年にかけて、東京都児童福祉審議会は二度の意見具申を行っている。東京都では当時、毎年秋から三月まで養護施設や緊急に対応すべき児童相談所の一時保護所が満杯となり「待機児」が生じる（鈴木政夫　1974: 133）など、社会的養護への対応が緊急課題とされていた。そこで行われた第一の意見具申は、一九七一年の「児童収容施設特に養護施設における児童処遇のあり方について」である。この中で、「児童の成長の基盤である家庭養護のあり方を問うと同時に」と前置きをし、「施設養護の存在意義を、従来以上に強調すべき時期にきている」、「集団の圧力を単なる圧力として受け止めることではなく、それを活用することが肝要である」として施設における集団養護の意義について述べられている。第二の意見具申は、翌一九七二年、東京都児童福祉審議会の里親制度専門分科会による「東京都における里親制度のあり方」である。この中で、養育里親を積極的に開拓、指導していくために、養護施設にもその窓口を設置すると同時に、両者は積極的に相互連携を図る必要があるとして、養育家庭制度が提案されている。また、「養育里親はコミュニティケアの考え方を具現化するものとして意味あることを確信したい」と記されている。

両者それぞれの意見具申は、前者は「集団養護」を重視する立場であり、後者は「里親と施設の連携」を重視する立場からの主張であった。その後、東京都は里親専門委員会の提案を受け、一九七三年に養育家庭制度を創設し、里親の開拓や支援を始めた。この制度では、養育家庭センターを養護施設や乳児院に委託し、里親委託を専門機関の仕事と位置づけ、里親の開拓や里親支援を行ったのである。養育家庭制度について、野澤（1991: 90）は里親制度と養護施設を結びつけ、子どもの個別ニードに応じた処遇の柔軟な展開を可能にし、施設による里親支援の体制をつくりだしたと評価している。全国的に里親制度が低迷している中、東京都がこうした取り組みを始めたのは、革新派知事の下、[9]里親専門委員会メンバーに松本武子や大谷嘉朗という里親推進派の研究者が集められ、そこに政治的なダイナミズムが働いた結果であろう。

この東京都の養育家庭制度について後に、豊福（1981: 240）は「わが国の里親養護衰微傾向に一石を投じた東京都の養育家庭制度が、今後他の自治体の里親制度推進にいかなる影響を与えうるかである。地域に根ざした社会的養護実践の最も望ましい方法の一つとしてもっと注目されてよい」と肯定的な評価をしつつ、他の地域へ広がることへの期待を寄せている。一方で、この時期の行政の動向に対して浦辺史（1973: 226）は「施設における集団的社会的養護を否定する家庭養護論が行政職員を支配していて措置費節減の思想的武器に利用されているのではないか」と述べている。さらに、「すでに母性的養育を喪失した子どもに対して、家庭養護を強調することは、客観的には、施設否定につながり、延いては施設改善を阻む役割を果たすことになる。養護施設を見直すことこそが、母性養育を失った児童の権利を守ることである」など、家庭養護を強調することへの批判とともに養護施設の重要性を主張したのである。

以上述べてきたように、一九七〇年代初めに、里親養育と施設養護のそれぞれを重視する立場から、行政へ向けてさまざまな主張や批判が述べられている。そこには、要保護児童対策を軽視し、社会的養護の理念や方針を明確に示そうとしない国への、児童養護関係者の「いらだち」が感じられるのである。

次節では、一九七三年の福祉見直し[10]への転換を経て、社会福祉政策の変化の中で里親制度はどのように位置づけられていくのか検討する。

第三節　福祉見直し期の里親制度

1　臨調行政改革下の社会福祉政策の動向

一九七三年は「福祉元年」といわれたが、同年の第一次オイルショックをひきがねとして、一転して「福祉見直し」が唱えられるようになった（直井　2010: 20）。一九七九年には「新経済社会七ヵ年計画」が策定され、効率のよい政府が適正な公的福祉を重点的に保障するという「日本型福祉社会」が提案された。一九八〇年代に入ると、国の赤字財政体質のため、社会福祉の国庫負担割合を低め、都道府県や市町村の負担を高めることが政策課題となった（坂田周一　2000: 119）。その取り組みが、一九八一年に発足した第二次臨時行政調査会（会長：土光敏夫）であり、一九八一年は財政再建元年と名付けられた。

第二次臨時行政調査会によって一九八一年七月に提示された「第一次答申」は財政改革の当面の方針として、「増税なき財政再建の推進」と「行政の見直しによる支出の合理化等[11]」を示し、効率性、自立・自助の精神、民間活力の自主的運用を推奨している（臨時行政調査会　1981）。その後、一九八三年五月に最終答申にあたる「第五次答申」を提示した。「第五次答申」は行政施策の基本方向の一つとして、社会保障ではボランティア活動等民間の力を活用することを推奨した。児童福祉に関するものでは、児童扶養手当の支給対象の見直しや、保育所の助成のあり方の見直しが必要であるとしている（臨時行政調査会　1983）。以上、「公的部門の負担を減らそうとする方針が打ち出され、その方策は家族の強調、分権化、民営化など多岐にわたった」（直井　2010: 22）のである。

2　「短期里親」活用推進の意図

一九七〇年代初頭は、コインロッカーベイビー事件の頻発など、乳幼児をめぐる社会問題が頻発している。一九七二年版の厚生白書は、「留守家庭、欠損家庭などの増加、放任、過保護などにより、児童に対して家庭の果すべき本来的機能まで低下してきている」と指摘している（厚生省　1972）。

こうした社会状況を背景に、一九七一年版と一九七二年版の厚生白書では里親制度について、「最近増加しつつある養護に欠ける幼児を養育する方法として有効なものである」（厚生省　1971, 1972）との認識を示している。そこで一九七四年に「短期里親の運用について」（児発第五九六号）を発出し、一定期間だけ家庭を離れて生活しなければならない児童を養育し、より健全に育成しようとする短期里親の活用を奨励している。短期里親の対象は、保護者の疾病、傷害、拘禁等の理由により、保護者に監護させることが不適当であると認められる児童であり、一定期間とは、一か月から一年の期間とされている。この短期里親の活用に当たっては、養育里親よりも柔軟な運用が必要であるとされ、短期里親への委託が緊急を要する場合は、児童委員や社会福祉主事等から児童相談所長への電話連絡で了解を得ることにより仮委託できるようになった。また、短期里親の認定にあたっては、両親がそろっていなくとも、児童の養育経験があり児童を適切に養育できると認められるものについては、認定して差し支えないとしている。このように委託条件の緩和によって短期里親の間口を広げ、委託促進を図っている。

しかし、一九七四年度の予算によると、里親に毎月支給される主な費用は、一般生活費が月額一四、八六四円、特別育成費が月額六、〇〇〇円、里親手当が月額三、〇〇〇円、医療費や給食費は実費であった（全国里親会 2002b: 64)。この時期の里親支援について、清水寛（1973: 246）は「里親制度は、施設処遇の代用や補充という消極的な意味のものではなく、独自の意義をもつものであるのに、ボランティア活動という美名のもとに委託費が少なすぎる。財政的援助や専門性向上のための研修制度の整備などが必要である」と指摘している。すなわち、政策的対応としては、短期里親の活用を推進する一方で、里親への委託費等は低く抑え、研修の整備なども行なわなかったのである。

短期里親の運用が通知される以前の一九六八年版、一九六九年版の厚生白書は、「社会情勢に即応した里親制度の効果的な運用方法を検討する必要がある」（厚生省　1968, 1969）との認識を示しているが、その具体的方策までは示されていなかった。一九七〇年版の厚生白書には、「社会の情勢の変化に対応する制度の運用、推進についての検討がすすめられている」とあり、多少なりとも検討がなされたのであろうが、一九七三年まで里親制度に関して具体的な動きはほとんどなかった。一九七一年版の厚生白書において、「里親制度は幼児の養護にはきわめて有用な制度である」（厚生省　1971）と記述されてから一九七七年版の厚生白書まで同様の記述が続いている。この間、一九七四年に短期里親の運用が推進されたことは、養護に欠ける幼児など年少児を対象と想定し、「里親制度の効果的な運用方法」を模索していたと言える。しかしながら、一九六〇年代に比べて一九七〇年代は、厚生白書から里親制度の意義などの記述が徐々に少なくなり、里親推進の主張は確実にトーンダウンしていることが確認できる。

3　全国里親会に委託された里親促進事業

以上のように、一九七〇年代は里親制度の活用について、国は積極的に関与しようとしてこなかったのであるが、その流れは一九八〇年代後半まで続いていく。

例えば、『児童福祉三十年の歩み』（厚生省　1978）によると、一九七三年から里親促進事業に、国庫補助が行われている。この事業は、全国里親会を実施主体とし、各都道府県の里親会支部に役員等を推進員として配置して、新規里親の増加、登録里親に対する児童の委託促進等を通じ、里親制度の進展を図ることを目的とするものであった。一九七三年度には、二六県六五地区で実施しているが、その後も拡大し、一九七六年には、三三県八九地区で実施している（厚生省　1978）。この里親促進事業については、一九七四年版から一九八一年版の厚生白書で、里親制度における中心的な施策として記述されている。

しかし、この事業は民間団体である全国里親会に里親委託促進を任せてしまっていることから、厚生省として里親制度の活用に対する公的責任を縮小したといいえる。実際、里親委託された児童数の増加といった効果は見られなかったのである。

また、一九八六年四月「在宅心身障害児（者）の療育事業等について」（児発第三五八号）が出されている。この通知の第三の七では、児童が委託されていない里親、里親を希望している者等（以下、「里親等」）に対して児童の委託を促進する事業を加えることが記されている。[12] また、里親促進事業として、具体的な事業内容を以下のア〜オと示している。

ア　児童相談所等の公的機関及び児童福祉施設と連絡を密にし、委託対象児童の状況を適確に把握する。

イ　里親等の家庭を訪問し、希望及び意見を聴取するとともに委託対象児童の状況及び委託手続等を説明し、必要な助言指導を行う。

ウ　里親等と委託対象児童とを面接させるとともに意見の調整を図る。

エ　短期里親候補者等に対して、制度の趣旨、里子養育の実際及び短期里親の登録手続等を説明し、必要な助言指導を行う。

オ　未委託里親を養護施設等の行事に参加させ児童との交流を通じ委託の促進を図る。

特にイ、ウ、エの内容は、専門的な社会福祉援助技術（ソーシャルワーク）を必要とするものであり、本来は児童相談所が担う事業であると考える。しかし、政策的対応として里親促進事業を全国里親会に委託するという民間団体の活用に向かったのである。国は公的機関である児童相談所の役割強化など、そのあり方を改善するのではなく、全国里親会に委託することで、結果的に児童相談所の里親委託促進という役割を縮小させてしまったのではないだろうか。

さて、翌一九八七年五月に「児童福祉施設（児童家庭局所管施設）における施設機能強化推進費について」（児発第四五〇号）が通達されている。この通知の別表には、施設機能強化推進費事業内容として数種類の事業があげられているが、その中のひとつに「施設入所児童家庭生活体験事業」が設けられている。この事業は、児童養護施設等の入所児童を夏季休暇等の連続した休暇の期間、里親あるいはボランティア家庭等におおむね三〜五日間程度宿泊させ、家庭生活を体験させることにより、入所児童の社会性の涵養、情緒の安定、退所者の自立を促進するものとされている。これは、施設での集団生活では家庭生活が体験できないという施設養護の限界に対して、里親やボランティア家庭を利用して社会的養護施策の未整備を補おうとするものであり、里親制度の活用ではなく、その意味で「施設機能強化」であった。確かに、入所児童と一般家庭の交流は意義あることであるが、このような短期間の家庭生活の体験によって、児童の社会性の涵養、情緒の安定、退所者の自立を促進することができるとは考えにくい。

これまで述べてきたことから、国は一九八〇年代当初から行政改革の流れを受け、里親委託を里親同士の助け合いの下に行う事業として、全国里親会に委託し、里親をボランティアと位置づけた[13]。これは、民間活力の活用や相互扶助という社会福祉政策の動向を反映し、ボランティア活動が社会福祉政策に導入されたことに連動したものであった。一九八一年版までの厚生白書には、「要養護児童対策」というタイトルの項目が設けられていたが、一九八二年版からは、「次代を担う児童」というタイトルが登場し、この年から一九九八年まで里親制度に関する特別な記述はない。すなわち、里親制度は政府や自治体の責任として果たすべき社会的養護であるという位置づけが曖昧になり、制度として放置された状況となったことを裏付けるものである。

4　「家庭養育運営要綱」の四〇年ぶりの改正

一九八七年、厚生事務次官通知「里親等家庭養育の運営について」（発児第一三八号）が出され、一九四八年に定められた「家庭養育運営要綱」が「里親等家庭養育運営要綱」として改正され、里親制度が四〇年ぶりに見直された。厚生省の山本保によれば、運営要綱改正の理由は、社会状況の変化に合わせて通知を改正する必要があったこと、民法等が改正になり、養子制度に一九八八年から特別養子縁組が加えられること、児童福祉施設の最低基準が改正されたことに連動したものであった（山本保　1988）。

運営要綱の主な改正点は、里親の理念の変更、民間団体の活用、里親の認定条件を「ひとり親」でも認めたこと、五年ごとの再認方式を導入したこと、毎年一度の里親研修の導入であった。加えて、里親制度の対象が虚弱児や知的障害児に拡大され、その際、里親と通所施設への二重措置を認めた。さらに、特別養子縁組が創設されたため、児童相談所における養子縁組制度の運用に特別養子縁組を含めた。[14]

この運営要綱の改正は、「特別の篤志家に里親になってもらってきたこれまでの考え方を改め、普通の人に立派な里親になってもらうのが狙い」と新聞で大きく取り上げられた（朝日新聞社　1987）。さらに、全国里親会会長である渥美は「四〇年ぶりに厚生省が変わったことは画期的。私たちが一貫して主張してきたことがやっと実った。オイルショック以降、各国とも財政事情が厳しいこともあり、社会福祉の見直しから、児童は里親のもとで、というのが世界的な傾向になった。新制度にぜひ、魂を入れてほしい」と訴えたことも新聞で取り上げられた（朝日新聞社　1988）。[15]この言葉からは、全国里親会として運営要綱改正を評価し、今後は諸外国のように要養護児童は里親のもとで育てるという方向へ変わることへの大きな期待が読みとれる。

しかし、一九四八年の「家庭養育運営要綱」には、児童福祉司による里親家庭への訪問は、児童が委託された直後の二か月間は二週に一度、その後の二か月間は一か月に一度なされなければならないと規定されていたものが、削除されている。津崎（2005）は、訪問がなくなった理由について、この「里親等家庭養育運営要綱」の目的が里親拡大にあったとしても、児童相談所の訪問指導の規定をなくしたことを問題視し、批判している。確かに里親訪問がなくなれば児童相談所の業務の軽減を図ることができる。それだけでなく、前述した一九八六年四月の児発第三五八号通知は、里親委託後の里親家庭への訪問指導という業務を全国里親会に委託することによって、児童相談所の業務から里親訪問を外そうとしたものであり、専ら児童相談所の業務負担を少なくすることに厚生省の意図があったと考える。もちろん、「家庭養育運営要綱」は四〇年間改正されなかったため、時代的にそぐわないところ、例えば乳児を預かる里親は母乳がでることが望ましいなどの部分を削除したり変更したりするためでもあった。

以上のように、「家庭養育運営要綱」の改正は、社会情勢の変化を背景に、臨調答申に基づいた行政改革の流れの中で他の福祉関係の法律改正に連動したものであった。結果的に、運営要綱改正後も里親制度を前進させようという政策的動向は見られず[16]、里親委託推進を願う人々の期待に十分に応えるものにはなっていないと考えられる。

第四節　本章のまとめ

本章の目的は、里親制度の衰退期に国は里親制度をどのように位置づけたのかを社会福祉の政策展開との関連から明らかにすることであった。そこで、厚生省の政策意図に焦点を当て、里親制度の位置づけは以下の三点にまとめられる。

第一に一九六〇年代を通じて、厚生省は里親制度の重要性を強調したり、期待を表明したりしたものの、政策として里親制度はほとんど進展しなかった。ようやく、委託児童への扶養控除適用という若干の間接的な経済支援のみを行ったが、これにしても、経済成長政策の下で子どもを抱える家族に対する政策動向に連動したものであった。

第二に一九七四年以降には、核家族化の進行という社会状況の変化の中で、養護に欠ける幼児が増加していると して、病気などの一時的な親の養育不能に対応するために、里親制度の効果的な運用として短期里親を新設した。しかし、短期里親は一部の地域でしか活用されなかった。また、国は里親委託促進策を全国里親会に丸投げするなど、公的責任や公的負担を縮小させていった。

第三に一九八〇年代半ば以降は、政府は行政改革の流れを受け、社会福祉政策の運用に民間活力やボランティア活動を導入したことに連動し、里親養育をボランティア活動と明言した。里親養育は制度でありながら、政府は児童相談所の里親委託調整や、アフターケアなど、その運用を公的なものの外に位置づけようとしたのである。

次章では、徐々に里親制度が注目され見直されていく一九九〇年代からの里親制度をめぐる政策展開を検討する。

注

1　この表は、厚生労働省の白書データベースの「昭和三一年労働経済の分析」http://wwwhakusyo.mhlw.go.jp/wp/index.htm より引用した。

2　一九六〇年には「国民所得倍増計画」が策定され、一九六〇年代半ばには、社会保障制度体系が成立し「皆保険・皆年金体制」および「福祉六法体制」が確立した。一九六一年に中央児童審議会に児童手当部ができ、児童手当制度の検討が開始されている。高島進（1974）は、政府は社会保障の充実と向上により福祉国家を目指していたかのようにみえたと述べている。

3　吉田久一（2004: 307）は、高度成長期に増加した核家族は、扶養能力を低下させ、留守家庭、欠損家庭も多くなり、一般家庭にも離婚・家出・蒸発が続発したと指摘している。また、宮田和明（2002: 151）は、経済成長優先政策は多様な生活破壊・生活困難の顕在化と、住民の健康と生活を破壊に導く公害という問題を生みだしてしまったと指摘している。

4　同時期に、母子福祉資金貸付等に関する法律改正で対象拡大、限度額引き上げ、児童扶養手当法公布、手当の引き上げ・対象の拡大、母子福祉法公布、重度精神薄弱児扶養手当法公布などが実施されている。

5　厚生省が案として設定した「支弁定員払制」とは、充足率九〇％に満たない施設に対して、過去一年間の入所人員の月平均人員に一割加算した人員を新年度の「支払定員」に設定し、措置費の支払いを行うというものである。これに対して、全国養護施設協議会は、養護施設には緊急な要保護児童への対応として常に一定枠の確保が必要であり、事務費の定員払制はこれを保障しており、「支弁定員払制」は児童福祉と矛盾すると訴えた（全国養護施設協議会　1996: 45）。

6　「開差是正措置」と「施設転換指示」の展開については、土屋敦（2014）が詳しい。

7　全国養護施設協議会は暫定定員制では即職員の減員につながるとの危機感から暫定定員制撤廃を要求し、児童福祉緊急全国代表者会議を開催するなど反対運動を起こしたのである。その結果、一九七二年度からは入所率八三％以下の施設に対して暫定定員が設けられることになった。

8　通知では「その開差が一七％をこえるものについて是正措置（定員の改定または暫定定員の設定）を講ずるよう指示を行なったところであり、また、その開差が一〇％ないし一七％の施設についても、その開差の縮小を図るよう行政努力を依頼したところである」と記されている。

9　東保守都政から美濃部革新都政（一九六七年～一九七九年）に転換したことにより福祉政策前進への期待が強まっていた。

10　革新自治体が積極的に福祉施策に取り組み、全国的な自治体革新化の潮流が生み出される中で、国政の上でも社会福祉施策の充実が改めて政治的な争点の一つとなった。一九七二年末に行われた総選挙では、自民党は翌七三年を「福祉元年」にするという政治的スローガンを打ち出した。しかし、同年、第一次石油危機を迎えたため、社会保障や社会福祉見直しへと方向転換することになった。

11　次の基準により支出の節減合理化を図るとされた。①内外状況の変容により不要不急化したものは、廃止、凍結又は縮減を図る。②効率性の低いものは、廃止又は効率化を図る。③社会的公正の原則及び自立・自助の精神に照らして問題があるものは、所得制限、負担増、助成の縮減等、受益者負担の適正化を図る。④民間の活力を生かすことが可能なものは、極力民間の自主的運用にゆだねる。⑤助成手段を補助から融資へ転換することが可能なものは、極力その転換を図る。

12　この通知の別紙「在宅心身障害児（者）療育事業等実施要綱」では、在宅心身障害児（者）療育相談事業の一部を社会福祉法人全日本精神薄弱者育成会及び社会福祉法人全国重症心身障害児（者）を守る会に委託できること、精神薄弱児（者）施設職員通信教育事業を財団法人日本精神薄弱者愛護協会に委託できるとされた。したがって、里親の対象児童は在宅心身障害児とは関係はないが、財団法人である各関係団体に事業を委託するという共通点から里親促進事業もこの要綱に入れられたと考えられる。

13　一九九六年一一月、第一四回中央児童福祉審議会基本問題部会において、厚生省児童家庭局の企画課長は「昭和六〇年ごろ方針転換をいたしまして、里親というものの位置づけはボランティアであるという位置づけで行われています」と明言している（厚生労働省「中央児童福祉審議会基本問題部会第五回議事録」http://www1.mhlw.go.jp/shingi/0612-1.html2, 2006.11.29）。

14　従来から「家庭養育運営要綱」には、「児童相談所長は、保護に欠ける児童が適当な養親を見出し、適正な養子縁組を結べるよう努める」ことが定められている。

15　記事によると、一九八八年七月一二日、岐阜市で約一五〇〇人の関係者が参加して行われた東海・北陸ブロック里親研修会で渥美節夫が述べている。

16　一九八七年当時、児童相談所に勤務していた宮島は、このときの改正について、「特別養子縁組の創設に係わる改正だったという記憶はあるものの、里親制度を前進させようとする動きがあった記憶がない」と述べている（宮島　2007: 157）。

第四章　里親制度の見直し期（一九九〇年代～二〇〇二年）

——児童虐待の顕在化と子どもの権利条約の影響

第三章では一九五五年頃から一九八〇年代まで、里親制度の政策的前進はほとんど見られず、政府は里親制度をボランティアと位置づけ、大筋では里親制度を放置したことを指摘した。

本章で検討する時期は、一九九〇年代から二〇〇〇年代初頭である。この時期は、バブルの崩壊と共に、日本社会の経済的力関係が大きく変化すると共に、情報化社会への大きな波が生まれようとしていた時期である。

このような社会の大きな変化の中、社会福祉全体の基本的あり方が問い直され、二〇〇〇年からは社会福祉の基礎構造改革が進行し、その一環として児童福祉分野の改革も進み始めた時期である。このような時期の児童福祉分野に関わる課題として、一九八九年に国連で子どもの権利条約が採択され、わが国もその批准のための準備を始めなくてはならなくなったことがあげられる。その一方で、児童虐待問題が顕在化し始めた時期でもある。これらの社会状況を契機として、一九九七年には児童福祉法の五〇年ぶりの大幅な改正が行われた。さらに、虐待防止に政府も対応し、二〇〇〇年には「児童虐待の防止等に関する法律」(以下「児童虐待防止法」)が公布された。そこで、本章を「里親制度の見直し期」とし、二〇〇二年の里親制度改正への経過において、児童虐待の社会問題化と、子どもの権利条約の批准が政策にどのような影響を及ぼしたのかを検討することとした。

第一節　一九九〇年代前半の里親制度

1　新たな養護問題への政策的対応

一九八五年頃から母子家庭だけでなく、父子家庭においても子どもの養育上の問題を抱えていることがマスコミに取り上げられるようになってきている。[1] このような時期、厚生省も父子家庭問題を認識し、一九九一年版の厚生白書には「父子家庭は全国で約一八万世帯あり、家事、児童の養育等について大きな悩みをかかえているなど、母子家庭より深刻なケースもある」（厚生省　1991）と記されており、厚生省は父子家庭対策の必要性を認識していた。

そこで、厚生省は一九九一年四月に「父子家庭等児童夜間養護事業の実施について」（児発第三八五号）を発出している。この養護事業の目的は、父子家庭等の児童を児童福祉施設、里親等に通所させ、生活指導、夕食の提供等を行うことにより、父子家庭等の生活の安定、児童の福祉の向上を図ることであった。このような父子家庭の日常生活上の問題に対して、当時、保育所への優先入所の他に、児童の乳児院や養護施設への措置もとられていた。また、一部の地方公共団体では、相談事業、介護人の派遣、入学祝い金や父子手当の支給、父子家庭の集いなどの父子家庭対策を講じているところもあったが、夜間の養護については対策がほとんどない状況であった。この通知では、乳児院や養護施設及び里親という社会資源を活用しながら、入所ではなく通所して夜間の養護に欠ける児童の養護対策としたのである。なお、通知（児発第三八五号）は一九九五年四月の「子育て支援短期利用事業の実施について」（児発第三七四号）の発出に伴って廃止されている。

通知（児発第三七四号）では、子育て支援短期利用事業実施要綱が示され、保護者の疾病など養育が一時的に困難となった家庭の子どもや、母子が夫の暴力により緊急一時的に保護を必要とする家庭の子どもを対象にしたショートステイ事業と、父子家庭を対象としたトワイライト事業の利用を勧めるものであった。実施施設として、児童養護施設、母子生活支援施設、乳児院、里親等とされていた。

以上二つの通知からは、父子家庭や夫の暴力のある家庭が新たな養護問題として浮上していたことを表している。里親は施設と同様にこうした家庭の子どもを委託される社会資源とされたのである。しかし、そのために里親制度の整備をするといった発想はみられず、こうした通知は、弥縫策的な色合いが濃いものであったと考えられる。

第三の通知は一九九五年一月二五日の「『兵庫県南部地震』の罹災者に対する支援等について」（児家第一号）である。この通知では、一九九五年一月一七日に発生した阪神・淡路大震災[2]で保護が必要となった子どもに対して、短期里親の円滑な活用を勧めている。一月二五日の夕刊では、地震後、神戸市内の二カ所の養護施設に、一九人の子どもが預けられたと報じられている（朝日新聞社　1995）。前述の通知を受け、神戸市が全国の家庭に短期里親を呼びかけたところ、同年一月二九日現在、北海道、東京、神奈川、愛知、近畿六府県、福岡などの全国一、六三〇家庭（受け入れ可能人数三、一三六人）からの申し込みがあった（朝日新聞社　1995）。これは、短期とはいえ里親をしてもいいという人々が潜在的に存在していることを示した出来事であった。

2　政策課題に浮上してきた里親制度

一九九〇年代に入ると、合計特殊出生率の低下を契機に、児童福祉施策の見直しへの議論が展開された（高橋重宏 1994）[3]。そこで、児童養護体制の変革も必要とされる中で、里親制度の普及や改善が検討すべき課題として、厚生省の私的研究会（座長：平田寛一郎）が、「たくましい子ども・明るい家庭・活力とやさしさに満ちた地域社会をめざす21プラン研究会（子どもの未来21プラン研究会）報告書」を一九九三年七月に提出している。さらに、一九九四年二月、中央児童福祉審議会家庭児童健全育成対策部会から「児童の健全育成に関する意見」[4]が出された。

子どもの未来21プラン研究会報告書では、養護対策について、家庭復帰の促進を図り、里親を一層普及させるために、その制度的改善を図ることが望まれるとしている。また、子どもの権利条約を受け、権利主体としての子どもという視点の重要性を述べている。「児童の健全育成に関する意見」では、里親制度について第一に里親委託期間を養護施設等と公平にするために、二〇歳まで延長できるように、児童福祉法第三一条の規定を改めること、第二に「里親制度の発展の方策について、引き続き検討すること」との意見が具申された。このように、政府関係の委員会では、里親制度の普及の方向性を示している。

一方で、一九九四年六月に、全国養護施設協議会は「養護施設の近未来像」試案をまとめ、「（児童養護施設と）最も関係の深い里親問題などとの役割分担については最終報告書までに議論されなければならない」と述べている。ところが、一九九五年二月に発表された「養護施設の近未来像報告書」では、里親制度について「本来はこの長期化する児童への養護サービスは、当然里親が担うべきであるが、わが国の実態としては期待できないところがある」と、里親制度の拡充を疑問視するのみで、里親との役割分担への考えは後退してしまっている。この全国養護施設協議会は施設代表者や経営者によって組織された団体であり、その当時も、施設は定員割れを問題として抱えていたことから、里親制度の拡充は考えにくい事であったといえよう。[5]

以上のように、一九九〇年代前半には、児童養護体制の変革が必要とされ、里親制度の改善を図ることや里親制度の発展の方策が検討すべき課題として報告され始めた。一部の研究者や民間団体から有益な制度とされながらも、衰退してきた里親制度が、ようやく政府関係の審議会などの検討課題として浮上してきたのである。一方で、「日本では、代替養護のシステムとして、長期的には里親制度と養子制度の充実・発展が重要であることは言を俟たないが、当面は施設養護の整備・充実と施設における子どもの権利保障に力を注ぐべきである」（許斐有 1991）と指摘されていた。このように、里親制度と養子制度の充実・発展が重要と認識されながらも、当面の課題は施設養護中心に子どもの権利を保障することであるという考えが当時の社会的養護の主流であったと言える。

第二節　国連子どもの権利委員会への報告

一九八九年一一月に子どもの権利条約が国際連合総会で採択された。許斐（1991）は、「条約がこれまでの日本の考え方と決定的に違うのは、子ども自身が自己にかかわるさまざまな問題を自分で考え、意見を述べ、判断し、場合によっては権利主体として自ら権利を行使することを認めている点である」として、「条約はわれわれに発想の転換を迫っている」と述べ、この条約の批准以前から、わが国の児童福祉施策の転換が迫られていることを指摘している。実際、政府はこの条約の批准までに五年間の検討を必要とし、一九九四年五月に、子どもの権利条約を批准している。以下では、子どもの権利条約の締約国として、里親制度をどのように改革していったかを、国連の子どもの権利委員会（Committee on the Rights of the Child（CRC））への政府報告から検討する。

この条約では、児童は、家庭環境の下で成長するべきであるとされ（前文）、親には子どもへの第一義的養育責任があり（第一八条一項）、その責任を遂行するために国は適当な援助を与えるものとしている（第一八条二項）。また、家庭環境を奪われた児童の養護として、里親委託、イスラム法のカファーラ、養子縁組又は必要な場合には子どもの養護に適した施設での措置を含むことができる（第二〇条三項）として、代替的養護を行う場合、施設措置よりも里親委託や養子縁組が優先するとされている。[6]

条約批准から二年目の一九九六年五月、わが国は国連子どもの権利委員会に第一回政府報告書（CRC/C/41/Add.1）を提出している。この報告書では、家庭環境を奪われた児童は児童相談所において一時保護を行うと共に、必要に応じて、乳児院、養護施設への入所措置、里親への委託を行っていると述べている。さらに、里親制度については、「里親数、委託児童数とも漸減傾向にあり、それは、保護者や社会の意識に問題があると推測される」と説明している。すなわち、里親数、委託児童数の減少傾向の理由として、養子縁組との混同から、子どもの保護者が里親の委託を望まないこと、社会全般の関心が低いことをあげ、政府の責任を回避するような報告をしている。

第一回政府報告書の提出後、一九九八年六月に、政府は国連子どもの権利委員会から第一回政府報告書に基づく総括所見（CRC/C/15/Add.90）を受けている。その中の家庭環境を奪われた児童の養護に関する箇所で、国連子どもの権利委員会の主な懸念事項の第一八として、①施設に入っている児童の数の問題と、②特別な援助、養護及び保護を必要とする児童のための家庭環境に代わる手段を提供するために設けられた枠組みの不十分さを指摘している。さらに「特別な援助、養護及び保護を必要とする児童のための家庭環境に代わる手段を提供するために設けられた枠組みを強化するための措置をとること」を勧告している。すなわち、この最終見解の部分は、わが国の児童養護体制が施設養護に依存しすぎているという指摘であり、里親などの家庭的養護体制の促進を求めたものであった。

二〇〇一年一一月には、国連子どもの権利委員会へ二回目の日本政府報告（CRC/C/104/Add.2）をしている。その報告書は、里親制度を児童の健全な育成を図る上で大変有意義な制度であると認識し、その普及に努めていること、里親委託の促進と里親の開拓を図るため、都道府県実施の研修や受託してない里親と施設入所児童との交流等の事業の補助を全国里親会に対しておこなっていることを記述している。また、一九九九年度からは、児童養護施設などが行う里親への援助・助言事業について補助をおこなっていること、さらには、共働き家庭でも保育所を利用しながら里親として児童を受託できるように通知したと報告している。このように、政府は一九九八年の最終見解に対応して、里親委託促進のための方策を通知し、二〇〇一年の第二回報告に記載している。なお、この通知については、次節で述べる。

子どもの権利条約の批准を契機として、長年に渡って施設措置優先が続いた社会的養護体制を政府は見直さなければならなくなったのである。

第三節　一九九〇年代後半の里親制度

1　里親制度運用の見直しへの動き

国連子どもの権利委員会へ「第一回政府報告書」（一九九六年五月）を提出した後、里親制度のあり方に関する検討が具体的になっていった。一九九六年一二月、中央児童福祉審議会基本問題部会は「少子社会にふさわしい児童自立支援システムについて」の中間報告を出している。中間報告は、「児童の年齢や家族環境などを踏まえ、その児童にとって最善の処置を確保するという観点に立って、現行制度の適切な運用の見直しを図り、運用の実態等を踏まえ、里親制度のあり方について今後検討を行うことが必要である」と記している。しかし、里親制度改正への前段階として、運用の見直しを提言するにとどまっている。

一九九七年には日弁連が、その政府報告書に対する報告書を公表し、里親などの最低基準が定められていないこと、里親制度の発展は国の責任であることなどを指摘している。

同じく一九九七年、厚生行政科学研究「里親制度及びその運用に関する研究（主任研究者：網野武博）」により、全国の児童相談所を調査対象とした里親行政調査が実施されている。この調査は、先の「少子社会にふさわしい児童自立支援システムについて」の中間報告で述べられた「現行制度の適切な運用の見直しを図るため運用の実態等を踏まえる」ことが目的であり、その先には里親制度を見直さなければならないという厚生省の認識があったことが窺える。

一九九九年三月には、全国児童福祉主管課長会議で家庭福祉課長が「里親制度につきましては、養子縁組が前提となった里親が多いという我が国の現状でございますとか、さらには歴史的な経緯あるいは里親制度そのものについて関係者の受けとめ方、考え方がさまざまだろう。こういったことを考えますと慎重な論議と検討が必要ではないかというふうに考えているところでございます」と述べている（全国児童福祉主管課長会議 1991）。この発言からは、多方面の「関係者」に対する配慮と、社会的養護体制における里親制度の見直しが難題であるという認識が読み取れる。

2 通知による里親制度推進策

国連子どもの権利委員会から第一回政府報告書に基づく総括所見を受けた一九九八年六月前後に、厚生省は里親制度運用の見直しに関する通知を四つ発出している。
第一の通知は一九九八年二月「児童養護施設等における児童福祉施設最低基準等の一部を改正する省令の施行に関する留意点について」（児家第六号）である。この通知では、保護者が死亡した児童や保護者が長期にわたって行方不明である児童を対象に、児童養護施設に親族家庭での引き取りや里親委託などの検討を求めている。この通知について厚生省の森望（2000）は、家庭での生活を体験できない子どもの自立を支援していくために、この通知によって公式文書としては初めて施設と里親との役割分担を明らかにしたと説明している。[7]
第二の通知は一九九九年四月「里親活用型早期家庭養育促進事業の実施について」（児発第四二〇号）である。この事業は施設の援助のもとで積極的に里親委託を実施しようとするものであった。対象児童は児童養護施設等に入所している児童のうち、父母が死亡、行方不明、長期に入院中のため、家庭での生活体験を積むことが困難な児童であり、かつ里親委託が望ましい児童とされた。

これら二つの通知（児家第六号と児発第四二〇号）は、児童養護施設入所児童の中から家庭での生活体験を積むことが困難な児童など対象を定めて、里親委託へ変更させようとするものである。これは、国連子どもの権利委員会の総括所見で施設の子どもの数が多いと懸念されたことへの対応策であろう。積極的な里親委託事業であるようにみえるが、この事業をするか否かは児童福祉施設に委ねられてしまっている。充足率が低い施設にとっては、積極的に里親委託へ変更することは考えにくい。実際に、養護施設から里親へ措置変更した児童数は、一九九七年は五三三人であったが、二〇〇三年では五八一人であった[8]。この間に出された一九九九年の通知（児発第四二〇号）の効果はわずかであったといえよう。

第三の通知は「乳児院における早期家庭復帰等の支援体制の強化について」（児発四二一号）である。この通知は児童の早期家庭復帰等の支援を専門に担当する職員（家庭支援専門相談員）を乳児院に配置することとしている。この家庭支援専門相談員の業務内容には、里親希望家庭の訪問・面談等による調整と委託後における相談・指導など里親委託促進のための業務が含まれる。家庭支援専門相談員を配置することによって、乳児院から家庭復帰できない子どもの里親への委託を促進しようとしている。

第四の通知は一九九九年八月に出された「里親に委託されている児童が保育所へ入所する場合の取扱いに係る留意点等について」（児家第五一号）である。この通知は、「里親の就労、妊娠・出産、疾病、障害、介護等の理由から保育に欠けることとなった場合や、既に就労している里親に児童を委託する場合においても、里親に委託されている児童が保育所に入所することを妨げない」と、保育所の利用を認めている。この通知の趣旨は、「児童を措置変更するよりも、里親委託を継続することの方が、児童の最善の利益の観点から適切な場合に採られる取り扱いであり、児童の養育の継続性を確保し、健全な育成を図るために採られるものである」と記載されている。これまで、里親に措置した児童をさらに保育所に預けることは二重措置になると禁止していたが、柔軟な運用に変更されたことは評価できる。国連子どもの権利委員会から、家庭環境に代わる手段を提供するために設けられた枠組みを強化するための措置をとるように勧告されていたことに対する政府の対応であったと言えよう。

第二、第三、第四の通知は、国連子どもの権利委員会の総括所見を受けた後に発出した通知であり、里親制度を推進しようとしている政府の姿勢を主張しようとしたものと位置付けられる。

第四節　専門里親創設の背景と経緯

1　児童虐待の顕在化

一九九〇年頃から児童相談所の相談内容のうち家庭環境（家族の環境が児童の監護、養育上不適当な状態にあるもの）に関する相談が増加傾向となり、養護相談件数全体に占める割合も大きくなってきた。この増加は児童虐待の増加に伴うものであるとされ、一九九〇年から家庭環境のうち虐待相談について厚生省は別個に集計を始めている。一方で、一九九〇年から児童虐待に対応する民間団体の活動が始まっている。まず、一九九〇年に「大阪児童虐待防止センター」、一九九一年に東京の「子どもの虐待防止センター」が開設している。さらに一九九五年には「子どもの虐待防止研究会（現「日本子ども虐待防止学会」）」が発足している。また、一九九二年には、全国養護施設協議会・子どもの虐待防止センターが「全国養護施設入所の被虐待児調査」を実施し、実態把握も始まった。

児童相談所の虐待相談処理件数は漸次増加し、一九九七年版の厚生白書は「虐待――親子のきずなの歪み」と題して児童虐待を大きく取り上げている。虐待相談処理件数は一九九九年には一万一、六三一件（前年度の一・六倍、一九九〇年の一〇倍）と発表されている。児童相談所の虐待相談処理件数が増加するのに伴い、各児童相談所の一時保護所のみならず、児童養護施設の充足率も一九九八年から急上昇し、二〇〇〇年には全国平均で九〇%近くになってきた。都市部と地方では充足率の差があることを考慮すれば、児童虐待による保護の多い地域では、児童養護施設はほぼ満杯状態であったと推察される。[9]そこで、被虐待児の保護先の確保が社会的養護における緊急課題になっていった。

2　専門里親の創設の経緯

こうした児童虐待の社会問題化を背景に、「里親の認定等に関する省令」（2002）が発令され、虐待された子どもを対象とする専門里親が創設された。専門里親は、児童虐待の社会問題化の中で、重要な役割を担うものである。ここでは、専門里親が被虐待児を対象とするに至った経緯についてみていくこととする。

全国里親会は一九九八年九月に「里親制度の推進に関する要望書」を厚生大臣へ提出したが、[10]その中で心身障害児の里親受託を促進するため、加算制度の創設を要望している。網野ら（1998）によれば、全国一六〇カ所の児童相談所の約四割が過去二年間に障害や問題のある子どもを里親に委託したことがあると報告しており、障害をもつ児童が少なからず委託されている。一九九九年、全国里親会の里親推進事業検討委員会は「里親事業推進のための提言」をまとめている。その中で、里親の機能強化を目指すとして、専門里親の創設を提言している。この専門里親とは、「特定の児童に対するケアの専門性を有し、且つ委託の要件が付され手当の加算等が配慮されるべき里親の総称」と説明されている。具体的には、「乳幼児里親」、「思春期里親」、「障害児里親」、「情緒障害児里親」であり、この時点では、専門里親の対象に「被虐待児」という名称はあげられていない（里親推進事業検討委員会 1999）。

児童虐待問題が連日のように報道され、緊急性の高い児童問題として社会の関心を集め、二〇〇〇年に「児童虐待防止法」が制定され、二〇〇一年に厚生労働省は専門里親制度の創設を決めた（庄司　2003: 95）。全国里親会がこれを受け、専門里親モデル実施調査委員会（委員長：庄司順一）が設置されたのである（庄司　2003: 95）。この委員会は里親会の役職者二名を含む一五名で構成されていた。その調査の結果は二〇〇二年三月に「専門里親モデル実施調査研究報告書」にまとめられている。この報告書は、専門里親創設の背景として、児童相談所における児童虐待相談処理件数が増加していること、児童福祉施設の定員が一杯であること、被虐待児の養育は愛着形成が基本であり家庭的な環境が望ましいという三点について述べている。そのうえで、今後里親養育は、虐待を受けた体験をもつ、関わりの難しい児童を養育することになるので、「熱意と経験」から「専門性を高める方向」へ転換しなければならないと述べている（専門里親モデル実施調査委員会　2001）。以上のことから、この委員会では、虐待を受けた子どもの増加とその対応の緊急性から虐待を受けた子どもを専門里親の対象とすることとした（庄司　2003: 96–97）。その後、厚生労働省は、二〇〇二年九月に専門里親を含む新たな里親の種類区分などの省令等を出しているのである。

一九九九年に全国里親会が提言した専門里親の対象に「被虐待児」はあげられていなかった。一方で、虐待問題対策が重要な政策課題として浮上する中で、厚生省は里親活用を考え始めていた。そこで、厚生省はこの全国里親会提言の対象とは異なるものの、被虐待児を養育対象とした専門里親の創設を決定した。このように、被虐待児が専門里親の対象となったことは、全国里親会提言の対象とは異なるものの、単に子どもを預かるだけの役割ではなく、子どもの発達を保障する里親として、機能強化された専門里親という概念を国が持つに至った第一歩として画期的であった。

第五節　二〇〇二年の里親制度改正の意義

本節では里親制度の改正の中味を検討することにより、改めて、二〇〇二年の里親制度改正の意義を検討する。

1　省令として位置づけられた里親制度

まず、改正の全体像であるが、二〇〇二年九月「里親の認定等に関する省令」（厚生労働省令第一一五号）及び「里親が行う養育に関する最低基準」（厚生労働省令第一一六号）という二つの省令とともに、この二つの省令の円滑な運用に必要な一つの告示、及び六本の通知が発出されている（表4-1）。里親制度は一九四七年に里親が児童福祉法に規定されてから、わずかな通知の改定及び廃止によって運用されてきたが、今回は通知より上位規定であ

表 4-1　2002 年の里親制度改正

年月	法令・通知	文書番号
2002 年 9 月 5 日	里親の認定等に関する省令	厚生労働省令 115
	里親が行う養育に関する最低基準	厚生労働省令 116
	里親の認定等に関する省令第十九条第二号の厚生労働大臣が定める研修	厚生労働省告示 290
	里親の認定等に関する省令及び里親が行う養育に関する最低基準について	雇児発 0905001
	里親制度の運用について	雇児発 0905002
	専門里親研修制度の運用について	雇児発 0905003
	養子制度等の運用について	雇児発 0905004
	里親支援事業の実施について	雇児発 0905005
	里親の一時的な休息のための援助の実施について	雇児発 0905006
	里親制度に関する疑義及びこれが回答について	事務連絡

出典：筆者作成.

る省令が公布されている。このような大きな制度変更は、制度発足から五五年目にして初めてのことであった。

このような里親制度の改正を庄司（2003: 43）は「里親制度改革」と位置づけ、その注目すべき点の一つとして里親制度が「省令」として位置づけられたことで里親制度の基盤がより確かなものになったことを評価している。

特に里親の最低基準については、一九五〇年五月の児童福祉法の第四次改正において、里親の最低基準を定めることが明記されながら、制定されなかった経緯がある。この点に対して、網野（2000）は里親等家庭養育運営要綱が最低基準の代わりになってきたが、家庭養育運営要綱は通知であり、行政レベルから言うとかなり低い位置にあると述べている。すなわち、このことは里親制度が行政的に低く位置づけられてきたことを象徴している。よって、今回、児童福祉施設と同等に省令によって最低基準が定められたことは意義がある。

また、「里親の認定等に関する省令」により、里親の種類は、里親と短期里親の二種類であったが、親族里親と専門里親を新たに設け、四種類へと変更し、それぞれ定義と要件を規定している。

2　社会的な養育への位置づけ

「里親制度改革」の注目すべき点は、庄司（2003: 43）が評価したように、里親養育は社会的な養育と明確に示したことにある。「里親が行う養育に関する最低基準」では、里親養育の目的について「委託児童の自主性を尊重し、基本的な生活習慣を確立するとともに、豊かな人間性及び社会性を養い、委託児童の自立を支援すること（第四条）」と述べている。さらに、里親が研修を受け、その資質の向上を図るように努めなければならないこと（第四条の二）、児童相談所長が作成する養育計画に従って、委託児童を養育しなければならないこと（第一〇条）、委託児童の養育に関し、児童相談所、学校その他の関係機関と密接に連携しなければならないこと（第一五条）と規定している。また、都道府県知事は、里親に対し、最低基準を超えた養育の向上のために、指導や助言をすることができることも定めている（第二条）。

この最低基準について詳細に論評した庄司（2003: 204–216）は、例えば、第一〇条や第一五条について、里親養育が私的なものではなく、社会的な養育であることを端的に示していると評価している。その他にも、都道府県知事の監督下におかれたこと（第二条）、努力義務とはいえ養育者が研修を受けることを求めていること（第四条の二）、里親の守秘義務を定めたこと（第一一条）など、里親の公的立場と責任を明確にし、その養育を社会的に保証可能なレベルに高めようとしていることなど、里親養育は社会的な養育を担う機関の一つとして明確に位置付けられている。

さらに、通知「里親制度の運用について」（雇児発第〇九〇五〇〇二号）は里親制度の運用に関して留意すべき技術的な助言という位置づけで発出されている。この通知では、児童相談所長は、関係機関の長や市町村、学校、里親会その他の民間団体と緊密に連絡を保ち、里親制度が円滑に実施されるように努めることとされた。また、児童福祉施設の長が、里親とパートナーとして相互に連携をとり、協働して児童の健全育成を図るよう、里親制度の積極的な運用に努めることもうたわれている。さらに、「里親が行う養育は、個人的な養育ではなく、社会的な養育であるので、都道府県知事や児童相談所長は、児童の養育のすべてを里親に委ねてしまうのではなく、必要な社会資源を利用しながら、里親が行う養育を支援すること」と、「社会的な養育」であることを強調している。

以上のように、最低基準と通知という公の文書で、里親養育は個人的な養育ではなく社会的な養育であることが示されたことは、里親制度の位置づけにとって大きな前進であったと言えよう。

3　里親への専門性の付与

庄司（2003: 43）は二〇〇二年の「里親制度改革」について、里親制度が「省令」として位置づけられたこと、里親養育を社会的な養育と明確化したことを評価している。これに加えて、専門里親が新設され、里親へある程度の専門性が付与されたことをあげておきたい。

二〇〇二年の「里親の認定等に関する省令」（厚労令第一一五号）で、専門里親は、二年以内の期間を定めて、要保護児童のうち、児童虐待等の行為により心身に有害な影響を受けた児童を養育する里親として認定を受けたものとすると定義されている。ただし、「里親制度の運営について」（雇児発第〇九〇五〇〇二号）で、虐待による心身への有害な影響を大きく受けた児童を専門里親に委託することは適切ではないとしている。そのため、専門里親に委託する児童の判断については、児童相談所が慎重に行うこととされている。

さらに「里親の認定等に関する省令」で、専門里親の要件は、養育里親の要件に加え、養育里親として三年以上の委託児童の養育経験を有するものや、三年以上児童福祉事業に従事した者などとされ、養育里親に比べて認定要件が厳しくなっている。さらに、専門里親研修の課程を修了し、委託児童の養育に専念できることも必要であるとされた。

この専門里親研修については、二〇〇二年九月の「専門里親研修制度の運用について」(雇児発第〇九〇五〇〇三号)で、被虐待児の家庭養育に必要な基礎的知識や技術の修得が必要であるため、新規認定時の研修と専門里親の登録更新時に実施する継続研修を受けることとされている。専門里親に研修を義務づけ、養育の質を担保しようとしたことは、一九八〇年代まで、里親をボランティア的存在と位置づけていたことからすれば大きな転換である。また、専門里親が受け取れる里親手当は、児童一人につき月額九〇、二〇〇円であり養育里親の月額三二、〇〇〇円の約三倍となっており、専門里親が虐待された子どもを養育するという重責は里親手当の大幅な増額に反映している。

4　愛着形成の重要性の認識

次に、里親制度改正の注目点は愛着理論を基に里親養育の有効性が述べられたことである。すなわち、里親制度変更の趣旨について、「里親の認定等に関する省令及び里親が行う養育に関する最低基準について」(雇児発第〇九〇五〇〇一号）は、以下のように記述している。

児童の発達においては、乳幼児期の愛着関係の形成が極めて重要であり、できる限り、家庭的な環境の中で養育されることが必要である。特に、虐待など家庭での養育に欠ける児童を、暖かい愛情と正しい理解を持った家庭の中で養育する里親制度は極めて有意義な制度であり、その拡充が求められている。

ここで、注目したいのは、里親制度変更の趣旨について、「乳幼児期の愛着関係の形成が極めて重要である」としていることである。管見の限り、里親に関する法令・通知のなかに「愛着」という言葉がでてきたのはこれが初めてである。愛着理論とは、一九七〇年代に入り、ボウルビィが母性剥奪理論を発展させ、愛着形成の重要性を指摘したものである。わが国にもボウルビィの翻訳書が出版されたが、当時は里親委託に関する検討課題としてあげられることはなかった。筆者がインタビューした児童福祉施設理事長は「乳児院はともかく、児童福祉施設において愛着について語られたり、問題とされたりすることはなかった」と述べている。[11]

そこで、中央児童福祉審議会の議事録から、子どもとの関わりという文脈で論じられた愛着概念を検討した。愛着という言葉が最初に用いられたのは、一九九六年六月一二日の中央児童福祉審議会基本問題部会の第五回議事録で、事務局長からの資料説明の中にある。その説明では、乳幼児期に母親と児童が分離（保育所利用や施設養護によって）する場合、どういう影響があるかについての代表的な文献として、ボウルビィが一九五一年にＷＨＯ報告としてまとめた文献と一九六九年から一九七三年にかけて出版した子どもの愛着理論に関する文献があることを紹介している。事務局長は、これらの文献から、単に母親が子どもから離れずにいることや接触の量が多いということのみが重要ではなく、その質が重要であると結論づけている（第五回中央児童福祉審議会基本問題部会　1996）。

その後二〇〇二年には、社会保障審議会児童部会で、たびたび「愛着」という言葉が登場している。例えば、二〇〇二年二月の第二回社会保障審議会児童部会で、小児精神科医の渡辺久子は、愛着形成について「必ずしも母親である必要はない。母親、父親という血のつながりに必ずしも縛られない質のいい安定した一貫性のある、自分の気持ちをよくわかってくれる関係に人間の子どもは一番反応して、よい愛着形成が生涯にわたって続くだろう」と説明している（第二回社会保障審議会児童部会　2002）。渡辺以外にも、二〇〇二年以降の社会保障審議会児童部会のメンバーには愛着理論について造詣の深い委員がいる。[12]このような審議会の委員が構成されたことは、愛着が家庭的な環境の中で形成されていくという愛着理論の重要性を導いていくものであった。

以上のような経緯から、二〇〇二年の通知「里親の認定等に関する省令及び里親が行う養育に関する最低基準について」では、「乳幼児期の愛着関係の形成が極めて重要であり、できる限り、家庭的な環境の中で養育されることが必要である」と主張されたのである。政策側が向かおうとする方向に合致した理論として愛着が用いられたという側面も見いだされる。

第六節　本章のまとめ

本章では、一九九〇年代から二〇〇二年の里親制度改正までの政策展開を社会的要因との関わりから分析した。

一九九〇年代前半には、少子化への懸念から児童養護体制の変革が必要とされ、里親制度拡充が検討すべき課題として浮上した。しかしながら、社会的養護施策においては、里親委託などの家庭的養護より、施設養護の充実によって子どもの権利を保障することが重要課題であるとの考えが主流であった。ところが、一九九四年に子どもの権利条約を批准した後、厚生省には国内外より条約遵守の圧力が加えられ、その結果として里親制度拡充が具体的に進められていった。同時に児童虐待の社会問題化により、児童養護施設などの量的不足を補うものとして里親委託が注目を浴びるようになっていった。

こうした経緯で二〇〇二年の里親制度の改正に至ったのである。この改正の意義は、第一は省令によって最低基準が設けられ、里親養育は社会的な養育であるとの位置づけがなされたことである。第二は専門里親が創設され、里親養育に専門性が付与されたことである。専門里親という名称での制度化は全国里親会の要望であったが、その対象が被虐待児に限定されたのは、子どもの虐待問題が重要な政策課題として浮上する中で、決定されていった。第三は愛着概念が里親制度改正の趣旨に登場したことである。政策側が目指す乳幼児や被虐待児のための家庭的な養護という方向に合致した概念として愛着が用いられたと考えられる。

高度経済成長期以降、里親制度は徐々に政策的に放置された状態になり、社会的養護における収容保護パラダイムは続けられてきた。そうした中で、子どもの権利条約の批准は、収容保護パラダイムの転換の端緒となったと言えよう。

次章では、二〇〇三年以降の里親制度が子どものための制度になり得ているのかどうか、政策の展開を追いながら、里親制度の位置づけや役割を検討していくこととする。

注

1　たとえば、富安京子（1985）は「父子家庭一六万世帯の生活白書」と題するレポートを『文藝春秋』に寄稿しており、宗内美映子（1988）は雑誌『児童心理』の〈特集〉父親の役割の中で、「父子家庭――（父親ガンバレ）」と題する論文を寄稿し、父子家庭問題を取り上げている。

2　一九九五年一月一七日に発生した阪神・淡路大震災は、戦後日本の初めての大都市直下型地震となり、死者五五〇〇人以上、建物全半壊二〇万棟以上という大きな被害をもたらした（経済企画庁『国民生活白書（平成七年版）要旨』一九九五年）。

3　高橋（1994）はこうした議論が展開されている背景には三つの側面があると指摘している。第一は「臨調・行革」に伴う福祉見直し、第二は合計特殊出生率の低下を背景とした児童福祉施策の見直し、第三は国連の「児童の権利に関する条約」の採択（一九八九年）、国連「国際家族年」（一九九四年）等による新たな子ども観、新たな理念の登場による制度改革へのインパクトがあることをあげている。

4　「国際家族年」を実りあるものとし、すべての児童の健やかな育成を願う理念に立ち返り、児童福祉制度の見直しをすべきであるとし、次の五項目、①放課後児童対策事業、②児童厚生施設、③里親制度、④情緒障害児短期治療施設、⑤教護院について、それぞれ意見具申されている。

5　一九九一年三月には、全国養護施設協議会から、「平成二年度制度検討特別委員会報告」が発表されている。この報告は、養護施設の定員割れの要因を指摘し、これからの施設サービスのあり方を提言している。

6　「児童の権利に関する条約」の内容については、外務省ホームページ（https://www.mofa.go.jp/mofaj/gaiko/jido/zenbun.html）から引用している。

7　二〇〇〇年二月に行われた第六九回「養子と里親を考える会」が主催の講演会において、厚生省児童家庭局家庭福祉課児童福祉専門官であった森望が述べている。

8　平成九年度、平成一四年度の児童養護施設入所児童等調査結果より。

9　厚生省の社会福祉施設等調査から一九九八年の在所率を算出してみると、乳児院、または児童養護施設が設置されている三八二市町村のうち、約二八％の一〇四市町村で在所率が九五％を超えていることから、全体の四分の一以上の市町村の施設がほぼ満杯状態であったと言える。

10　障害児の受託状況として「里親制度及びその運用に関する研究」（1999）によれば、知的障害児を委託した児童相談所は全体の二〇％、情緒障害児は一九・四％、非行等行動に問題のある児童は一六・九％の児童相談所が里親に委託した経験をもっていた。

11　乳児院関係者が愛着を大きく取り上げたものに、二〇〇一年の調査研究「乳幼児入所児童の愛着関係再形成のプロセスについて」（子ども家庭総合研究事業）がある。

12　発達心理学者である無藤隆や大日向雅美の名前がある。

第五章　里親制度の拡充志向期（二〇〇三年～二〇〇八年）

――社会的養護再構築の始動

第四章では戦後の里親制度創設以来、二〇〇二年に里親制度の初めての大きな改正として、専門里親の創設と、里親養育の最低基準が省令によって定められた。その背景には子どもの権利条約の批准と、児童虐待への緊急対応の必要性があった。

本書では、その後の二〇〇四年と二〇〇八年に相次いで児童福祉法が改正され、里親制度も改正を重ねていった時期を「里親制度の拡充志向期」とする。本章では、この時期の児童福祉法改正への議論の過程を中心に分析することによって、里親制度に関する国の認識と政策課題を検討し、里親制度の位置づけと課題を明らかにすることとした。

第一節　里親制度をめぐる関係団体の動向

1　全国里親会の提言

二〇〇二年の里親制度改正以後、里親関係団体の動きが活発になっている。その一つとして、全国里親会は、里親制度の重要性の認識が高まってきている中で、里親制度の普及、及び機能の拡充等の方策を検討し、関係機関に提言することを目的として「里親制度の拡充・整備に関する研究会」を組織した（委員長：行天良雄）。行政・医療・民間施設関係者が委員となり三回にわたり議論がなされ、「里親制度の拡充・整備に関する研究会報告書」を二〇〇三年三月にまとめている。

この報告書は、施設養護か里親養育かという二者択一的なとらえ方から脱却し、施設との連携・相互補完の必要性を述べている。そこで、里親支援機能の拡充として、乳児院以外の児童福祉施設にもファミリーソーシャルワーカーを配置し、里親からの相談、研修、レスパイトケア、措置変更の際の関係調整など、里親支援を行う機能の拡充を図ることを提言している。また、里親を社会福祉事業とすること、児童福祉法に子どもの監護等に関する里親の権限を明確に規定すること、専門里親の機能拡充など、里親の権限や役割を明確にし、制度に位置づけることを検討課題としている。

しかし、報告書の中に、「本来のボランティア的な里親については、そのボランティアとしての意義を重んじるべきであり、（中略）従来通り推進を図るべきである」としており、専門性を備えた里親を目指していながら、ボランティアとしての里親も推進するとしており、里親の位置づけが二重構造になっている。たとえば、里親制度の枠組の外にある週末里親等をボランティアと位置づけることは妥当であろう。しかし、里親制度の担い手としての養育里親や専門里親は、社会的養護の一翼を担う存在であり、子どもへの養育責任があり、里親手当も支給されるので、ボランティアという位置づけから脱却させるべきであったと考える。

さらに、報告書は、中学や高校を卒業し、施設を退所した後の者に対する自立支援施策について、自立支援里親（保護受託者も含める）を創設し、社会的養護下で育った者の社会的自立を支援するとしている。加えて、里親ファミリーホームの創設や、専門里親と親族里親に対する委託児童の拡大など、里親機能の拡充を提言している。

2　全国児童養護施設協議会の動向

全国里親会の報告書とほぼ同時期である二〇〇三年四月に、「全国児童養護施設協議会・制度検討特別委員会小委員会」（以下、「全養協制度検討委員会」）は、「子どもを未来とするために――児童養護施設の近未来」（以下、「児童養護施設近未来像Ⅱ」）報告書を提出した。

この報告書に先立って、全養協制度検討委員会は二〇〇〇年に「児童養護施設近未来像Ⅱの論点」という報告書を発表している。古川孝順委員長以外の検討委員はすべて児童福祉施設の施設長であるが、検討過程において「養子と里親を考える会」の会員へのヒアリングを行っており、里親制度拡充に関しての意見もまとめられている。また、既存の大舎制養護施設について、「将来的には、子どもの発達を考慮し小規模化に向かうことが望まれる」としている。一方において、「すべてのニーズを養育里親、地域小規模児童養護施設で担うことは困難であり既存の大舎的施設に期待するところが大きい」とも述べている。施設の小規模化が望ましいとしながら、現実には大舎制施設に期待するという点に矛盾があった。

その後、「児童養護施設近未来像Ⅱ」では、大舎制施設に期待するという文言はなくなり、日常の生活のなかで特定の養育者との密接な交わりができるような施設ケアの小規模化の方向性を打ち出している。そのほか、児童養護施設の改革のひとつに養育家庭（里親、専門里親）利用型サービスとの連携をあげ、「里親制度については、家庭的な環境で、より個別的な子どもの養育が可能であり、乳幼児等年齢の低い子どもについては特に有効である」と、その必要性を認めている。その上で、里親と施設とのパートナーシップについて、児童養護施設と里親は、「お互いに理解不足の点が多々あり、二者択一の考えの中で相反する」と考えていた様子が伺えるとした上で、今後は「両者の持つ特性を認め合い、連携し合って有意義な養育につなげて行かなければならない」と発展的な方向を示している。このように、乳幼児期にとって重要な特定の養育者との愛着関係を形成させるべく、里親の利用を図り、施設と養育家庭との連携を強める方向性を打ち出している。第四章で述べたように一九九五年の「養護施設の近未来像」で、全国養護施設協議会は「里親に期待はできない」と記述していたことから比べると、大筋では、国の里親制度拡充の方向性を追認した形で大きな方向転換を図ってきたと言える。

第二節　里親制度をめぐる政策の動向

1　児童虐待の防止等に関する専門委員会の報告

このように、社会的養護のあり方を、全国里親会と全国児童養護施設協議会がそれぞれ報告書にまとめる一方で、二〇〇三年六月に、社会保障審議会児童部会の「児童虐待の防止等に関する専門委員会」も報告書をまとめている。報告書は、子どもの社会的自立に向け、安全で安心した生活環境を保障するために、個々の状況に応じてきめ細やかなケアと治療を可能とする小さな規模の施設や里親制度を充実させること、及び自立援助ホームの充実等について検討していくとしている。

具体的な支援体制として、第一に「虐待を受けた子どもの養育や援助に意欲や関心のある里親をトレーニングする」という里親教育の必要性をあげている。第二に「レスパイトケア（里親の一時的な休息のための援助）や養育支援を含め、施設が里親を支援するなど里親に対するバックアップ体制の強化」といった施設による里親支援が提案されている。すなわち、里親が虐待を受けた子どもたちの養育の担い手となることを期待しており、その実現のために里親への教育や養育支援体制の強化を図ろうとしたのである。

2　社会的養護のあり方に関する専門委員会の報告

社会保障審議会児童部会の「社会的養護のあり方に関する専門委員会」（以下、「専門委員会」）は二〇〇三年五月に第一回の専門委員会を開催し、二〇〇三年一〇月に報告書をまとめている（委員長：松原康雄）。

第一回専門委員会の冒頭で、岩田雇用均等・児童家庭局長は、最近の法律改正についての紹介を行う中で、児童虐待防止法の制定については、予防・早期発見・保護という三つのステージが切れ目なく対応されなくてはならないことを述べている。その第三のステージの受け皿になるのが施設や里親であるとし、「衣食住を保障すればよかった時代とは違って、本当に難しい子どもたちの心のケアや、大人との愛着形成を一からやり直すために、できるだけ家庭に近い環境で充分専門性と人手をかけて養育することが必要である」と述べている（社会的養護のあり方に関する専門委員会　2003）。この発言は、家庭内虐待相談件数の増加を背景に、心の傷を抱えた子どもたちが良好な愛着関係を形成することの重要性や心の癒しの必要性を指摘している。さらに、それらの必要性を満たすために、「家庭に近い環境で人手をかける」という家庭的で個別的な対応が必要なことと、専門性の必要性を強調している。

第五回の専門委員会（二〇〇三年九月）は、財団法人全国里親会から意見聴取を行っているが、全国里親会側から資料として「社会的養護のあり方に関する専門委員会への意見書」（以下、「意見書」）が専門委員会へ提出されている。この意見書は、二〇〇三年三月の全国里親会による「里親委託促進のあり方――里親委託促進のあり方に関する研究委員会報告書」を基に作成されている。前述した「里親制度の拡充・整備に関する研究会報告書」が里親施策の全体的な検討課題を提言していたのに対して、この意見書は、地域里親会の有志が代表者となってまとめられており、里親実践の中から導き出された、より具体的な意見となっている点が特徴的であった。意見書は、社会的養護は家庭養護を優先することを基本理念とするべきであり、児童福祉施設へ入所する場合は期間を短期とするべきであると主張している。子どものニーズに応えるために、愛着形成の大切な乳幼児期の養育は、まず里親を活用し、乳幼児専門・虐待専門・障害児専門・自立支援専門・家庭復帰専門・病気治療専門など多様な専門里親の育成の必要性を指摘している。また、里親家庭における子どもの自立への支援の充実も要望している。さらには、児童福祉法等への里親に関する条文の制定、里親の権限や義務の明確化、子どもの親権者についての整理なども意見として述べられている。

さて、専門委員会の審議を経て二〇〇三年一〇月に「社会的養護のあり方に関する専門委員会」が提出した報告書では、社会的養護の方向性は、ケア形態の小規模化、親や年長児童に対する支援など、子どもの視点に立って、子どもや家族の多様な要請に応えていくことであり、家庭的養護と施設養護の協働や児童相談所、福祉事務所などの地域の関係機関や児童福祉施設の体制の強化を図っていくことにあると主張している。家族の再統合や家族や地域の養育機能の再生・強化といった親も含めた家族や地域に対する支援を行うことが必要であることも指摘している。このように、報告書は、施設養護からより家庭的な養護に移行していくという社会的養護の基本方針を示し、里親制度の運用を積極的に促そうとした。さらに、里親機能と施設機能の連携の視点をもち、里親、施設、さらには地域のサービスを連動させることに重点をおいている。また、里親制度の新たな展開の一つとして、里親によるグループホームを提案している。この提案は、すでに東京都、横浜市、川崎市、千葉県において、ファミリーホームという名称で実施されている先駆的な実践を参考にしたと考えられる。[1]

以上、「社会的養護のあり方に関する専門委員会」報告書において、盛り込まれた里親制度の改善点は、里親ファミリーホームの導入、親権の一部代行など里親の権限と役割の明確化、年長の子どもや青年に対する自立支援などである。しかし、「社会的養護のあり方に関する専門委員会への意見書」で、全国里親会が要望していた愛着形成の基礎となる乳幼児期に、里親養育を優先的に活用することについては言及されなかった。

「社会的養護のあり方に関する専門委員会」の報告書が提出された二〇〇三年一〇月の翌一一月に、社会保障審議会児童部会から報告書「児童虐待への対応など要保護児童及び要支援家庭に対する支援のあり方に関する当面の見直しの方向性について」が出された。里親に関しては、「社会的養護のあり方に関する専門委員会」報告書の方向性が踏襲されている。

3　「子ども・子育て応援プラン」における数値目標

少子化対策の一環として「子ども・子育て応援プラン」[2]が二〇〇四年六月に閣議決定された。この中の施策の一つに里親の拡充が盛り込まれている。これは、「社会的養護のあり方に関する専門委員会報告書」の方向性を受けたものといえる。同報告書では、これまでの社会的養護と子育て支援とは別個のものとされてきたが、今後は一体的な施策の推進を図り、効果的な子どもの健全育成や児童虐待の防止等につなげていく必要性を主張している。そこで、「子ども・子育て応援プラン」では、専門里親、親族里親の活用のほか、里親研修や里親養育相談の実施、里親の休息のために一時的に委託児童を児童養護施設等に預かるレスパイトケアの実施など、里親に対する支援を充実することで、里親への委託児童数の増加を図ろうとした。

また、子育て支援について施策の具体的目標を設定する場合には、社会的養護についても目標設定の対象とすることを検討すべきであるという「社会的養護のあり方に関する専門委員会」の報告書の意見を受け、「子ども・子育て応援プラン」では数値目標が立てられた。[3] すなわち、社会的養護については、児童養護施設・乳児院・里親に措置されている子どものうち、里親へ委託される子どもの割合を二〇〇三年度の八・一％から、二〇〇九年度には約二倍である一五％へ引き上げるとする目標が立てられた。この目標設定について、厚生労働省の梶原敦（2005）は、「不退転な決意を表さなければ里親の拡充は進まない」として、「画期的で冒険的な数字をあげ、それが二倍という目標設定になった」としている。しかし、結果的に、二〇〇九年度の里親委託率は九・六％と目標には及ばなかった。

さらに、専門里親登録者総数について、二〇〇三年度の一四六人から二〇〇九年度には五〇〇人に増加させるという目標も掲げられた。実際に、二〇〇九年度末には五四三人と目標は達成されている。しかし、実際に子どもを受託している専門里親は、二〇〇九年度末で、全国で一三三人であり（福祉行政報告例 2009）、専門里親登録者総数の二五％である。養育里親の受託率が約四〇％であること[4]と比較して、専門里親の受託率は低く、充分に活用できていないと言える。虐待を受けた子どもの虐待の傷を癒やせる家庭環境と個別的な関わりを提供できる専門里親を十分に活用することが必要である。

第三節　二〇〇四年の里親制度改正

二〇〇二年の里親制度改正後、本章の第一節と第二節に示したように、二〇〇三年の一年間に集中して社会的養護についての議論がなされている。ところで、二〇〇四年一二月に「児童福祉法の一部を改正する法律」(法律第一五三号)が公布され、里親制度の改正が行われた。主な改正点は以下の四つである。

第一は児童福祉法第六条の三に独立の条項として里親の定義が規定されたことである。改正前の児童福祉法は、施設は独立の条項に規定されているのに対して、里親の定義だけが条文の中に括弧でくくられて説明されているのみであった。この点に対する疑問は里親制度創設当初からなされており(網野　1950)、全国里親会の「社会的養護のあり方に関する専門委員会への意見書」(二〇〇三年)でも要望としてあがっていたことが実現し、法的に施設と同等に位置づけられたことになる。

第二に第四七条の二では里親は親権の一部である児童の監護・教育・懲戒に関して必要な措置をとる権限が認められた。第四八条では児童の就学の義務も規定された。これらの改正により、里親は児童福祉施設の長と同様の権限と義務が明文化された。この里親の権限と義務の明確化は、全国里親会の「社会的養護のあり方に関する専門委員会への意見書」に要望としてあがっており、実現したことになる。しかし、里親の権限に関して、「社会福祉法人には権利擁護という仕組みがあるが、里親には権利擁護の仕組みが十分にない中で、施設と並んで里親に監護・教育・懲戒権を与えてよいのか疑問がある」(吉田恒雄　2005)という指摘があった。こうした指摘に対応するように、懲戒の権限が与えられた制度改正に合わせて、里親の養育に関する最低基準が改正され、新たに懲戒に関する権限の濫用禁止が明記されている（二〇〇四年厚労令一七八追加）。

第三に満一八歳を超えた子どもに関して、これまで省令には記載されていたが、第三一条で施設と同様に満二〇歳に達するまで委託を継続できることが児童福祉法に規定され、里親委託期間が延長された。二〇歳まで委託期間が延びることによって、一八歳を超えた委託児童が大学等に進学した場合であっても、就職した場合であっても、里親家庭からの支援を受けられる期間の延長を可能にしたのである。これにより、委託児童の自立支援が強化されたことになる。二〇歳までの委託継続については、里親関係団体の長年の要望であった。措置年齢についても里親と施設はようやく同等になったことになる。

第四に保護受託者制度は一九五一年に児童福祉法に規定されているが、二〇〇四年度現在ほとんど活用されておらず[5]廃止された。それに代わるものとして、年長児童の自立支援のために、一定の要件を満たす里親が、養育と併せて職業指導を行えることになった。

第四節　里親制度拡充に関する通知

二〇〇二年の里親制度改正以降、二〇〇八年の児童福祉法改正まで通知が相次いで発出されている。ここではそれらの通知から、里親制度の運用の方向性を明らかにする。

第一の通知は、二〇〇四年四月の児童家庭局長通知「乳児院等における早期家庭復帰等の支援体制の強化について」（雇児発〇四二八〇〇五号）である。この通知は保護者等への早期家庭復帰や里親委託促進のための業務を行う「家庭支援専門相談員」を乳児院の他に、児童養護施設などにも配置を拡大することをうたっている。この通知は一九九九年四月に出された「乳児院における早期家庭復帰等の支援体制の強化について」（児発四二一号）が改正されたものである。改正前の児発四二一号には、「家庭支援専門相談員」の里親関係業務の一つとして、里親希望家庭への委託前、および委託後の相談・養育指導、里親の新規開拓のみが記されていたが、改正された雇児発〇四二八〇〇五号では、新たに養子縁組推進のための業務、養子縁組希望家庭、および養子縁組成立後の相談・養育指導が加えられた。このように、養子縁組推進が加えられたのは、「社会的養護のあり方に関する専門委員会」（二〇〇三年）で社会的養護の検討課題として「特別養子縁組制度の活用も必要な方向性」であることが提案されたことを踏まえたものであると考えられる。前節で述べたように、里親拡充のためには施設による里親支援が求められているが、この通知は児童福祉施設と里親の連携を図ることによって、里親養育や養子縁組への移行を促進しようとしたものといえる。

第二の通知は二〇〇五年三月の「里親家庭への保護を要する子どもの委託の促進について」（雇児福発〇三二五〇〇二号）である。この通知の趣旨は、「子ども・子育て応援プラン」において里親委託率を二〇〇九年までに一五%に引き上げることを目標にしていることから、これまで推進してきた里親開拓や里親支援などの施策を整理し、活用方法を示すことにより、各都道府県等における里親委託や新規里親の開拓の促進を図るものであった。

第三の通知は二〇〇五年三月に発出された「専門里親制度における非行等の問題を有する子どもへの対象拡大について」（雇児福発〇三二五〇〇一号）である。この通知により、専門里親への委託対象に、虐待された子どもだけでなく非行等の問題のある子どもが加えられた。この通知には対象拡大の趣旨として、子どもの非行等の問題は、家庭環境の問題を背景にもつケースもあり、非行等の問題を改善し、情緒を安定させるために、そして周りの人間との信頼関係を築くためには、適切な家庭的環境が有効となるとしている。すなわち、非行等の問題のある子どもについては、施設での集団養護より、里親による個別的な養育が望ましい場合もあるとしたのである。

一方で、この通知の二年前に、全国里親会は「里親制度の拡充・整備に関する研究会報告書[6]（二〇〇三年三月）」の中で、専門里親の対象に非行等の問題がある児童を加えることを要望している。この要望は、里親は従来から非行問題がある子どもを受託してきた実績があることを踏まえている。今回の対象拡大は、国がこうした里親養育の実績を認め、要望を受け入れたという見方もできる。しかしながら、里親養育とは、他の家庭や施設から来た子どもを養育することであり、ゼロから相互の信頼関係を構築する必要があることや里親家庭での新たな生活習慣に子どもが適応しなくてはならないなど、養育上の困難がともなう。加えて被虐待児や非行等の問題のある児童の場合、さまざまな困難を子ども自身が抱えているだけでなく、そのような子どもを養育することの困難さを里親が克服しなくてはならないことは想像に難くない。そこで、里親に専門性を付与するための研修が必要になる。専門里親の対象拡大の通知に先立って、二〇〇五年一月「専門里親継続研修の実施にあたっての留意事項について」が出され、専門里親の登録更新時の研修に、少年非行に関することを組み込むとして対象拡大への対応を図っている。

第四の通知は二〇〇六年四月、児童家庭局児童福祉課長通知「里親家庭への保護を要する子どもの委託の促進について」の一部改正について（児福発〇四〇三〇〇二号）である。この通知は、入所している子どものうち、里親に委託することが適当であると考えられる子どもについては、積極的に里親への委託を進めていく必要があるとした。そのために児童相談所に「里親委託推進員」を配置し、「里親委託推進委員会」を設け、施設と里親との連携を図りつつ施設から里親へ子どもの委託を総合的に推進する「里親委託推進事業」を二〇〇六年度から実施することとしている。

第五の通知は同年四月の児童家庭局長通知「里親委託推進事業の実施について」（雇児発四〇三〇〇一号）である。

ここでは、里親委託推進事業の実施と推進に向けた具体的方法が示された。すなわち、①里親委託に関する目標を設置する、②施設入所児童のうちこの事業の対象児童の名簿を作成する、③受託していない里親に受託希望の可否を調査する、④本事業の対象児童に対し、里親との相性確認を充分行う、⑤元施設職員や施設のボランティア、福祉関係者から里親候補者を開拓する、⑥里親候補者に対し、施設入所児童との交流の機会を設け、里親になる動機付けを行うという方法である。

第六の通知は二〇〇八年四月、児童家庭局長通知「里親支援機関事業の実施について」(雇児発第〇四〇一〇一一号)である、この通知によって、里親支援機関事業が実施されるように奨励された。この事業の目的は、児童相談所、里親及び児童福祉施設が相互理解を深め、共通の認識を持ち、里親への委託等を推進するとともに、里親制度の普及啓発を積極的に行い、里親に対する研修・相談・援助など、里親支援を総合的に実施することである。この事業主体は、都道府県等行政であるが、施設など民間にも委託できるとされている。児童相談所と施設が連携し、里親委託促進・支援を行うという事業形態はこれまでにないことであり、画期的であった。

以上のように二〇〇二年の里親制度改正以降、通知の発出が相次いでいる。施設に里親委託推進を求めるもの、専門里親の対象拡大、児童相談所における里親委託推進策、里親支援機関事業実施の奨励など里親委託促進と里親支援に関する通知であった。その背景には、二〇〇三年の「子ども・子育て応援プラン」で、里親委託率を二〇〇九年度には一五%にするという目標があった。しかし、第五章第二節で述べたように里親委託率は、二〇〇三年度の八・一%から二〇〇九年度には九・六%へと上昇したが、目標は達成されなかった。

第五節　里親制度をめぐる政策への提言

1　厚生労働省の研究会・検討会・審議会の報告

雇用均等・児童家庭局長の主宰により二〇〇五年二月より始められた山縣文治を座長とする「今後の児童家庭相談体制のあり方に関する研究会」は、二〇〇六年四月に報告書をとりまとめた。この報告書は、二〇〇五年四月に施行された改正児童福祉法により、児童家庭相談に応じることが市町村の業務として明確にされたことを受けて、児童家庭相談体制の強化・充実に向けたあり方について提案している。

その中で里親制度についても言及している。すなわち、現在の一時保護所は、設備的にも体制的にも不十分な状況であり、改善が急務であるため、施設への一時保護だけでなく、里親への委託一時保護についても、進めていく必要があるとし、その際には、施設や里親との充分な連携の下、児童相談所はしっかりとしたアセスメントを実施することや一時保護費の充実を図るべきであると指摘している。また、報告書は、児童相談所は、年一～二回程度の訪問、相談といった対応にとどまっている現状を改善する必要性を述べ、児童相談所からの定期的かつ継続的な訪問により、助言・指導を行う機能の強化や、里親の養育相談や里親養育をサポートする者の派遣、レスパイトケアなどの里親支援の充実が望まれるとしている。

前述した「今後の児童家庭相談体制のあり方に関する研究会」の報告書がとりまとめられた約一年後の二〇〇七

年二月に厚生労働省雇用均等・児童家庭局家庭福祉課に柏女霊峰を座長とする「今後目指すべき児童の社会的養護体制に関する構想検討会」（以下、「構想検討会」）が設置された。この構想検討会は、二〇〇三年に設置した社会的養護のあり方に関する専門委員会から三年が経過したことから、被虐待児の増加等による、要保護児童の増加と入所児童のニーズの多様化・複雑化を踏まえ、今後目指すべき児童の社会的養護体制について検討し、社会的養護の拡充に向けた具体策を打ち出そうとするものであった。

この構想検討会は二〇〇七年五月に「中間とりまとめ」を出した。この中で、子どもへのケアは愛着関係の形成が重要であるにもかかわらず、現在の社会的養護体制は、里親への委託が進んでおらず、里親、施設、児童相談所、市町村やその他の関係機関等の連携も充分に行われていないことを指摘している。そこで、里親委託促進のための提案として、里親開拓については、ターゲットを絞った啓発や、里親制度の啓発を国民運動にしていくことを提案している。制度変更に関しては、従来からその混同が問題となっている養育里親と養子縁組を前提とした里親を明確に区別すること、里親支援の拡充、児童相談所の里親支援体制の確保、民間の支援機関からの支援、専門里親の対象を障害児に広げるなどの提案もしている。さらに、里親ファミリーホームでは、家庭的な環境の下で里親が社会的養護を提供できるとともに、子ども同士も相互に関係を築ける形態であるため、その制度的な位置づけを含め、早急に検討する必要があると指摘している。

構想検討会の中間とりまとめが出された二か月後、児童の社会的養護体制の拡充に向けた具体的な方策を検討するため、二〇〇七年八月に、社会保障審議会児童部会社会的養護専門委員会（以下、「社会的養護専門委員会」）が設置された。この専門委員会は、構想検討会の「中間とりまとめ」を受けるとともに、「児童虐待の防止等に関する法律及び児童福祉法の一部を改正する法律」（法律第七三号、二〇〇七年六月）の附則の方向性を受けて設置されたものである。実際に、委員長の柏女をはじめ、構想検討会からの委員が引き続き、委員として選ばれている。その他に、各児童福祉施設と里親の代表者が委員に加えられていた。（厚生労働省　2007b）。その後、委員会は、構想検討会「中間とりまとめ」の基本的方向を踏襲しながら、さらに具体的施策の検討を進め、二〇〇七年一一月に、「社会的養護体制の充実を図るための方策について」を報告書としてまとめている。

この報告書は、社会的養護体制の拡充が緊急の課題であるという基本的考え方を述べており、その上で、社会的養護体制の整備のための具体的施策として、家庭的養護の拡充をあげている。その第一は里親制度の拡充、第二は小規模グループ形態の住居による新たな養育制度の創設、第三は施設によるケア単位の小規模化等家庭的養護の推進を提案している。第一の里親制度の拡充は、前述した構想検討会「中間とりまとめ」でも提案していたが、養育里親の社会的養護体制における位置付けを明確化するために養育里親と養子縁組を希望する里親を区別することをあげている。また、養育里親の研修の義務化など要件の見直しや里親手当の引き上げも提案している。さらに、委託後の相談業務を都道府県の役割として明確化するとともに、その業務の委託先として里親支援機関を創設することを提案している。以上、里親制度の拡充に向けて、具体的な提案がなされたといえる。

2　「養子と里親を考える会」の提言

養子と里親を考える会（理事長：湯沢雍彦）は、二〇〇七年八月に社会保障審議会児童部会社会的養護専門委員会委員長宛に、「里親制度および要保護児童の養子縁組に関する提言」を提出している。[7]この提言は、里親制度に関する提言と養子縁組に関する提言の二部構成になっているが、ここでは、里親制度に関する提言について見ていくこととする。

この提言の要点は、①里親制度を養子縁組も含め、社会的養護を必要とする子どもの主要な措置先として活性化すること、②児童相談所の里親委託事業の専門性の向上をはかり、民間機関に業務の一部を委託すること、③里親委託ケースワーカーの専門性の確保のため、研修を行い、里親への研修・支援も定期的に実施することの三点であると述べられている。提言を実現するために、わが国の児童養護制度には、国連の子どもの権利条約が示している養子縁組、里親委託、施設措置の順に子どもの処遇が優先されるといった原則がないことを問題点として指摘している。具体的には、養子縁組里親の創設、養育里親の研修受講の義務化、里親支援機関の創設、里親グループホームの制度化などを提言している。

さらに、養子と里親を考える会有志は、二〇〇七年一一月に、社会的養護専門委員会委員長宛に「貴委員会におけるいくつかの論点について」として、第一、第二回社会的養護専門委員会で示された論点についての意見書を提出している。この意見書では三つの論点をあげ、以下の意見を述べている。

第一は、養育里親と養子縁組里親を区別する件である。意見書は、これらの区別には賛同しているが、養子縁組が成立するまで、子どもは社会的養護体制のなかで保護されなければならないと主張している。また、養育里親と専門里親の手当を見直すことに賛同するとともに、里親の研修を義務化することも必要であると述べている。第二は、児童相談所のほかに里親委託支援機関を設置する件である。意見書は、設置については賛同し、その機関に相談援助だけではなく、里親開拓および子どもと里親とのマッチングを含む委託業務を行えるよう要望している。第三は、民間の養子縁組斡旋機関を認可する制度の必要性である。養子縁組斡旋事業に対する社会一般の理解を得るために、民間の養子縁組斡旋機関を認可する制度を定め、認可のない事業者の活動を禁じることの必要性を指摘している。このように、社会的養護専門委員会の方向性を概ね支持しつつ、さらに必要な改革について要望している。このような提言や意見書は、四半世紀にわたり養子制度および里親制度の改革のために研究活動を行ってきた研究会として、これまでの研究の成果を踏まえ、より一層家庭的養護拡充の方向に向かうよう期待を込めて提出したものであった。

以上の意見・要望のいくつかは、次節で述べる二〇〇八年の里親制度改正に盛り込まれていくこととなる。

第六節　二〇〇八年の里親制度改正

二〇〇八年一二月に「児童福祉法の一部を改正する法律」（法律第八五号）が公布され、里親制度が改正された。この改正では、第六条の二第八項で、「小規模住居型児童養育事業」が規定された。これは、一般にはファミリーホームと呼ばれる里親に近いタイプの事業体として位置づけられるものであり、従来一部の自治体で独自に開設されていた里親グループホームを国が制度として取り入れたものである。

第六条の三では、里親を「養育里親」と「養子縁組によって養親となることを希望する里親」（以下、「養子縁組里親」）の二種類に分けた。従来、里親委託と養子縁組が一般社会において混同されていることから誤解を生じ、里親制度の拡充を阻んでいるという意見があったことから、「養育里親」と「養子縁組里親」が区別されたことは、そうした混同による問題点を解決しようとしたものとして評価できる。さらに、「養育里親」の中に「専門里親」を設けた。しかし、「親族里親」については児童福祉法に含まれず、省令での規定にとどまった。第六条の三第二項では、養育里親には研修修了が義務付けられたことは里親の質的向上を一定程度担保しようとするものとして重要である。また、第一一条で、都道府県に対しては、里親の相談に応じ、必要な情報の提供や助言その他の援助をすることが義務化されている。さらに、その業務を里親支援機関に委託できるとした。このように研修で里親の質を担保し、都道府県による里親支援を義務化したことは、里親養育が社会的な養育であることを明瞭に位置づけたものといえる。

このように二〇〇八年の児童福祉法一部改正による里親制度の改正は、前述した厚生労働省の研究会・検討会・審議会からの提言に加え、「養子と里親を考える会」の提言で述べられた養子縁組里親の創設、養育里親の研修受講の義務化、里親グループホームの創設が制度化されており、これらの提言の一部を国が取り入れた結果である。

しかし、この時点では、養子縁組里親の研修については、実現しなかった。提言では、養子縁組里親は里親認定を申請する以前に、事前研修（オリエンテーション）を受け、認定後には、委託前及び委託後に継続的に研修を受けると提言したが、この改正では、養子縁組里親に研修が義務づけられなかった。養子縁組里親は里親類型の一つでありながら、研修義務を課さないなど、実質的には、社会的養護において曖昧な位置づけとなった。さらに、通知により、養育里親には里親手当の規定があるが、養子縁組を希望する里親は、養子縁組前の試験養育期間であっても里親手当の対象にはならなかった。このように、養育里親と養子縁組を希望する里親が区別されたことは、研修の義務化の有無と、里親手当の有無という里親支援に差を付ける結果につながってしまった。

この点については、今回の里親制度改正以前の二〇〇八年五月に国会でも取りあげられている[8]。衆議院厚生労働委員会において、菊田真紀子委員の質問に対して大谷泰夫政府参考人は、養子縁組里親に、里親手当が支払われないのは、その後に成立する養子縁組が私法上の関係であるため、社会的取り組みとして行われる里親養育とは違いがあり、国は両者を区別したという考えを表明している。ただし、養子縁組里親の期間は社会的養護の枠内であるとし、教育費など実費については縁組成立まで支払うことになっていると大谷政府参考人は回答している。しかし、養子縁組里親を社会的養護の枠内で捉えるならば、養子縁組里親の里親手当の有無よりも、養子と里親を考える会の提言にあったように、養子縁組里親にこそ研修を義務化することが必要である。

第七節　本章のまとめ

厚生労働省は二〇〇三年から社会保障審議会児童部会の中に、「社会的養護に関する専門委員会」を設置し、児童養護施設や里親など社会的養護全般のあり方について検討を始めている。二〇〇二年の里親制度改正は省令によるものであったが、その後二〇〇四年と二〇〇八年には児童福祉法の改正により、里親制度の位置づけがより明確になった。

二〇〇四年の里親制度の改正では、児童福祉法に独立した一つの条文として里親が規定され、里親に児童福祉施設長に並ぶ権限と義務が課せられたことにより、里親の法的位置づけが明確になった。また、施設と同様に二〇歳まで委託期間が延びたことにより、委託児童の自立支援が図られることになった。

二〇〇八年の里親制度の改正では、養育里親と養子縁組を希望する里親を区別したことにより、運用上の問題を改善しようとした。また、里親支援機関の法定化は、現在の児童相談所の体制では対応しきれない里親養育支援の必要性の認識から生まれた。養育里親の研修受講の義務化は、里親の質的向上を図ったものであり、ひいては子どもの福祉に資するものである。また、自治体レベルで実施されていた里親グループホームを国は評価し取り入れ、制度化したのである。いずれも、厚生労働省の研究会・検討会・審議会からの提言に加え、全国里親会や養子と里親を考える会から提言されていた要望が実現している。

以上のように、二〇〇二年の里親制度の改正を起点に、さらに里親制度拡充を図ろうと、政策レベルにおいても、民間レベルにおいても活発な議論がなされている。したがって、この時期は社会的養護において、里親制度を明確に位置づけようとした時期であると言えよう。

注

1　里親によるグループホームは、例えば、二〇〇二年時点の東京都のファミリーホーム制度実施要綱によると、ファミリーホームは、おおむね六名程度の児童を養育する一定の要件を備えた養育家庭であり、かつ知事の指定を受けたものと定義されている（東京都ファミリーグループホーム制度実施要綱　1985）。

2　「子ども・子育て応援プラン」の正式名称は「少子化社会対策大綱に基づく重点施策の具体的実施計画について」であり、二〇〇四年、少子化社会対策基本法に基づき計画された国の基本施策である。策定の趣旨は少子化の流れを変えるための施策を強力に推進することとしている。大綱に盛り込まれた施策のうち、地方公共団体や企業等とともに計画的に取り組む必要があるものについて、二〇〇九年度までの五年間に講ずる具体的な施策内容と目標を掲げ、この五年間に重点的に取り組んでいくこととされている。

3　「子ども・子育て応援プラン」より前の一九九五年に策定された「エンゼルプラン」においては、保育所や施設の増設目標は立案されていたが、里親に関する目標はなく、この「子ども・子育て応援プラン」で、新たに付け加えられたものである。

4　二〇〇九年度末の養育里親の登録者総数は五、八二三人、受託している養育里親数は二、二九六人である（二〇〇九年度福祉行政報告例）。

5　二〇〇四年度末で全国に保護受託者は四〇人いるが、委託されている児童はいない（二〇〇四年度福祉行政報告例）。

6　この報告書は、専門里親について、委託する子どもは虐待を受けた子どもだけでなく、非行、不登校児などにも拡大すること、自立を支援する里親、里親ファミリーホーム（グループホーム）、青年短期里親（里親家庭で子どもと遊んだりする若者）を創設することを提言している。

7　この提言は、菊池（2007b）によれば、養子と里親を考える会が、この社会的養護専門委員会に向けて、これまで行ってきた調査研究を踏まえてとりまとめたものであった。

8　衆議院厚生労働委員会一六号（平成二〇年五月二三日）児童福祉法等の一部を改正する法律案の審議において、菊田真紀子委員から、「なぜ養子縁組里親には手当が支給されないのでしょうか」という質問がなされている。それに対して、大谷泰夫政府参考人は、「いわゆる私法上の関係である養子縁組ということについては、これは社会的取り組みとして行われるものとやはり違いがあるであろうということで、そこは区別をしたものでございます」と回答している。

第六章　里親制度推進の加速期（二〇〇九年～二〇一九年）

——代替的養護における家庭養護の明確化

第五章では、二〇〇二年の里親制度の改正以後、さらに里親制度拡充を図ろうと、国においても、民間においても活発な政策の議論がなされ、児童福祉法の改正によって、二〇〇四年と二〇〇八年に里親制度が相次いで改正された過程を明らかにした。

本章では、児童福祉法が二〇一六年に改正され、二〇一七年に「新しい社会的養育ビジョン」が発表された経緯とその影響について検討する。二〇〇八年の里親制度改正以後、現在（二〇一九年六月）までの間に里親制度をめぐり、どのようなことが社会的養護施策として議論され、政策的対応がなされてきたのか、またどのように里親制度の位置づけが変化してきたのかを明らかにする。

第一節　国際的動向の影響と社会的養護の再編

1　「国連児童の代替的養護に関する指針」の影響

国連総会は二〇〇九年一一月に「児童の代替的養護に関する指針」（以下、「国連指針」）を採択した。この国連指針は「政策及び実践の望ましい方向性を定めた」ものであり、「児童の権利に関する条約、並びに親の養護を奪わ

表 6-1　国連子どもの権利委員会による代替的養護に関する指摘

親の養護のない児童　五三 (a) 里親が小規模なグループ施設のような家族型環境において児童を養護すること， (b) 里親制度を含め，代替的監護環境の質を定期的に監視し，全ての監護環境が適切な最低基準を満たしていることを確保する手段を講じること， (c) 代替的監護環境下における児童虐待について責任ある者を捜査，訴追し，適当な場合には虐待の被害者が通報手続，カウンセリング，医療ケア及びその他の回復支援にアクセスできるよう確保すること， (d) 全ての里親に財政的支援がされるよう確保すること， (e) 2009 年 11 月 20 日に採択された国連総会決議（A/RES/64/142）に含まれる児童の代替的監護に関する国連ガイドラインを考慮すること．

出典：国連子どもの権利委員会（2010）＝外務省訳
https://www.mofa.go.jp/mofaj/gaiko/jido/pdfs/1006_kj03_kenkai.pdf より引用．

れ又は奪われる危険にさらされている児童の保護及び福祉に関するその他の国際文書の関連規定の実施を強化することを目的」としたものである（国連総会　2009＝厚生労働省仮訳）。

この国連指針では、代替的養護のあり方について、家庭を基盤とした環境の重視と脱施設化の方向性を示している。特に三歳未満の乳幼児の代替的養護は、「家庭を基盤とした環境で提供されなければならない」（国連指針22）としている。一方、施設養育は、「子どもの最善の利益に沿う場合に限られるべき」（国連指針21）と、施設養育の利用を限定的に認めつつ、「大型の施設が残っているところでは、脱施設化という方針のもと、いずれは施設の廃止を可能とするような、明確な目標と目的をもって、代替策を発展させなければならない」（国連指針23）と指摘している。このような国連指針の代替的養護における方針に基づいて、国連子どもの権利委員会の第三回目（二〇一〇年）の総括所見は、わが国の代替的養護について表6-1に示したように具体的に勧告している。こうして、国は代替的養護の体制をさらに整備することを要請されたのである。

この国連指針について山縣文治（2011: 146）は、「児童の権利条約およびそれに基づく二回にわたる子どもの権利委員会の指摘では、大きく変化することのなかった社会的養護サービスのあり方が、国連ガイドラインの採択と、それを『考慮して』施策推進することを求めた第三回子どもの権利委員会の指摘により大きく変化することになった」と日本の社会的養護のあり方に大きな影響を与えたと評価している。実際に、第三回目の総括所見の勧告を受けた後、里親推進に向けた政策は進んでいく。特に二〇一一年には、「里親及びファミリーホーム養育指針」と「里親委託ガイドライン」を策定している。さらに、「社会的養護の課題と将来像」をとりまとめている。このように、わが国の社会的養護施策は国連ガイドラインの方向性に沿った動きへと舵取りを始めたのである。

2　「子ども・子育てビジョン」における数値目標

二〇一〇年一月に、「子ども・子育てビジョン」[1]が閣議決定された。このビジョンは、「少子化対策から子ども・子育て支援へ」をうたっており、社会的養護においても数値目標が盛り込まれている。二〇〇三年の「子ども・子育て応援プラン」と二〇一四年度現在の数値も合わせて表6-2にまとめた。まず、里親委託率を二〇〇八年度末の一〇・四%から二〇一四年度には一六%へ上昇させる目標が設定された。この目標は、二〇一四年度には一六・五%となり、達成されている。

専門里親登録者の数値目標は二〇一〇年度四九五世帯から二〇一四年度には八〇〇世帯へと設定されたが、二〇一四年度は六七六世帯であり、目標は達成できなかった。しかも、二〇一四年度に実際に受託した専門里親は一七四人（二〇一四年度福祉行政報告例）と専門里親登録者数の二六%程度にとどまっており、専門里親の活用は十分に進んでいない。

「子ども・子育て応援プラン」で設定されなかった新たな目標が「子ども・子育てビジョン」では立てられてい

表 6-2　社会的養護における目標

	子ども・子育て応援プラン		子ども・子育てビジョン		
	2003 年度現在	2009 年度の目標	2010 年度現在	2014 年度の目標	2014 年度現在
里親へ委託される子どもの割合	8.1%	15%	10.4%	16%	16.5%
専門里親登録者総数	146 人	500 人	495 世帯	800 世帯	676 世帯
養育里親登録者数	——	——	5805 世帯（2009.10）	8000 世帯	7893 世帯
小規模住居型児童養育事業（ファミリーホーム）	——	——	——	140 か所	257 か所
児童養護施設	——	——	567 か所	610 か所	608 か所
小規模グループケア	——	——	446 か所	800 か所	928 か所
地域小規模児童養護施設	——	——	171 か所	300 か所	298 か所
児童自立生活援助事業（自立援助ホーム）	——	——	54 か所	160 か所	

出典：厚生労働省（2004）「子ども・子育て応援プラン」，内閣府（2010）「子ども・子育てビジョン」，福祉行政報告例（2014 年度）より作成.

る。その一つが養育里親登録者数を二〇〇九年度五、八〇五世帯から二〇一四年度には八、〇〇〇世帯へ増加させるという目標である。五年間で二、〇〇〇人以上の増加を掲げている。二〇〇九年度、実際に子どもを委託されている里親が二、八三七人（二〇〇九年度社会福祉行政報告例）であることを考えると、表6-2に掲げたように二〇〇九年度の養育里親登録者数は五、八〇五世帯であり、一見すると充足されているかのように見える。しかし、「子ども・子育てビジョン」では里親登録者数の更なる増加を目指している。その理由は、「今後目指すべき児童の社会的養護体制に関する構想検討会」の中間とりまとめ報告書が指摘するように、自治体間の格差や、今まで見過ごされてきた虐待が発見され、里親へのニーズが高まる可能性が高いので「適切な支援を行い得るだけの提供量が確保できているとは言えない」と認識されているからである。このように、要保護児童のニーズを満たすことのできる里親を見いだすために、里親の量的な確保が目指されている。

ところで、養育者の家庭において五〜六人の子どもを養育する事業として小規模住居型児童養育事業（以下、「ファミリーホーム」）が二〇〇九年から開始されている。ファミリーホームは、二〇〇九年度に四九か所開設され、そこで計二一九人の子どもが生活している。一か所のファミリーホームに平均して四・五人の子どもが生活していることになる。二〇一四年には、一四〇か所の開設を目標にしているということは、一か所に六人の子どもが生活すれば、八四〇人の子どもが一般家庭での生活をすることができる計算になる。里親委託数は、増加傾向といっても大幅に拡充することは難しいことが予想されるのに対して、ファミリーホームは一か所の開設により、そこで生活する子どもは五〜六人の増加が見込まれるため、家庭的な養育を推し進めたい国の期待が寄せられている。その期待に応えて、二〇一四年度は目標値一四〇か所を上回る二五七か所のファミリーホームが開設されている。その後、ファミリーホームの数は二〇一七年度末には三四七か所、委託児童数一、四三四人（二〇一七年度福祉行政報告例）へと徐々に増加している。

「子ども・子育てビジョン」は、施設養護についても、専門的なケアや自立支援に向けて、子どもの状態や年齢に応じた適切なケアを実施できるよう、現行の施設機能のあり方の見直しや体制の充実を検討課題としてあげている。小規模グループケアや地域小規模児童養護施設といった施設形態の小規模化や地域化を里親拡充とともに進めていく方向にある。しかし、児童養護施設を二〇一〇年度現在の五六七か所から二〇一四年度は六一〇か所へと増加させる目標の立案により、二〇一四年度には、六〇八か所に増加している。二〇一一年現在、七〇％以上の児童養護施設が大舎制である中で、社会的養護の潮流は、養育形態の小規模化を目指し、家庭的な雰囲気の下での養育が重要とされている。そのような状況の中で、児童養護施設の増加目標が立てられることは社会的養護の向かうべき方向性に齟齬が生じると考える。要保護児童の養育ニーズに里親制度が応えきれていないという制度的、或いは運用の問題があると推測できる。しかし、児童養護施設の増加によって、わが国の社会的養護における収容保護パラダイムが今後も引き継がれていくことが懸念される。

3　里親委託ガイドラインの里親委託優先の原則

二〇一一年一月、社会保障審議会のなかに、「児童養護施設等の社会的養護の課題に関する検討委員会」（委員長：柏女霊峰）が設置された。これについて、山縣（2011: 137）は、国連子どもの権利委員会総括所見（第三回）における勧告が、「厚生労働省関係者をも刺激することとなったと考えられ」ると指摘している。

同年一月二八日、この検討委員会[2]において、検討課題の一つとして、厚生労働省児童家庭局家庭福祉課から、里親委託推進のためのガイドラインの素案が資料として出された。その後、各委員からの意見聴取や都道府県への意見照会などをして、政府はガイドライン案の文章の加筆修正を行っている。[3]二月一五日の検討委員会においても再び里親委託ガイドライン案への意見聴取が行われ、二〇一一年三月に「里親委託ガイドライン」として策定され、各都道府県等に通知として出されている。

この里親委託ガイドラインの最も注目すべき点は、里親委託優先の原則を明記していることである。特に、「乳幼児は安定した家族の関係の中で、愛着関係の基礎を作る時期であり、子どもが安心できる、温かく安定した家庭で養育されることが大切である」としている。その理由として、里親家庭に委託することにより、①特定の大人との愛着関係が形成できるため、安心感、自己肯定感、基本的信頼感を育むことができる。②家庭生活を体験し、将来、家庭生活を築く上でのモデルとすることができる。③家庭生活での人間関係を学び、地域社会での社会性を養い、生活技術を獲得できるといった三点が期待されるとしている。わが国において、里親委託優先の原則を打ち出したことは、画期的である。まさに、「国連子どもの代替的養護に関する指針」と第三回目の総括所見の勧告の影響を受けたものであったといえる。

4　「社会的養護の課題と将来像」の基本的方向

「児童養護施設等の社会的養護の課題に関する検討委員会」と社会保障審議会児童部会社会的養護専門委員会は、社会的養護の課題と将来像についての議論を進め、二〇一一年七月「社会的養護の課題と将来像」をとりまとめた。「社会的養護の課題と将来像」では、子育て支援施策を充実させていく中で、社会的養護の対象となる子どもにこそ、特に支援の充実が必要として、社会的養護の基本的方向を、①家庭的養護の推進、②専門的ケアの充実、③自立支援の充実、④家族支援、地域支援の充実としている。

家庭的養護の推進（表6-3）では、社会的養護は原則的に家庭的養護（里親、ファミリーホーム）を優先するとともに、施設養護（児童養護施設、乳児院等）を、より家庭的な養育環境（小規模グループケア、グループホーム）に近い形態に変えていく必要があるとしている。しかし、小規模グループケアやグループホームは、家庭的養護とは異なるとしながら、「家庭的養護の推進」という言葉について、「施設養護から家庭的養護への移行のほか、当面、施設養護もできる限り家庭的な養育環境の形態に変えていくことを含めて用いることとする」と述べている。すなわち、里親、ファミリーホームを推進することと、施設養護をできる限り家庭的な養育環境の形態に変えていくことの二つの異なる側面に対して、一つの用語「家庭的養護の推進」を用いている。果たして、施設による養護を家

表 6-3 「社会的養護の課題と将来像」における家庭的養護の推進に関する指摘

・社会的養護は，できる限り家庭的な養育環境の中で，特定の大人との継続的で安定した愛着関係の下で，行われる必要がある． ・社会的養護においては，原則として，家庭的養護（里親，ファミリーホーム）を優先するとともに，施設養護（児童養護施設，乳児院等）も，できる限り家庭的な養育環境（小規模グループケア，グループホーム）の形態に変えていく必要がある． ・社会的養護が必要な子どもを，養育者の住居で生活をともにし，家庭で家族と同様な養育をする里親やファミリーホームを，家庭的養護と呼ぶ． ・一方，小規模グループケアやグループホームは，施設養護の中で家庭的な養育環境を整えるものであるが，養育者が交代制である点で，家庭的養護とは異なる．しかし，「家庭的養護の推進」という言葉は，施設養護から家庭的養護への移行のほか，当面，施設養護もできる限り家庭的な養育環境の形態に変えていくことを含めて用いることとする．

出典：児童養護施設等の社会的養護の課題に関する検討委員会・社会保障審議会児童部会社会的養護専門委員会（2011）『社会的養護の課題と将来像』より引用．

庭的な養育環境の形態に変えていけば、里親等と同様に、家庭的養護は達成されると言えるのであろうか。

また、「社会的養護の課題と将来像」では、日本の社会的養護下におかれた児童の九割が乳児院や児童養護施設に措置されており、一割が里親やファミリーホームに委託されていることから、これを、今後、十数年をかけて、里親及びファミリーホーム、グループホーム、本体施設（児童養護施設は全て小規模ケア）の割合をそれぞれ概ね三分の一ずつという姿に変えていくとした。

さらに、要保護児童をできる限り親族が養育できるようにすることが望ましいとして、扶養義務者でない「おじ」、「おば」については、通常の養育里親制度を適用し、里親研修の受講を要件とした上で里親手当を支給し、児童の引き受けを促すとともに、養育環境を整えることが適切であるとした。これを受けて、二か月後の二〇一一年九月には、児童福祉法施行規則の親族里親の定義（第一条の三三第二項）を改正し、扶養義務者でない「おじ」及び「おば」については、養育里親として認定を変更し、里親研修の受講を要件とした上で、これまで支給していなかった里親手当を支給し、児童の委託を促すこととなった[4]。

このように、「社会的養護の課題と将来像」の提言が早急に実現されたのは、社会的養護専門委員会で、「社会的養護の課題と将来像」をまとめる期間中、東日本大震災（二〇一一年三月）が発生しており、震災による要保護児童に対して、親族里親等を活用して行こうとする説明がなされた経緯があった。[5]

第二節　代替的養護の分類の明確化と家庭養護の推進

1　代替的養護に関する用語の整理

前節では、「社会的養護の課題と将来像」の中で、小規模グループケアやグループホームと家庭的養護を区分しながら、「家庭的養護の推進」というときには、里親、ファミリーホームの推進と、施設養護をできる限り家庭的な養育環境の形態に変えていくことの二つの異なる側面に対して「家庭的養護の推進」を用いようとしていることを指摘した。

この「家庭的養護」の使われ方の問題点について、第一三回社会保障審議会児童部会社会的養護専門委員会（二〇一二年一月）において、高橋家庭福祉課長は、里親・ファミリーホームワーキンググループの議論の過程で、用語の曖昧さの指摘を受けたと発言している。そこで、国連指針との整合性のある用語の概念整理が必要であると厚生労働省は認識し、[6]委員会資料として、「家庭養護と家庭的養護の用語の整理について」[7]を提示し、国連指針との関係では、family-based care が「家庭養護」であり、family-like care が「家庭的養護」であると用語の整理を

表 6-4　代替的養護の形態と用語の対応関係

代替的養護の形態	対応する用語		
	国連児童の代替的養護に関する指針（2009 年）	社会的養護の課題と将来像（2011 年）	里親及びファミリーホーム養育指針（2012 年）
・里親 ・小規模住居型児童養育事業所（ファミリーホーム）	family-based care	家庭的養護	家庭養護
・小規模グループケア ・グループホーム	family-like care	家庭的な養育環境	家庭的養護
・児童養護施設 ・乳児院等	residential care	施設養護	施設養護

出典：厚生労働省（2011）「社会的養護の課題と将来像」，厚生労働省（2012）「『家庭的養護』と『家庭養護』の用語の整理について」，国連総会（2009）「国連児童の代替的養護に関する指針」，子どもの村福岡（2011）「国連子どもの代替養育に関するガイドライン」より作成.

している（表6―4）。

また、同じく、里親・ファミリーホームワーキンググループから、二〇〇九年からの小規模住居型児童養育事業実施後、三年間に、施設の職員の経験者がつくるファミリーホームの中に、施設分園型のグループホームとの相違が曖昧なものも出てきたため[8]、ファミリーホームの本来の理念を明確化してほしいとの意見が出てきた。そこで、二〇一二年三月に策定された「里親及びファミリーホーム養育指針」（以下、「養育指針」）では、上記の問題の解消に向けて、「里親及びファミリーホームは、社会的養護を必要とする子どもを、養育者の家庭に迎え入れて養育する『家庭養護』である」（養育指針五頁）という理念を明確にした。養育指針では、里親とファミリーホームを示す用語としては「家庭養護」を用い、小規模グループケアやグループホームには「家庭的養護」を用いている。「家庭養護」と「家庭的養護」を合わせて言うときは、これまで通り、「家庭的養護の推進」を用いており（表6―4）、両形態が混同される要素が残されたままになっている。さらに、「ファミリーホームは、養育者の住居に子どもを迎え入れる家庭養護の養育形態である。里親家庭が大きくなったも

表6-5　ファミリーホームの要件規定等の見直し

	2009年（発足年）	2012年（改正後）
小規模住居型児童養育事業を行う住居の名称	小規模住居型児童養育事業所	ファミリーホーム
養育者の要件	三人以上の養育者を置かなければならない．ただし，その一人を除き，補助者をもってこれに代えることができる．	夫婦である2名の者＋補助者1名以上又は養育者1名＋補助者2名以上
	一人以上の生活の本拠を置く専任の養育者を置く．	養育者は，ファミリーホームに生活の本拠を置く者でなければならない．
	養育里親の経験者のほか，児童福祉事業に従事した経験が有る者等．	養育里親の経験者のほか，乳児院，児童養護施設等での養育の経験が有る者等．
養育者の名称	管理者	養育者
定員について	入居定員	委託児童の定員

出典：厚生労働省（2012）「ファミリーホームの要件の明確化について（概要）」（13回社会保障審議会児童部会社会的養護専門委員会資料）より作成．

のであり、施設が小さくなったものではない」（養育指針九頁）と施設とは異なる形態であり、子どもを養育者の家庭に迎え入れることが、家庭養護であると強調されたのである。

その後、「小規模住居型児童養育事業所」という名称を、二〇一二年四月施行の改正児童福祉法施行規則によって、「ファミリーホーム」と改称し、「小規模住居型児童養育事業所」という用語は施設的な印象を与える[9]として廃止した。加えて、表6-5に示したように「管理者」を「養育者」と、「入居定員」は「委託児童の定員」と名称変更し、いずれも、施設をイメージする言葉を廃止し、家庭養護にふさわしい言葉に変更している。また、養育者の要件を養育里親の他には、乳児院、児童養護施設等での養育の経験が有る者等と限定し、ファミリーホームに生活の本拠を置くものでなければならないとしている。さらに、厚生労働省は、里親、ファミリーホーム、グループホームを比較する表を提示し（表6-6）、ファミリーホームは児童を養育者の家庭に迎え入れて行う家庭養護として、グループホーム

表 6-6　里親，ファミリーホーム，グループホームの比較

	里親	ファミリーホーム	グループホーム	
			地域小規模児童養護施設	小規模グループケアの分園型
形態	家庭養護（養育者の家庭に迎え入れて養育を行う）		施設養護（施設を小規模化・地域分散化し，家庭的な養育環境とする）	
位置づけ	個人	第 2 種社会福祉事業（多くは個人事業者．法人形態も可能）	第 1 種社会福祉事業である児童養護施設の一部（法人形態）	
措置児童数	1〜4 名	定員 5〜6 名	定員 6 名	定員 6〜8 名
養育の体制	里親 （夫婦又は単身）	養育者と補助者があわせて 3 名以上（措置費上は，児童 6 人の場合，常勤 1 名＋非常勤 2 名）	常勤 2 名＋非常勤 1 名	児童数に応じた配置に加算職員（5.5：1 等の配置＋小規模ケア加算の常勤 1 名＋管理宿直等加算の非常勤 1 名分）
措置費	里親手当：養育里親 72,000 円 （2 人目以降は 36,000 円を加算）	上記の人件費に基づく事務費を委託児童数に応じて算定（現員払い）	上記の人件費に基づく事務費を児童定員数に応じて算定（定員払い）	
		賃借による場合は 1 か月 10 万円を措置費で算定		
	児童の一般生活費（約 4 万 7 千円），各種の教育費，支度費等は，共通			

出典：厚生労働省（2012）「里親，ファミリーホーム，グループホームの比較」（13 回社会保障審議会児童部会社会的養護専門委員会資料）より引用．

との差異を明確に示している。

　このように、施設分園型グループホームとの相違があいまいであったファミリーホームを家庭養護の一つとして明確に位置付けている。養育指針で用語（家庭養護と家庭的養護）の範囲を明確にし、児童福祉法施行規則の一部改正で事業体名称や、その成員の名称を変更したのは、里親とファミリーホームという二つの「家庭養護」を推進していく国にとって、「施設養護」との明確な区別が必要であったからであろう。こうした用語やファミリーホームの要件の変更によって、施設分園型グループホームとの相違が明確なファミリーホームを形成していけるかは、推移を見ていかなければならない。

以上見てきたように、代替的養護の形態と、それに対応した用語はかなり整理されてきた。しかし、「家庭的養護の推進」と使われるとき、施設養護の小規模化によって、施設養護に家庭的な要素を持ち込んでいこうとする方向性と、里親等（＝里親及びファミリーホーム）の「家庭養護」を拡大し、里親等への委託割合を増大させる方向性と言う二つの異なる方向性をひとまとめにしてしまっている問題点が残されたままである。

2　家庭養護の効果とリスクの回避

ここまで、代替的養護に関する用語を整理しようとした経緯を見てきた。国は、「家庭養護」の推進を強調しているかのようにみえるが、家庭養護の厳密な定義と意義が明確になされているとは言い難い。そこで、国が拡充しようとしている家庭養護の位置づけについて、「里親及びファミリーホーム養育指針」の内容から検討する。

家庭養護の要件として、①一貫かつ継続した特定の養育者の確保、②特定の養育者との生活基盤の共有、③同居する人たちとの生活の共有、④生活の柔軟性、⑤地域社会に存在、の五つが養育指針に示されている（養育指針六頁）。この中で、①の「一貫かつ継続した特定の養育者の確保」と②の「特定の養育者との生活基盤の共有」の二点が、施設養護とは明白に異なる家庭養護の特質である。施設養護では、養育者が交替制でケアが行われ、養育者はそこに生活基盤をもたないのであるから、「一貫かつ継続した特定の養育者」は確保できないし、特定の養育者との「生活基盤」の共有は、その組織運営上、持ち得ないからである。③の「同居する人たちとの生活の共有」については、家庭での生活体験を通じて、子どもが生活上必要な知恵や技術を学ぶことができるとしている。④の要件とされているのは、「生活の柔軟性」である。ここで、養育指針は、「一定一律の役割、当番、日課、規則、行事、献立表は、家庭になじまない」としている。この点について養育指針では「家庭にもルールはある」と認めているが、施設養護にしばしば見られる、一定一律で機械的な運用ではなく、家庭養護では柔軟に行われているとしている。⑤の「地域社会に存在」については、施設においても、祭りなど地域の行事に施設の子どもとして参加するという交流はあるだろうが、養育者自身と近隣住民との個人的な関係による冠婚葬祭への参加や、日頃の助け合いなどの交流に触れられるのは、家庭養護の特質である。

また、里親とファミリーホームには、五つの要件ごとに、たとえば、「自尊心を培い、生きていく意欲を蓄え、人間としての土台を形成できる」などといった期待される効果があるとして、家庭養護を推進していく意義を示している。しかし、前述した要件を満たしたとしても、家庭養護の効果は、自然に出来上がっていくものではない。自尊心や生きていく意欲は、家庭生活の中で委託児童が獲得していくものである。そうした子どもの発達と成長を支えていくための養育を里親が充分に自覚するとともに、里親の力量を高めるための研修や支援も必要である。

さて、家庭養護の実践においては、そのリスクにも配慮する必要がある。養育指針は、「里親とファミリーホームは、地域に点在する独立した養育であるため、閉鎖的で孤立的な養育となるリスクがある」と指摘している。この点については、林浩康（2013）は、里親家庭の「閉鎖性によって、例えば暴力が潜在化、継続化、深刻化する」ことや、「特定の養育者が強い影響力を持つ」ことについて懸念を示している。養育指針は、このようなリスクを回避し、里親等が社会的養護としての責任を果たすため、施設等と良きパートナーシップを構築することや、地域にある社会資源を活用することなど関係機関との連携・協働が必要であることを述べている。さらに、社会的養護を必要とする子どもの養育に対して地域の人々の理解を得るために、地域との連携を図ることとしている。林（2013）は、これらのリスク回避の要点として、里親等が、地域に家庭を「ひらく」こと、地域と家庭が「つながる」ことが課題とわかり易く表現している。すなわち、里親等は、委託児童の子育てを家庭内に抱え込んでしまうことなく、地域に開示し、地域社会や関係機関と連携し、支援を受けながら社会的養護を実現していくことが大切なのである。

このように、養育指針は、里親等のリスクを認識し、それを踏まえて家庭養護は、社会的支援を受けることが前提である社会に開かれた養育であることを示している。そのためには、里親やファミリーホームも、一般的な家庭生活を営んでいるという点では特別な家族ではないといった家族の多様性を受容する社会の意識改革も必要であろう。

3　「少子化社会対策大綱」における数値目標

ところで、二〇一五年三月二〇日、内閣府は「少子化社会対策大綱」を策定している。これは、少子化社会対策基本法に基づく総合的かつ長期的な少子化に対処するための施策への指針である。この中で、児童虐待、貧困、ひとり親家庭などをめぐり、子どもへの必要な支援として、社会的養護の充実をあげており、その内容は、厚生労働省の方針をそのまま踏襲している。「少子化社会対策大綱」における社会的養護の数値目標について表6‐7にまとめた。里親等委託率を二〇一九年度末までに二二％に引き上げるという里親等の拡充の目標値を示すとともに、家庭的養護である小規模グループケアと地域小規模児童養護施設の目標も立てられ、「家庭的養護の推進」を目指していることがわかる。

また、「子ども・子育てビジョン」（二〇一〇年）では、児童養護施設の増加目標も立てられていたが、この「少

表 6-7 「少子化社会対策大綱」における社会的養護の充実

項　目	目　標 （2019 年度末まで）	現　状 （大綱策定時の直近値）
里親等委託率	22%	15.6% （2013 年度末）
専門里親登録者数	850 世帯	652 世帯 （2013 年度末）
養育里親登録者数（専門里親登録者数を除く）	9,800 世帯	7,489 世帯 （2013 年度末）
ファミリーホーム	520 か所	223 か所 （2013 年度末）
小規模グループケア	1870 か所	943 か所 （2013 年 10 月）
地域小規模児童養護施設	390 か所	269 か所 （2013 年 10 月）
児童自立生活援助事業（自立援助ホーム）	190 か所	113 か所 （2013 年 10 月）
児童家庭支援センター	340 か所	98 か所 （2013 年 10 月）
情緒障害児短期治療施設	47 か所	38 か所 （2012 年度末）
里親支援専門相談員	420 か所	226 か所 （2013 年 10 月）

出典：内閣府（2015）「少子化社会対策大綱」別添 2：施策に関する数値目標より引用.

子化社会対策大綱」では、児童養護施設についての目標は示されていない。すなわち、社会的養護政策として、児童養護施設は増加させず、小規模グループケアと地域小規模児童養護施設を増やすことにより社会的養護の充実を目指すことを示しているといえる。

この目標値設定は、「社会的養護の課題と将来像」の目標に比べ、五年後という比較的短期間の明瞭な設定であった。

第三節　子ども家庭福祉に関する提言と児童福祉法改正

1　「新たな子ども家庭福祉のあり方に関する専門委員会」の提言

前節で述べてきたように、国は家庭養護と家庭的養護を推進していくことを明瞭に打ち出している。こうした流れの中、二〇一五年九月、社会保障審議会児童部会に「新たな子ども家庭福祉のあり方に関する専門委員会」（委員長：松原康雄）が設置された。この専門委員会は一三回にわたって審議し、二〇一六年三月一〇日に「新たな子ども家庭福祉のあり方に関する専門委員会」報告（提言）を発表している。この報告では、子ども家庭福祉制度について、「近年の子ども虐待事例の急増や自立が困難な子どもの増加など急速な変化に対応が追いついておらず、その増加をとどめるには至っていない」など限界が生じているため、新たな子ども家庭福祉を具現化する必要があるとの認識を示し、児童福祉法等の抜本的な改正を提言したのである。

この専門委員会の委員長であった松原（2017）は、後にこの報告書について、施策のパラダイム転換を求める「急進的改革」を内容としたと述べている。すなわち、わが国が児童の権利に関する条約の締約国として、その「精神や条文に対応した施策をとるべきである」という前提をもとに、「子どもの権利擁護を児童福祉法の理念として位置づけ」る必要性を指摘した（松原　2017）[10]と述べている。

報告書は、制度改革の基本的な考え方を九つの枠組みから述べているが、里親制度に関する提言としては、まず、代替的養育における家庭養護の優先性について言及している。すなわち、実親の家庭や養親家庭といった永続的な家庭の保障が困難な場合は、アタッチメント形成や発達保障の観点から、原則として代替的養育は家庭養育とし、児童福祉法にその旨を明確にすべきであると述べている。そして、施設養護を選択する時は、子どもに治療ケアが必要な場合などに限定するべきとしている[11]。これは、代替的養護における家庭養護の優先性とともに、施設養護は子どもの最善の利益に沿う場合に限られるべきであるという国連指針（二〇〇九年）の方針に沿ったものである[12]。この報告書は今まで以上に国際的潮流を意識したものであったといえる。

さらに、報告書は、子どもが社会的にも経済的にも自立できる年齢が高くなってきていることから、「里親委託等の措置を受けていた者について、一八歳（措置延長の場合は二〇歳）到達後も、少なくとも二二歳に達した日の年度末まで、引き続き必要な支援を受けることができる仕組みを整備する必要がある」としている。実際に、厚生労働省の調査では、二〇一六年五月現在の里親委託児の進学率は、大学が二六%、専修学校等が二四%であり（厚生労働省　2016）、五割の子どもたちには、自立支援の観点から、少なくとも二二歳までは支援が必要な状況が続いており、柔軟な支援が必要である。

また、具体的な里親養育の支援体制について、児童相談所とは別に民間機関の役割[13]が重要となることにも言及している。こうした、民間機関の必要性は、報告書が述べているように、児童相談所は、措置権者でありながら、支援者でもあるという相反する立場があることが、里親養育支援にとって、弊害となっているとの指摘[14]から導き出されたものである。

里親の名称については、「親」の名称が混乱を与え、保護者が里親委託に同意しない理由となっている場合があるので、「一定期間の代替養育であることを誤解なく伝えるとともに、地域社会で受け入れやすいものとするため」

検討すべきであるとしている。また、里親の機能として、「一時保護や新生児・乳児の養育が可能な里親の育成・開拓を進めるべき」とし、そのために、里親に専門的な研修を課するとともに、相応の手当や委託費を検討すべきであるとしている。こうした、里親の名称、里親の機能強化、里親への研修と報酬などについては従来から要望があり、実現すべき事柄であると考える。

こうした「新たな家庭福祉のあり方に関する専門委員会」報告書を受けて、二〇一六年の児童福祉法改正へと進んでいったのである。

2　児童福祉法改正にみる理念と里親制度の位置づけ

二〇一六年五月二七日、児童福祉法等の一部を改正する法律（以下、「改正児童福祉法」）は成立し、同年六月三日に公布された。この改正児童福祉法の理念に関する条文は、表6-8に示したとおりであるが、第一条から第三条について、吉田（2016）は、「わが国が一九九四年に批准した子どもの権利条約との整合が図られた」と理念規定が全面的に見直されたことを評価している。一方、武藤素明（2016）は、第一条については「児童の権利に関する条約の精神を前面に打ち出し、より丁寧な表現をした」ことを評価しながらも、第二条二項について、保護者の養育責任を第一義的としていることから、「国及び地方公共団体の養育責務は二次的であってよいとの解釈がされ、子どもは社会で育てるという思想や理念がこの規定で時代逆行」になると主張している。同じく、第二条二項について、川松亮（2017）は、「子どもは社会全体の子どもとして、国民全体が負担を共有して養育すべき存在であり、家族への第一義的責任の強調はマイナスに働く」との見解を示している。

表 6-8　2016 年改正児童福祉法の理念

改正前	改正後
第一条　すべて国民は，児童が心身ともに健やかに生まれ，且つ，育成されるよう努めなければならない． ②　すべて児童は，ひとしくその生活を保障され，愛護されなければならない．	**第一条**　全て児童は，児童の権利に関する条約の精神にのっとり，適切に養育されること，その生活を保障されること，愛され，保護されること，その心身の健やかな成長及び発達並びにその自立が図られることその他の福祉を等しく保障される権利を有する．
第二条　国及び地方公共団体は，児童の保護者とともに，児童を心身ともに健やかに育成する責任を負う．	**第二条**　全て国民は，児童が良好な環境において生まれ，かつ，社会のあらゆる分野において，児童の年齢及び発達の程度に応じて，その意見が尊重され，その最善の利益が優先して考慮され，心身ともに健やかに育成されるよう努めなければならない． ②　<u>児童の保護者は，児童を心身ともに健やかに育成することについて第一義的責任を負う．</u> ③　<u>国及び地方公共団体は，児童の保護者とともに，児童を心身ともに健やかに育成する責任を負う．</u>
第三条　前二条に規定するところは，児童の福祉を保障するための原理であり，この原理は，すべて児童に関する法令の施行にあたって，常に尊重されなければならない． （新設）	**第三条**　前二条に規定するところは，児童の福祉を保障するための原理であり，この原理は，すべて児童に関する法令の施行にあたって，常に尊重されなければならない． **第三条の二**　国及び地方公共団体は，児童が家庭において心身ともに健やかに養育されるよう，児童の保護者を支援しなければならない．ただし，児童及びその保護者の心身の状況，これらの者の置かれている環境その他の状況を勘案し，児童を家庭において養育することが困難であり又は適当でない場合にあっては児童が<u>家庭における養育環境と同様の養育環境</u>において継続的に養育されるよう，児童を家庭及び当該養育環境において養育することが適当でない場合にあっては児童ができる限り<u>良好な家庭的環境</u>において養育されるよう，必要な措置を講じなければならない．

注：下線は引用者による．
出典：厚生労働省（2016）「児童福祉法等の一部を改正する法律（平成 28 年法律第 63 号）の概要」より引用．

この保護者の養育責任を第一義的としたことについては、児童福祉法改正案審議ですでに議論されている（二〇一六年五月一八日　厚生労働委員会第一八号）。中根康浩委員は、改正案の中に親の第一義的責任についてわざわざ新設事項として書き込まれたのはなぜかと説明を求めている。この質問に対して、塩崎恭久厚労大臣は、「保護者は、子供の監護、教育を行うものとして、子供の健全育成についてまず第一にその責任を負うべき旨を明確化した」と回答している。さらに、中根委員は「親に第一義的な責任があるといきなり書かれてしまっては、そもそも孤立感を覚えている、虐待に至りかねない状況に追い込まれている親に対して、さらなるプレッシャーをかけるようなことにもなりかねない」と懸念を表明している。それに対して塩崎厚労大臣は、「保護者の責務は何だということを書いたときに、このように、児童を心身ともに健やかに育成することであって、それについて第一義的な責任を負っているのは保護者だという、ごくごく自然なことを申し上げている」と述べ、議論は平行線をたどり、時間切れで終わっている。

しかしながら、この「保護者の第一義的責任」という文言は、この改正児童福祉法で初めて使用されたのではない。わが国の法律に「保護者の第一義的責任」が初めて使用されたのは、次世代育成支援対策推進法（二〇〇三年法律第一二〇号）であり、「保護者が子育てについての第一義的責任を有する」とされている。次に、使用されたのは、教育基本法（二〇〇六年法律第一二〇号）第一〇条（家庭教育）であり、「保護者は、子の教育について第一義的責任を有する」と表記されている。さらに、二〇〇七年の児童虐待防止法改正では、第四条第六項に、「児童の親権を行う者は、児童を心身ともに健やかに育成することについて第一義的責任を有する」と規定されている。このように、他の児童に関する法律との整合性が図られ、「保護者の第一義的責任」が改正児童福祉法に規定されたといえよう。このように国内法において、「保護者の第一義的責任」という用語を使用するようになったのは、子どもの権利条約第一八条第一項の二の「父母又は場合により法定保護者は、児童の養育及び発達についての第一義的な責任を有する」という条文に対応しようとしたものといえる。

先述した武藤（2016）と川松（2017）の主張は、保護者の第一義的責任を前面にだすことで、児童虐待してしまう保護者や、貧困や病気を抱えている保護者に、過重な責任を担わせ、プレッシャーをかけてしまうという懸念であろう。こうした懸念に対する議論は、充分になされないまま、改正児童福祉法が制定されたように、「保護者の第一義的責任」という文言は、児童に関する各法律に組み込まれてきたのである。

また、第三条の二では、国及び地方公共団体は、児童が家庭において心身ともに健やかに養育されるために、第一は児童の保護者を支援することであり、それが適当でないときの第二の方策は「家庭における養育環境と同様の養育環境」に措置することであり、第二の方策が適当でない場合は「できる限り良好な家庭的環境」に措置することと、①家庭、②養子縁組、里親等、③小規模施設と明記し、児童に必要な措置の順位を明瞭に示している[15]。このように、国連指針の方向性を、政府は政策上一貫して遵守するように志向してきており、その結果、児童福祉法に条文として組み込んだのである。

以上、改正児童福祉法の理念について、検討したが、里親制度についても改正されている。まず、里親の開拓から児童の自立支援までの一貫した里親支援を都道府県（児童相談所）の業務に位置付けたことである。さらに、養子縁組里親を法定化するとともに研修を義務化し、養子縁組に関する相談・支援を都道府県（児童相談所）の業務に位置付けた。これは里親と養親を、支援を受ける側として法的に位置づけたことにあり、その意義は大きい。また、里親等委託中に一八歳に達した者の措置変更・更新、一時保護を可能とし、自立援助ホームの入所者については大学等に就学中の場合には、二二歳の年度末まで支援の対象とすることになった。このように、「新たな子ども家庭福祉のあり方に関する専門委員会」報告が提言した被措置児童の支援対象年齢の引き上げが部分的に実現されている。

しかし、「新たな子ども家庭福祉のあり方に関する専門委員会」の報告によって指摘された「措置権者と支援者が同一である弊害」、及び「児童相談所から独立した民間機関の包括的な仕組み」、里親の名称の変更、里親の機能強化については、改正児童福祉法には反映されなかった。この点については、「新しい社会的養育ビジョン」へと議論が受け継がれており、今後の制度改革に盛り込まれる可能性は残っているであろう。

第四節　「新しい社会的養育ビジョン」という改革方針

1　「新しい社会的養育ビジョン」までの経緯

児童福祉法の二〇一六年改正後、厚生労働省は、児童家庭局内に「新たな社会的養育の在り方に関する検討会」（座長：奥山眞紀子）を設置し、一年間に一六回の検討会を経て、「新しい社会的養育ビジョン」（以下、「新養育ビジョン」）を二〇一七年八月に発表した。

この報告書は、改正児童福祉法の理念を具体化するため、「社会的養護の課題と将来像」（二〇一一年七月）を全面的に見直し、「新しい社会的養育ビジョン」とそこに至る工程を示すものであると述べている（「新養育ビジョン」一頁）。「社会的養護の課題と将来像」を全面的に見直すことになった理由について、座長の奥山は国連の「児童の代替的養護に関する指針」の精神や内容が「社会的養護の課題と将来像」では十分に議論されていないとしている。[16]

また、この検討会名が「新たな社会的養育の在り方に関する検討会」であり、社会的養護ではなく、社会的養育という用語が使用されていることについては疑問を感じる。奥山は「本検討会では、今回の児童福祉法の改正に基づき、子どもが家庭で育つ権利を基本にしつつ、社会がその養育の一端を担うことが不可欠なことを踏まえ、分離ケアとしての社会的養護のみの観点からではなく、全ての家庭を対象にした社会的養育という観点でその在り方と実現の方向性を提示することとした」としている。[17] これまで使われてきた社会的養護という枠組みだけでなく、社会的養護という概念を包摂するより広い概念として、すべての子どもを対象とする「社会的養育」という枠組みから、議論していこうとしたことは理解できる。しかし、社会的養護関係者から、疑問が出ているように、[18]「社会的養育」という用語の定義が必要であろう。

2　「新しい社会的養育ビジョン」の基本認識と方針

「新養育ビジョン」では、二〇一六年の児童福祉法改正の理念を具体化するために、二つの基本的な骨格を示している。その第一は市町村におけるソーシャルワーク体制の構築と支援メニューの充実であり、第二は代替養育の全ての段階において、子どものニーズに合った養育の保障である。

この二つの骨格に沿った「新養育ビジョン」の改革項目の一つに、乳幼児の家庭養育原則の徹底と、年限を明確にした取り組み目標がある。すなわち、就学前の子どもは、家庭養育原則を実現するため、原則として施設への新規措置入所を停止し、全て家庭養護に措置すべきであると提言している。そのためには、遅くとも二〇二〇年度までに、フォスタリング機関事業の整備を確実に完了する必要があること、愛着形成に最も重要な時期である三歳未満については概ね五年以内に、それ以外の就学前の子どもについては概ね七年以内に里親委託率七五％以上を実現し、学童期以降は概ね一〇年以内を目途に里親委託率五〇％以上を実現すべきであると目標達成の時期や目標値を示している。ただし、ケアニーズ[19]が非常に高く、施設等における十分なケアが不可欠な場合は、高度に専門的な手厚いケアの集中的提供を前提に、小規模・地域分散化された養育環境を整え、その滞在期間は、原則として乳幼児は数か月以内、学童期以降は一年以内とする。また、特別なケアが必要な学童期以降の子どもであっても原則三年以内と述べている。

こうした目標値や年限を明確にした取り組みは、「新養育ビジョン」が「代替養育」を一時的な解決と捉えているからである。つまり、「新養育ビジョン」は、第一に目指すべきは家庭復帰、または親族との同居であり、それが不適当である場合、養子縁組、中でも特別養子縁組といった永続的解決を目的とした対応を目指すのが望ましいとしている。また、「新養育ビジョン」では、ファミリーホームについて、早急に事業者を里親登録者に限定する方向性を示しており、ファミリーホームから施設養護の要素を排除して、より純粋な家庭養護を確立していこうとする方向性が見て取れる。

このように、具体的な目標値と目標時期を示すとともに、社会的養護における家庭養護と、施設における家庭的養護の役割や機能を明瞭に切り分けたことは画期的である。しかし、このような具体的な目標値や年限を明確にした取り組みは、社会的養護関係者からさまざまな反論を受けることになる。

3 「新しい社会的養育ビジョン」に対する問題の提示

「新養育ビジョン」に対して、社会的養護関係者（研究者及び実践者）から意見表明がなされている。まず、「新養育ビジョン」が出た翌月に、全国児童養護問題研究会（以下、「養問研」）は、「新しい社会的養育ビジョン」に対する意見を養問研のホームページ上で公開している（二〇一七年九月四日）。養問研は「新養育ビジョン」が子どもの権利を基礎としていることには賛同しつつ、社会的養護の在り方として看過できない問題があるとしている。すなわち、①養子縁組・里親か施設かの二者択一ではなく、多様な選択肢の必要性、②里親解除・措置変更の多さ、被措置児童の虐待発現率などの現状に立脚した改革の実施、③子どもを主人公とする施設運営と、「個と集団の育ちあい」の観点による実践を可能とする設備運営基準の改善、④今後の乳児院・里親とフォスタリング機関・児童相談所の関連の不鮮明さ、⑤地域で子どもが育つ「共育て」の観点をもつ地域づくりの必要性を主張している。[20] 全国養護施設協議会は、二〇一七年九月六日に意見書を厚生労働大臣あてに提出し、児童養護施設の現場の意見を反映した丁寧な議論と、実態に応じた対応を強く要望している（福祉新聞社　2017）。

このほか、「新養育ビジョン」に疑問を投げかけている研究がある。例えば、松橋秀之（2018）は、「虐待を受けた経験がある子どもや実親の対応を里親家庭で行うことは困難ではないだろうか」と疑問を呈し、「ビジョンの目標値と里親や施設の現場の実態が、かけ離れている」と、「新養育ビジョン」は里親や施設の現場を十分に踏まえていないと批判している。和田直煕（2018）は、「新養育ビジョン」の取り組みによって、「子どもの居場所が次ぎ次ぎに移動する」ことへの危惧、「職員が気概を持って働き続けることができるだろうか」と現場の職員への影響を危惧している。杉山隆一（2018）は、「新養育ビジョン」によって、急激な里親委託の推進がなされた場合、里親家庭内での虐待や事故などの危険性が高まるのではないかといった恐れを述べている。また、「社会的養護の課題と将来像」の検証がきちんとなされていないと問題視している。さらに、浅井春夫（2018: 4）は、「新養育ビジョン」について、以下の三つの問題点を指摘している。その第一は、里親養育先進国では、委託児童の里親間移動が頻繁に行われているという事実から、「新養育ビジョン」が目を背けているという指摘である。第二は、「新養育ビジョン」の進め方の「拙速さ」と「強引さ」を問題視している。第三は「施設養護の運営と実践の積み重ねの歴史を正当に評価した上での検討がほとんどない」と批判している。

以上のような批判は、「新養育ビジョン」で謳われている家庭養護推進という方向性や、目標を定めた工程に、強い衝撃や違和感を表すものである。また、これらの意見に共通しているのは、「新養育ビジョン」が、現場の実態や事実に立脚していないという批判である。具体的には、里親委託後の措置変更が多いことや、里親による虐待の危険性があるにもかかわらず、里親委託を拡充しようとしていると、批判しているのである。

また、「新養育ビジョン」の方針、たとえば、「就学前の子どもは、原則として施設への新規措置入所を停止すべきである」などといった内容は、施設養護をないがしろにしているように受け取られている。それによって、現場の志気が減退することを懸念する声も聞かれる。そうした施設の実践者たちの不安やとまどいを払拭するためにも、「新養育ビジョン」への意見表明が施設関係者からなされている。さらに、「新養育ビジョン」の中に、「施設養育は、子どもたちの呈する複雑な行動上の問題や精神的、心理的問題の解消や軽減を意図しつつ生活支援を行うという、治療的養育を基本とすべきである」といった指摘がある。この指摘に対して、黒田邦夫（2018: 234）は「児童養護施設の制度は、そのような子どもを集めて養育する制度になっておらず、そのような経験の積み重ねもない」

ため、現状では「担い手がいない」と反論している。

このような「新養育ビジョン」への批判や反論の背景には、「新養育ビジョン」が急進的な改革を目標としているため、施設関係者からの戸惑いや不安が感じられる。実際、これらの批判は、「新養育ビジョン」のように進めば、あまりにも急進的なため、施設や里親が、対応できるであろうかという懸念が示されているようにも理解できる。しかし、懸念の表明だけでは、社会的養護のあり方に関する抜本的な改革に寄与はできないのではないだろうか。ここに示された懸念が現実のものとならないよう具体的、建設的な意見が必要である。

一方で、「新養育ビジョン」は、これまでの施策・目標を大きく前進させるものであるとの受け止めを表明するとともに「新養育ビジョン」の実現のための課題を建設的に提示したものもある。例えば、櫻井奈津子（2017）は、「新養育ビジョン」が掲げる目標を達成するためには、①子どものパーマネンスを保障するためのソーシャルワークの確立、②子どもの受け皿となる里親家庭の質・量双方の確保、③里親養育を支援する機関・職員の養成、④多様な家族状況を受け入れ支援できる地域社会の醸成といった課題が多く残されていることを指摘している。[21] また渡邊守（2018）は、里親制度の促進と、里親支援体制、里親数の拡大のために、①家庭養護の原則が実現するための里親制度の徹底した促進、②里親家庭を孤立させない協同体制の構築、③必要な里親候補者を獲得する積極的なリクルート活動の活用が課題であると述べている。さらに藤林武史（2018）は、「乳幼児期の適切な代替養育ケアや永続的な家族関係の保障は、子どもの生涯にわたる影響を与えるものであり、時間的な猶予を待つことのできない、最優先に取り組むべき課題」と指摘する。

以上、社会的養護に関わっている人々の「新養育ビジョン」への意見を概観してきた。これらの「新養育ビジョン」への賛成意見も、反対意見も、第一に考えるべきは、子どもにとって最適な養育環境を整えていくことであるという点では共通している。しかしながら、これまで日本社会に定着してきた施設優先の代替的養護のありかたに、里親制度優先の大胆な政策が出されれば、衝撃を受け、反対表明が出されるのは当然のながれであろう。そのため、これまで、あまり表には出てこなかった里親委託優先への反論が出てきているようにもみえる。こうした状況を里親関係者と施設関係者の間の対立とする見方もあるかもしれないが、「新養育ビジョン」を題材に、議論することは悪いことではないと考える。議論から、お互いの思いが可視化されるという側面もあろう。もっとも、これまで里親関係者と施設関係者が十分なコミュニケーションをとってきたのか、それは、研究においても、実践においても問われなくてはならない。いずれにしても、子どもの最善の利益を第一に優先する基本的視点に立脚し、そのためにどのような社会的養護体制を構築していくことが必要なのかを考えていかなくてはならない。

第五節　国連への政府報告と総括所見

新たな社会的養育の在り方に関する検討会の開催期間中である二〇一七年六月に、わが国は国連子どもの権利委員会に、第四・第五回政府報告を行っている。これは、二〇〇六年四月から、二〇一六年三月（重要な施策や法改正については二〇一六年一〇月）までの一〇年間の国の諸施策の進捗状況を報告したものである（外務省　2017）。

そこで、第三回総括所見と第四・第五回政府報告から、家庭環境を奪われた児童に対する指摘と対応に関する内容を表6-9にまとめた。第三回総括所見では、「里親が小規模なグループ施設のような家族型環境において児童を養護すること」と指摘していることに対して、日本政府は小規模住居型児童養育事業（ファミリーホーム）を創設したことを報告している。また、「代替的監護環境の質を定期的に監視」と「全ての監護環境が適切な最低基準を

表 6-9　家庭環境を奪われた児童に対する指摘と対応

	第3回総括所見	第4・5回政府報告
a	里親が小規模なグループ施設のような家族型環境において児童を養護すること.	2009年に，虐待を受けた子ども等を養育者の住居において養育する小規模住居型児童養育事業（ファミリーホーム）を創設した（定員5人又は6人）.
b	里親制度を含め，代替的監護環境の質を定期的に監視し，全ての監護環境が適切な最低基準を満たしていることを確保する手段を講じること.	施設運営の質を向上させるため，2011年9月に児童福祉施設最低基準を改正し，第三者評価及び施設長研修を義務付けた．また，2012年3月には，児童養護施設等の運営指針や里親等の養育指針を策定した.
c	代替的監護環境下における児童虐待について責任ある者を捜査，訴追し，適当な場合には虐待の被害者が通報手続，カウンセリング，医療ケア及びその他の回復支援にアクセスできるよう確保すること.	2009年に施行された改正児童福祉法には，被措置児童等虐待の防止に関する事項を盛り込んだ．また，児童養護施設等に心理療法を行う職員を配置し，虐待等による心的外傷のため心理療法を必要とする子どもにカウンセリング等の心理療法を実施している.
d	全ての里親に財政的支援がされるよう確保すること.	すべての里親に対して，生活費や医療費，教育費等を支弁するとともに，養育里親及び専門里親に対しては里親手当及び専門里親手当を支弁している.
e	2009年11月20日に採択された国連総会決議（A/RES/64/142）に含まれる児童の代替的監護に関する国連ガイドラインを考慮すること.	各都道府県市及びその児童相談所並びに里親会，里親支援機関，児童福祉施設等の関係機関が協働し，より一層の里親委託の推進を図るため，2011年に「里親委託ガイドライン」を策定し，社会的養護においては里親委託を優先して検討するべきとしている．今後，各都道府県市において，2015年度から2029年度末までの15年間に，「本体施設入所児童の割合」，「グループホーム入所児童の割合」，「里親・ファミリーホームへの委託児童の割合」をそれぞれ概ね3分の1ずつになるよう，取組を進める.

出典：第3回政府報告審査後の児童の権利委員会の最終見解（仮約）（2010）外務省（https://www.mofa.go.jp/mofaj/gaiko/jido/pdfs/1006_kj03_kenkai.pdf,）と児童の権利に関する条約第4・5回日本政府報告（日本語仮約）（2017）外務省（https://www.mofa.go.jp/mofaj/files/000272180.pdf）より作成.

表 6-10　第 4 回・第 5 回報告書に関する国連子どもの権利委員会からの総括所見

(a) 子どもを家族から分離するべきか否かの決定に関して義務的司法審査を導入し，子どもの分離に関する明確な基準を定め，かつ，親からの子どもの分離が，最後の手段としてのみ，それが子どもの保護のために必要でありかつ子どもの最善の利益に合致する場合に，子どもおよびその親の意見を聴取した後に行なわれることを確保すること．
(b) 明確なスケジュールに沿った「新しい社会的養育ビジョン」の迅速かつ効果的な執行，六歳未満の子どもを手始めとする子どもの速やかな脱施設化およびフォスタリング機関の設置を確保すること．
(c) 児童相談所における子どもの一時保護の慣行を廃止すること．
(d) 代替的養護の現場における子どもの虐待を防止し，これらの虐待について捜査を行ない，かつ虐待を行なった者を訴追すること，里親養育および施設的環境（児童相談所など）への子どもの措置が独立した外部者により定期的に再審査されることを確保すること，ならびに，子どもの不当な取扱いの通報，監視および是正のためのアクセスしやすく安全な回路を用意する等の手段により，これらの環境におけるケアの質を監視すること．
(e) 財源を施設から家族的環境（里親家族など）に振り向け直すとともに，すべての里親が包括的な支援，十分な研修および監視を受けることを確保しながら，脱施設化を実行に移す自治体の能力を強化し，かつ同時に家庭を基盤とする養育体制を強化すること．
(f) 子どもの措置に関する生物学的親の決定が子どもの最善の利益に反する場合には家庭裁判所に申立てを行なうよう児童相談所に明確な指示を与える目的で，里親委託ガイドラインを改正すること．

出典：国連子どもの権利委員会 2019＝日弁連訳．

満たしていることを確保」という総括所見に対しては，「里親及びファミリーホーム養育指針」を策定したことを報告している。しかし，施設には第三者評価が義務づけられたのに対し，里親には「定期的な監視」に関して，対応を政府は述べていない。さらに，「児童の代替的監護に関する国連ガイドラインを考慮」という総括所見に対しては，「里親委託ガイドライン」を策定したことと，社会的養護においては里親委託を優先して検討するべきと政府は捉えていることなどを報告している。このように，第三回報告に対する国連の最終見解で指摘された方向で，わが国は政策的対応を進めてきたことが確認できる。

荒牧重人（2017）は，子どもの権利条約第四・第五回日本政府報告について，法学の立場から報告制度のあり方を検討している。荒牧（2017）は「総括所見は，現在の報告制度の性質上，締約国に対して判決のような直接的な法的拘束力はないが，当該国において正当に尊重され誠実に履行されなければならない。なぜなら，総括所見は、条約が実施措置として採用している報告制度の一環であり、それを誠実に履行することは条約上の義務の一部といえる」と述べている。

さて、第四・第五回政府報告から三年後の二〇一九年三月に、国連子どもの権利委員会から日本の第四回・第五回統合定期報告書に関する総括所見を日本政府は受けている。その中で「家庭環境を奪われた子ども」について促された措置を表6-10にまとめた。この総括所見は、表6-10の（b）にあるように、「新養育ビジョン」を支持しつつ、その迅速な執行を日本政府に求めている。特に乳幼児を手始めとして、子どもの速やかな脱施設化およびフォスタリング機関の設置の確保を求めている。また、子どもの虐待を防止するために、代替的養護の現場において外部者による定期的な再審査がなされることも求めている。さらに、すべての里親が包括的な支援を受けることを確保しながら、脱施設化を進めるように求めるなど、代替的養護の改革を促す踏み込んだ内容になっている。

第六節　本章のまとめ

本章では、近年の社会的養護政策において、里親制度をめぐり、どのようなことが議論され、政策的対応がなされてきたのか、またどのように里親制度が位置づけられてきたのかを明らかにすることを目的とした。そこで、二〇〇九年から二〇一七年八月の「新しい社会的養育ビジョン」の発表までの政策展開について、政策課題や政策意図に着目し検討した。さらに、「新養育ビジョン」発表後の意見表明や、議論に関する近年の社会的養護の動向を検討した。以上の検討から注目すべき動向は、以下の三点にまとめることができる。

その第一は、わが国の社会的養護政策は子どもの人権に関する国際的な議論を受けて見直されてきたことである。

「新養育ビジョン」としてまとめられたことは、二〇一六年の改正児童福祉法の具体化であるが、そこに至る過程は、一九九四年の子どもの権利条約の批准による条約遵守という政策課題、すなわち国際的潮流への対応と、国内の児童虐待の社会問題化という緊急課題への対応という大きな二つの延長線上に位置づけることができる。特に、二〇〇九年に採択された「国連子どもの代替的養護に関する指針」を目標とした制度改革を進めてきたことが確認できた。山縣（2010: 20）は、「社会的養護は、質的に最も改革が求められている」とし、その改革が求められる要因として、「国際動向や理論との歪み」をあげている。子どもの代替的養護は養子縁組や里親委託を優先する国際動向に対して、わが国の社会的養護は、施設養護に偏重しており、国際動向との乖離があり、それを是正するべきであるとして制度改革が進められてきたのである。報告制度の性質上、「総括所見は当該国において正当に尊重され誠実に履行されなければならない」と、荒牧（2017）が指摘するように、日本政府は国連の総括所見を履行していく必要がある。国連子どもの権利委員会からの圧力と国内からの反論を含めた課題とをどのように調整していけるか、今後の政策動向や研究動向と共に、実践場面での運用状況を注視していかなくてはならない。

注目すべき動向の第二は、政府の主導で代替的養護に関する分類と用語の整理を行なうことにより、家庭養護の枠組みを厳密化し、確立を図ろうとしたことである。かつて、「里親はボランティアである」と厚生省の担当者は公言している。ところが、ボランティアという用語は里親制度の中では定義されたり、使われたりすることのなかったものであった。ここにおいて代替的養護に関する用語の定義を厳密に行なおうとしたことは、わが国の社会的養護の歴史の中で特異なことであった。このように用語が定義されたことは、わが国が、国際的標準を意識し、それに沿う形で、社会的養護を再構築する必要に迫られた過程として、当然の帰結であったといえよう。

注目すべき動向の第三は「新養育ビジョン」が大胆な数値目標を明示したことにより、社会的養護関係者に対して大きな衝撃を与え、議論がなされていることである。「新養育ビジョン」に対して、里親には被虐待児童を養育することや、その保護者（実親）と関わりを持つことは無理ではないかという意見や、里親委託からの措置変更の問題などが施設関係者から指摘されている。しかし、その子どもにとって、家庭養護が必要であるならば、無理であると決めつけるのではなく、それを実現するために、里親養育を支援することに力を注ぐべきであると考える。そのためにも、「新養育ビジョン」がうたっている里親のリクルート、研修、支援などを一貫して担う包括的支援体制（フォスタリング機関）による質の高い里親養育体制の確立が必要である。

また、「新養育ビジョン」の目標値やその工程に対して、施設関係者から「現実的ではない」などの声があがるなど、政策立案側の方針と施設関係者との認識との間には「ずれ」がある。今回の「新養育ビジョン」の発表を受けて、さらに、そうした関係者との認識の「ずれ」が明瞭になった。こうした「新養育ビジョン」を進めていこうとする日本政府の方向性と、第四節で述べた主に施設関係者の「新養育ビジョン」への問題提起は、平行線のままであってはならない。現在、「新養育ビジョン」の内容を現実的な政策制度に落とし込んでいく検討がなされているが、目標値への反対意見がある中で、どういった着地点を見いだせるのか現実的な議論が必要である。

注

1　「子ども・子育てビジョン」は①子どもの育ちを支え、若者が安心して成長できる社会へ、②妊娠、出産、子育ての希望が実現できる社会へ、③多様なネットワークで子育て力のある地域社会へ、④男性も女性も仕事と生活が調和する社会へ、の四つを政策の柱としてあげている。

2　この検討委員会は委員長の柏女以外、委員のほとんどは各種施設関係者であるが、全国里親会の代表者や当事者団体の代表者も加えられている。

3　修正箇所として、たとえば、子どもの実親に対する説明については、「養育里親による家庭的環境が子どもの健全な心身の発達や成長を促すものであることを説明し、社会的養護については、里親委託が原則であることを説明する」と加筆され、子どもの権利擁護については、「里親に委託された子どもには『子どもの権利ノート』を配布し、これからの生活が安全で安心できるものであること、子どもが自分の意見を述べることができ、里親等大人と一緒に考えることができることなどを伝える」などと加筆されている。

4　親族里親には、措置費で一般生活費（月額四七、六八〇円）や教育費等を支給しているが、里親手当（月額一人目七二、〇〇〇円、二人目以降三六、〇〇〇円）は支給していない。

5　二〇一一年四月八日、第一一回社会保障審議会社会的養護専門委員会で、高橋家庭福祉課長より、災害対応の状況についての説明がなされた。その中で、要保護児童の受け入れについて、「児童相談所で把握した子どもの状況に応じまして、できるだけ親族による引き受けを調整し、その際、必要に応じて親族里親等の制度も活用するということでございます。また、親族による引受けがされない場合は、養育里親やファミリーホームなどへの委託を調整し、必要な場合には一時的な生活の場所として児童養護施設への入所を行う」と、要保護児童の受け入れ先として、第一に親族による引き受けという方向性を示している。

6　二〇一二年一月一六日第一三回社会保障審議会児童部会社会的養護専門委員会において、高橋家庭福祉課長は、「国連の『児童の代替的養護に関する指針』でも言葉の区別がありまして、こういうことを考え合わせますと、施設養護に対する言葉としては、里親等には『家庭養護』という言葉を当てるのが良いのではないかという議論」があることを述べている。

7　二〇一二年一月、第一三回社会保障審議会児童部会社会的養護専門委員会資料。

8　二〇一二年一月一六日第一三回社会保障審議会社会的養護専門委員会において、ファミリーホームについて、高橋家庭福祉課長は以下のように述べている。「実施後三年経ちまして、里親から移行したものの他に、新規に開設するものの中に施設の職員の経験者がつくるタイプの中に、どちらかというと施設分園型のグループホームとの相違が曖昧なものも出てきまして、施設と里親の中間なのか。あるいは、里親型なのかという議論がありまして、本来の理念を明確にしてほしいという議論がありました」。

9　二〇一二年一月一六日第一三回社会保障審議会社会的養護専門委員会において、ファミリーホームについて、高橋家庭福祉課長は以下のように述べている。「現在は小規模住居型児童養育事業というのが法律上の名称でございますので、それが施行規則や施行通知の中の用語として、事業を行う場所がファミリーホーム、住居が小規模住居型児童養育事業所という名称であったり、行うものを養育事業者となっておりまして、施設的な印象になっているのではないか。こういうものはファミリーホームといえばよいのではないかという議論があります」。
10　報告書が提言する制度改革の基本的な考え方とは、①子どもの権利の明確な位置付け、②家庭支援の強化、すなわち子ども虐待の予防的観点の明確化、③国・都道府県・市区町村の責任と役割の明確化、④基礎自治体（市区町村）の基盤強化と地域における支援機能の拡大、⑤各関係機関の役割の明確化と機能強化、⑥子どもへの適切なケアの保障、⑦継続的な支援と自立の保障、⑧司法関与と法的・制度的枠組みの強化、⑨職員の専門性の確保・向上と配置数の増加、の九つである。
11　報告書は、「施設養育を選択する時は、養育先への委託が緊急を要している場合、きょうだいの分離を防止する場合、事前に決められた限られた期間の場合、家庭養育では困難な専門的支援に関する課題を有する場合、当該子どもにとって適切な家庭養育先がない場合など、限定的な場合とすべきである」と述べている。
12　厚生労働省仮訳（2009）「児童の代替的養護に関する指針」五頁二一に、「施設養護の利用は、かかる養護環境が個々の児童にとって特に適切、必要かつ建設的であり、その児童の最善の利益に沿っている場合に限られるべきである」と記述されている。
13　報告書では、民間機関の役割として、「里親候補者のリクルート、研修、評価、委託前交流、委託後支援、子どものケア、実親交流まで含めた包括的な事業を新たに創設し、里親と支援者がチームとなって家庭養育を行うような仕組みが必要である」と述べている。
14　例えば、里親が委託児童の養育について悩み、児童相談所に相談すると、児童相談所から養育困難と見なされ、委託児童の委託を解除されるのではないかと心配して、児童相談所には相談できないという里親の声も聞かれる。
15　「家庭」とは実父母や親族等を養育者とする環境を、「家庭における養育環境と同様の養育環境」とは、養子縁組による家庭、里親家庭、ファミリーホームを、「良好な家庭的環境」とは、施設のうち小規模で家庭に近い環境を指す（厚生労働省子ども家庭局家庭福祉課（2017）「社会的養育の推進に向けて」二四頁）。
16　第一二回　新たな社会的養育の在り方に関する検討会　資料二（二〇一七年四月二一日）。
17　前掲資料二。
18　浅井（2018: 23–24）は、「『社会的養護』概念を『社会的養育』に変更した理由と『社会的養育』概念そのものの定義に関して『ビジョン』の中に明示されてはいない。特別な意味をこめて新たな概念を使うのであれば、明確に定義と用語解説をすべきである」と指摘している。

19　子どものケアニーズの内容や程度は、年齢、子どもの行動上の問題及び心理的問題、医療的ケアの必要性、障害支援区分などで判断されるとしている。「新しい社会的養育ビジョン」四九頁。

20　全国児童養護問題研究会（2017）「『新しい社会的養育ビジョン』に対する意見――子どもたちと支援者の現実から出発した『子どもが主人公』『個と集団の育ちあい』の観点にたつ制度改革を求めます――」一頁。

21　櫻井は、「里親に委託される子どもたちの養育にかかる負担は、その一つひとつは日常生活の中での些細なことであっても、その些細な積み重ねが里親家庭の崩壊を招きかねないほど、大きなエネルギーをもっている。委託児童の存在が家庭内の潜在的な課題をあぶりだす状況や、地域との関係で養育の継続が難しくなる状況を、筆者は経験している」と、里親養育の困難性について述べている。

第七章　調査の概要と分析結果

本章では、里親などを研究協力者としたインタビュー調査の対象と方法、及びその分析結果を示す。なお、質的研究の分析課題と目的については、序章第二節で記述した。

第一節　インタビュー調査の方法

1　調査協力者

調査協力者は、三つの地域里親会会員（里親登録者）から抽出した。以下ではその三つの地域里親会をX、Y、Zとする。X里親会の場合は、電話で調査依頼をした初対面であるX里親会会員夫妻と二時間の面談を行い、X里親会会員へ調査の協力を依頼した。両氏は里親会の活動を活性化させたいという強い思いで活動をしており、筆者の調査依頼に快く協力するとの承諾を得た。インタビュー調査の協力者（サンプル）の選択は、両氏と相談の上、両氏に一任することになった。それは、筆者と調査協力者との間に面識がないため、両氏を仲介者とすることにより、インタビュー調査における警戒心を取り除くためであった。なお、X里親会会員から、一一名（八世帯）を抽出した。Y里親会では、里親会会員へ直接調査協力依頼を行い、調査依頼書を託した。その結果、会員三名より、調査に協力したいという連絡を受けた。Y里親会会員からの紹介でZ里親会の会員一名の協力を得た。
以上の調査協力者を表7-1にまとめた。インタビュー調査を行ったのは、一二世帯一五名の里親会会員（里親登録者）である。その内訳は、養育型の里親七世帯八名、この中には養育里親の他に、専門里親二名と、専門里親

表 7-1　調査協力者の概要

調査協力者	性別	年齢	里親種別	調査年月日
A さん	男性	60 代	養育里親	2010 年 8 月 28 日
Bm さん	男性	50 代	養育里親	2010 年 8 月 29 日
Bf さん	女性			
C さん	男性	70 代	養育里親	2010 年 8 月 31 日
D さん	女性	30 代	専門里親	2010 年 9 月 6 日
E さん	女性	50 代	養育里親	2011 年 3 月 16 日
F さん	男性	60 代	専門里親	2011 年 3 月 24 日
G さん	女性	50 代	専門里親 FH 管理者	2011 年 3 月 16 日
Hm さん	男性	40 代	養親 養子縁組里親	2010 年 9 月 5 日
Hf さん	女性			
I さん	女性	40 代	養子縁組里親	2010 年 9 月 18 日
J さん	女性	40 代	養子縁組里親	2010 年 9 月 18 日
Km さん	男性	60 代	養親 養育里親	2010 年 9 月 18 日
Kf さん	女性			
L さん	女性	50 代	養親 養育里親	2011 年 3 月 30 日

注：調査協力者が夫婦の場合は，m（夫），f（妻）を付け加えた．

表 7-2　関係機関の調査協力者

調査協力者	役職	機関	調査年月日
N さん	里親担当専門員 （地域担当兼）	児童相談所	2010 年 6 月 22 日
O さん	里親委託推進委員		
P さん	家庭支援専門相談員	児童養護施設	2009 年 12 月 10 日

であリファミリーホーム（以下、「ＦＨ」）の管理者一名を含む。養子型の里親は五世帯七名で、すでに、養子をもつ三世帯と養子縁組里親として、試験養育中の里親が二名である。なお、前者の養子をもつ里親の内二世帯は、養育里親も兼ねている。このように、養育型の会員と養子型の会員を協力者としたのは、両者には社会的養護への認識など相違点があることが予想されるため、両者を比較分析できると考えたからである。

協力者は、男性が六名、女性が九名、年齢幅は三〇代～七〇代、里親登録期間の幅は二年～三三年である。養育里親（専門里親含む）として受託した里子の総数は、一名～一九名である。調査協力者Ｂ、Ｈ、Ｋについては夫婦でインタビューに協力していただいた。なお、多様なデータを得るために、調査協力者の性別、年齢、里親の種類、里親経験年数などは限定していない。なお、以上の里親は、調査協力の呼びかけに応じてくれた里親であることから、比較的自己開示できるタイプの里親といえる。

さらに、里親会会員だけでなく、里親会会員の語りを多角的に解釈するために里親以外の関係者にも調査を実施した[1]。その調査協力者を表7-2にまとめた。調査協力者の選定は、知人による紹介によるものであり、児童相談所に勤務する里親制度に精通している職員二名の協力を得ることができた。さらに、里親との関わりを持っている児童養護施設職員一名の協力も得ることができた。

2　データの収集手続き

里親会会員への調査は二〇一〇年八月～九月と二〇一一年三月に実施した。

協力者が初対面の調査者（筆者）にどこまで答えてくれたのかという疑問があった。そこで、インタビュー調査後に、協力者に対して「初対面でのインタビュー調査で話しにくかったのではないですか。話せないこともあったのではないですか。」などと尋ねた。すると、ある里親会会員からは、「(調査によって) 光のあたらないことに光をあててもらえる」という返答があった。調査協力者は、全般的に調査に対して協力的であった。特に調査者が警戒心を抱かせていると感じる場面もなかったことを付け加えておく。

インタビューガイドの内容は、先述した分析課題に基づき、以下のように設定した。①フェイスシート、②里親になった動機はなにか、③里親自身は二〇〇八年の児童福祉法改正による里親制度変更についてどう思っているのか、④里親は関係機関 (児童相談所・児童福祉施設) に対してどのような意識をもち、実際にどのような関わりをもっているのか、⑤里親は委託児童の実親とどのような関わりをもっているのか、⑥里親自身は全国里親会と地域里親会の活動をどう思っているのか、⑦その他の七項目である。質問の二から六は、分析課題 (序章第二節) に基づき設定した。以上の質問をインタビューガイドとして印刷した (表7-3参照)。それを当日、協力者に提示し、半構造化面接を行った。養子縁組をした協力者の場合は、インタビューガイドとは別に、養子縁組を希望した理由や、これまで困ったことや、必要な支援なども質問した。いずれも、初めは、インタビューガイドを基に、大まかな質問を行ったが、その後は調査協力者の語りに合わせて自由に質問し、語ってもらうというように、柔軟に対応した。里親会会員との面接場所は、一二世帯のうち七世帯は協力者宅、二世帯は別の調査協力者宅で同日に時間をずらしておこない、三世帯は静かで落ち着ける場所を設定して実施した。

児童相談所職員に対するインタビューは、二〇一〇年六月に、児童相談所の面接室で実施した。内容は、二〇〇八年の改正児童福祉法による里親制度改正について、里親委託後の訪問状況、実施している里親事業等についてであった。いずれも質問項目の順番や内容にとらわれないように自由に話していただくよう依頼した。児童養護施設

表 7-3　質問項目（インタビューガイド）

1. フェイスシート
   (1) 里親の経験年数
   (2) これまでの委託児童数
   (3) 現在の委託児童数
   (4) 家族構成
   (5) お仕事
   (6) 宗教
2. 里親になった動機
   (1) なぜ里親になったのですか
   (2) なぜ里親を続けることができるのですか
3. 2008 年度改正児童福祉法による里親制度変更について
   (1) 養育里親と養子縁組里親が区別されたことについて
   (2) 専門里親の対象が，被虐待児童，非行等の問題を有する児童に，「身体障害，知的障害または精神障害がある児童」が加わったことについて
   (3) 養育里親と専門里親の里親手当が引き上げられたことについて
   (4) 養育里親に研修が義務づけられたことについて
   (5) 養子縁組里親には里親手当が支給されないことについてどのように思いますか（一般生活費，教育費，医療費などは支給される）
   (6) 養子縁組里親には研修が義務づけられていないことについてどのように思いますか
4. 関係機関との連携について
   (1) 児童相談所の里親委託や里親支援について
   (2) 乳児院や児童養護施設との関わりについて
5. 委託児童の実親とどのような関わりをもっていますか
6. 里親団体について
   (1) 地域里親会の活動とあり方について
   (2) 全国里親会の活動とあり方について
7. その他
   自由にお話ください

職員へのインタビュー調査は、二〇〇九年一二月に施設の面接室で実施し、里親との関わりについて自由に話していただくよう依頼した。

インタビュー内容は、調査協力者の同意を得てＩＣレコーダーに録音した。インタビュー時間は、一時間〜二時間であった。なお、調査協力者にインタビューの協力を依頼する際には、調査目的、インタビューは途中で中止することができること、プライバシー・個人情報の保護の点から個人が特定されないように充分に配慮すること、インタビュー内容の録音は、厳重に管理し、研究終了後に廃棄することを記した依頼書を渡した。この依頼書とともに同意書を提示し、調査者（筆者）と調査協

力者の両者が署名、保管している（本研究は名古屋市立大学人間文化研究科研究倫理審査委員会二〇〇八年七月三〇日付承認）。さらに、本書の刊行にあたって、再度、依頼書と同意書を郵送し、同意を得ている。

第二節　インタビュー調査の分析方法と結果

1　インタビューの分析方法とカテゴリ化の手順

インタビューの分析方法は、グラウンデッド・セオリー・アプローチを基盤とした佐藤郁哉（2008a, 2008b）の質的データ分析法を参考にした。このインタビューから収集した質的データは膨大であり、多岐に渡る内容である。これらを整理し、まとめるには、佐藤（2008a, 2008b）の定性的コーディングによるセグメント化と上位カテゴリへのコーディングというデータの縮約化が有効と考えたからである。

インタビューによって収集した録音データは、業者に依頼して文字変換した。[2] そのトランスクリプションの正確性については筆者がチェックした。同時に、逐語記録から固有名詞を匿名化したトランスクリプトを作成した。次に、質的（定性）データ分析ソフトプログラム（MAXQDA Ver.10: VERBI GmbH製[3]）に入力した。MAXQDAを使用したのは、質的分析で研究者が行う作業を紙ベースではなく、パソコン上で行うことができるソフトウェアであるからである。すなわち、質的分析ではデータをテキスト切片（分析の最小単位）化し、それらを意味内容からブロック分けし、ブロック毎にラベルをつけ、さらにそのラベルの意味内容から上位のブロックを構成していく。

MAXQDAはこれらの作業をパソコンの画面上で、研究者が視覚的に操作し、分析を進める作業を補助するソフトウエアである。

グラウンデッド・セオリー・アプローチを援用した佐藤（2008a）とクレスウェルとプラノクラーク（CresWell & Plano Clark 2007=2010:144）の質的データ分析法を応用した分析方法は以下の通りである。インタビュー調査から得られたデータ（トランスクリプト）をMAXQDAに入力し、筆者がトランスクリプトをコーディングし、コーディングしたコードにラベル（名前）をつけ、MAXQDAに入力した。さらに、それぞれのコードを相互関連づけ、コードを移動したり、ラベルを変更したりしながら、三段階に階層化したツリー方式で上位・中位・下位コードにカテゴリ化し、最終的にそれぞれ、コアカテゴリ、サブカテゴリ、概念カテゴリとした。[4]

2　データ分析の確からしさの保証

多くの質的データ分析に対して問われるのと同様に、本書の質的分析の「確からしさ」が確保できているかは重要な問題である。そもそも、質的研究における分析の「確からしさ」をどのように捉えるかについても、欧米の質的研究者の間でさまざまに主張されている。フリック（Flick 2007=2011）は量的研究の中で伝統的に使われてきた信頼性や妥当性などの基準にとらわれることなく、質的研究の質の保証こそが重要であると主張している。西條（2003）は量的研究における研究結果の確からしさを保証する三つの概念、信頼性、妥当性、一般化可能性について以下のように述べている。「量的研究は客観主義であり、それは個人の外部に、個人とは独立した実在性があるという信念に基づいているものである。質的研究の立場は、現実は社会的に構築されており、それゆえ観察者によって構築されると捉えているのであるから、相容れない認識論から生み出された知見をすりあわせることに無理がある」として、これら三つの概念を質的研究に持ち込むことには無理があると主張している。

筆者が分析の「確からしさ」と呼んでいるものをクレスウェル（Creswell 2003=2007: 219）は研究結果の「正確さと信憑性」と呼び、そのチェックのステップを示しておくことが必要であると述べている。さらに、信頼性と一般化可能性は質的研究ではあまり重要ではないだろうとし、研究者の立場から見て正確であるか否か、研究協力者の立場から見てどうか、あるいは読者の立場から見てどうか、という点が重要であると述べている。

そこで、本書では、妥当性、信頼性、一般化可能性という従来の量的研究で厳密に定義された言葉を使用せず、「確からしさ」と表現する。「確からしさ」と筆者が表現する用語と概念についても標準化された用語ではない。そこで、改めて「確からしさ」を以下のように定義する。質的研究では、研究者の分析がその学問領域から捉えて適切であるかどうかが問われる。また、その分析が妥当な分類、カテゴリ化をしているかどうかも問われる。さらに、研究を発表し、文章化するときに、適切な事例や発言を抽出しているか、研究者の恣意的なものになっていないかが問われる。確からしさとは、このような疑問に対して適切な分析・処理が行われていることを指すものである。

このような確からしさを保証する方法としてクレスウェルとプラノクラーク（CresWell & Plano Clark 2007=2010: 151）は、第一の方法として調査者が結果の要約を示して参加者に読んでもらい、その結果が彼らの経験を正確に反映しているかをチェックしてもらう方法であり、田垣正晋（2008: 152）はこれをメンバーチェックと呼んでいる。第二の方法はトライアンギュレーション（triangulation）である。これは、「ひとつの現象に対してさまざまな方法、研究者、調査対象群、空間的・時間的セッティングあるいは異なった理論的立場を組み合わせることを意味する」（Flick 2007=2011: 491）。第二の方法は、質的研究とその調査研究の取り扱っている分野になじみのある研究者にデータを検証してもらう方法で、田垣（2008: 152）はピアチェックと呼んでいる。クレスウェルらは、これらの方法からひとつ以上実行することを推奨している。

これらの推奨されている方法について、本書では、第一のメンバーチェックについては、分析結果を調査協力者に読んでもらい、正確かどうかを問い、分析が協力者の思いとずれていないかを確認した。第二のトライアンギュレーションについては、里親会会員以外の児童相談所職員と児童養護施設職員を調査対象者したことをトライアンギュレーションの一つと捉えた。第三のピアチェックについては、外部の研究者に筆者がカテゴリ化した分析結果を検証してもらった。外部研究者が独自にチェックし、疑義を筆者に提示し、カテゴリ化の疑問点について筆者と外部研究者が討議し、両者の議論が一致したカテゴリとその分類を採用した。

3　カテゴリ化した里親の認識構造

調査協力者の語りを切片化したものから六六の概念カテゴリを構成し、そこから二二のサブカテゴリを構成し、最終的に八つのコアカテゴリを構成した。カテゴリ化した結果を里親の認識構造として表7－4に示した。この表に示したように、コアカテゴリは、「(A) 子どもの育ちへの思い」、「(B) 里親の家族観と社会的な養育観」、「(C) 実親の状況と関わり」、「(D) 児童相談所への認識と要望」、「(E) 施設養育の認識と施設との関わり」、「(F) 里親会の現状と再構築の必要性」、「(G) 地域社会との関わり」、「(H) 制度・政策への問題意識」の八つであり、これは当初に設定した里親家庭と社会的環境の関係構造モデル（序章：図序-2）に対応するものとなった。

すなわち、「(A) 子どもの育ちへの思い」は、里親家庭内における子どもの状況であり、里親と子どもの関係を

D．児童相談所への認識と要望	a. 児童相談所からの支援	33	相談援助の内容
	b. 児童相談所への不信感	34	養育に関する認識の相違・摩擦
		35	委託児童に関する情報不足
		36	職員の対応や姿勢への不満
	c. 児童相談所への要望	37	里親養育への信頼
		38	里親委託の優先
		39	里親養育支援
		40	情報ネットワークの拡大
E．施設養育の認識と施設との関わり	a. 施設との良好な関係づくりへの認識	41	施設との交流がある
		42	施設との連携の必要性
	b. 施設の問題点の指摘	43	施設組織に固有の問題
		44	集団養育の問題
		45	里親と施設との関わりの問題
F．里親会の現状と再構築の必要性	a. 全国里親会への問題意識	46	全国里親会の存在意義
		47	全国里親会への期待
	b. 地域里親会への問題意識	48	現状と問題点
		49	将来像と改善点
	c. 養育里親と養子縁組里親・養親との気持ちの隔たり	50	養子縁組里親の里親会入会の思い
		51	里親委託と養子縁組との対比
		52	特別養子縁組を開示したがらない
G．地域社会との関わり	a. 里親制度への無知，誤解	53	里親に対する認知度が低い
	b. 養子縁組への偏見	54	社会からの目を恐れる気持ち
		55	社会への積極的開示
H．制度・政策への問題意識	a. 社会的養護への問題意識	56	措置解除前後の問題と自立支援の必要性
		57	社会的養護施策のあり方
		58	里親養育の優先性
	b. 里親制度への問題意識	59	専門里親の対象と機能の問題
		60	里親制度が進んでいかない理由
		61	養育里親と養子縁組里親との区別
		62	里親手当
		63	里親研修
	c. ファミリーホーム（FH）のあり方	64	里親家庭とFHの相違点
		65	FHは家庭である
		66	FHへの抵抗感

表 7-4　インタビューから構成した里親の認識構造

コアカテゴリ（8）	サブカテゴリ（22）	概念カテゴリ（66）	
A．子どもの育ちへの思い	a．子どもの特徴・状況	1	被虐待児である
		2	発達障害・精神障害をもつ
		3	子どもの良い変化
		4	問題行動
		5	子どもの実親への思い
	b．養育者としての原動力と悩み	6	社会貢献したい
		7	子どものための行動
		8	子どもへの感謝
		9	子どもの養育・関係づくりの困難さ
		10	子育ての反省
	c．子どもに必要な養育の諸側面	11	真実告知
		12	子どもを受け入れること
		13	兄弟姉妹という関係を作る
		14	里親家庭での生活の経験
	d．委託解除後の子どもとの関係	15	子どもとの関係の継続
		16	子どもとの関係の断絶
B．里親の家族観と社会的な養育観	a．家族への認識	17	親になりたい
		18	非血縁家族の受容
		19	家族の死という経験
	b．社会的な養育への認識	20	養育者としての役割意識
		21	専門的な里親の必要性
		22	まわりからのサポートの重要性
		23	子どもを救いたい
		24	里親として生きていきたい
		25	啓発活動への意欲
C．実親の状況と関わり	a．実親との距離感	26	実親と直接交流がない
		27	実親と直接交流がある
		28	実親からの不適切な関わり
	b．実親の親権の強さ	29	親権の強さに対する抵抗感
		30	親権の強さへのあきらめ，ないしは受容
	c．実親の心理的・社会的状況	31	実親の養育不可能性
		32	実親の虐待

示すものであり、「(B) 里親の家族観と社会的な養育観」は、家族への認識や里親養育の社会的意味を示すものである。次に、こうした里親家庭を取り巻く社会的環境との関わりをカテゴリ化した。すなわち、「(C) 実親の状況と関わり」は実親と里親の関係の有無や両者の関わり方を示したものであり、「(D) 児童相談所への認識と要望」は里親と児童相談所の相互認識とその関係を示すものであり、「(E) 施設養育の認識と施設との関わり」は里親と施設の関係と問題意識、協力関係などを示すものである。さらに、「(F) 里親会の現状と再構築の必要性」は全国、および地域里親会との関係と問題意識を示すものであり、「(G) 地域社会との関わり」は地域社会との社会的関係を示すものである。最後に、「(H) 制度・政策への問題意識」は里親施策に対する里親の認識や問題意識を示すものである。そこで第八章では、この八つのコアカテゴリごとに里親の認識を詳細に考察する。

注

1　佐藤（2008a: 11）は質の高い質的研究の条件のひとつに、「複数のタイプの資料やデータによって議論の裏づけがなされている」ことをあげている。

2　業者に録音データを依頼する際には、個人情報を取り扱う業務を受託する場合の個人情報に関する守秘義務、契約終了時の個人情報の返却および消去等について定め、それに従う旨の文書を交わしている。

3　MAXQDA の入手先は http://www.maxqda.com/ である。

4　佐藤（2008a）によると、定性的データ分析でしばしば使われる「グラウンデット・セオリー・アプローチ」の手法とは以下の三点において異なっている。①事例の分析に重点をおいている。例えば、定性データ分析では、文書データを何回も読み、思いつくままに小見出し（コード）をつける日常語によるコーディングから次第に抽象度の高いコーディングへと絞り込んでいく。②文書セグメントがおかれている元の文字テキストの文脈を重視する。③コーディングの作業において、帰納的なアプローチだけでなく演繹的なアプローチをも積極的に活用できる。

第八章　里親養育の実態

本章では、調査協力者の語りの内容を切り取ったオープンコードを「　」で表す。オープンコードをまとめた概念カテゴリは〈　〉、サブカテゴリは《　》、コアカテゴリは【　】、記述の中で出てくるアルファベットは調査協力者を表している。

第一節から第八節までの考察の中で、調査協力者の語りを引用しているが、その中で（　）でくくられた部分は、語りをわかりやすくするために筆者が補足した言葉である。なお、文中の「子ども」とは「里子」を示し、「ＦＨ」とは「ファミリーホーム」を示すものである。

第一節　子どもの育ちへの思い

コアカテゴリ【Ａ：子どもの育ちへの思い】は、《Ａ－ａ：子どもの特徴・状況》、《Ａ－ｂ：養育者としての原動力と悩み》、《Ａ－ｃ：子どもに必要な養育の諸側面》、《Ａ－ｄ：委託解除後の子どもとの関係》という四つのサブカテゴリから構成したものである。里親や養親は、子どもの状況に起因する育てづらさや、途中からの養育であるための育てづらさを抱えている。ここには、養育している子どもの状況と養育里親と養親がそれぞれに特有の葛藤に直面していることをまとめた。

1　子どもの特徴・状況（A-a）

《A-a：子どもの特徴・状況》として、まず、〈被虐待児である〉ことや〈発達障害・精神障害をもつ〉ケースがあることが語られた。専門里親Gさんには、自閉症の子ども、DV家庭の子ども、施設で虐待を受けた子どもが委託されている。その中で、心身にわたる医療の介入が必要なほどにもなっているケースもある。Gさんは被虐待児を受託した時、「早い時期に小児精神科に受診した」ことや、「（子どもの）股関節が腐っていて手術した」ことなど、委託前に放置されていた状態を改善するために医療機関を受診している。さらに、Gさんは、被虐待の影響から、「多重人格が出始めていた」状態で、「解離[1]がひどくて情緒障害児治療施設に入った」という重度の精神症状を有する被虐待児を受託したこともある。このように、虐待の影響が決して軽度ではない「医療的な介入が確実に必要な子ども」（Gさん）であっても、専門里親に委託されている。養育里親Eさんも、子どもは「愛着障害にADHDにIQも低かった」と語ったように、発達障害などを抱えている子どもも委託されている。そして、子どもには自傷行為や過食などの問題があることを語っている。このようにインタビューした範囲では、養育里親（専門里親含む）には被虐待経験や発達障害を抱えた子どもが委託されるケースもあった。一方、養子縁組里親の元にはおそらく事前の選択や条件のすりあわせが充分になされるからであろうが、被虐待経験や発達障害を抱えた子どもは委託されていなかった。

次に、里親と養親は委託後の〈子どもの良い変化〉についても語っている。Eさんは子どもについて「施設にいるときは問題児だったが、ずいぶん表情が変わった」、「他の人のことを考えられるようになった」と子どもの成長を捉えている。Ｇさんも子どもの成長を捉えて「発達上の障害は日に日によくなった」、「自分から意思表示できるようになった」と語っている。さらに、Ｇさんは「引き取ったら言葉が増えた」と、里親養育が子どもの発達を促す効果があったことを語っている。

一方で、委託後、〈問題行動〉が現れる場合もある。例えば、小学校低学年までの子どもの場合、「委託して二年目に試し行動が出てきた」（Ｌさん）、「小学校から盗み癖が始まった」（Ｋｆさん）、「私が見ているときにわざと危ないことをした」（Ｌさん）など、里親の愛情の深さを探るための試し行動が現れている。また、幼児期に受託した子どもが、思春期に「睡眠薬をまとめて飲んだ」（Ｂｍさん）ことがあった事も語られた。

また、思春期以降、〈子どもの実親への思い〉が表出してくるケースもある。例えばＣさんは子どもが「（親に）施設に預けられたという恨みをもっていた」ことや、「親に嫌悪感をもっていながら親が恋しかった」という子どもの気持ちを感じている。森（2005）はこのような施設に預けられたという恨みと、同時に親が恋しいというアンビバレントな気持ちを持ち始める時期が里子にはあることを述べている。親が恋しいという気持ちから、養子が「中学生の時に親を捜してくれと言った」（Ｋｍさん）、里子が「一時期実母に会いたいと言っていた」（Ｂｍさん）など、子どもの中には、親に会いたい、親を捜して欲しいと里親や養親に訴える場合がある。

2　養育者としての原動力と悩み（Ａ–ｂ）

《Ａ–ｂ：養育者としての原動力と悩み》として、里親や養親は、日々の養育の中でさまざまな経験をし、さまざまな思いを抱いている。里親個人の信念に関わるものとして、Ｃさんは「ひとりの宗教家として社会貢献したい」

と語った。Ｂｍさんは「クリスチャンとしての社会的使命から」と語った。ＣさんとＢｍさんは同じ宗教ではないが、宗教的背景を持って〈社会貢献したい〉という意識が見られる。それらは里親になった動機であり、里親を続ける理由にもなっている。こうした動機は養育里親に特有に見られるものであった。

日々の養育の中で、里親は子どもが起こした問題に対して、「警察や学校に行って謝った」（Ａさん）、「担任の先生と話し合った」（Ｂｍさん）など、〈子どものための行動〉をしている。Ｂｆさんは、そうした子どもに対して社会的対応を行ってきたことを振り返り、「見ることができない世界を見させてもらった」というように、人生における貴重な経験として受け止めている。さらにＢｆさんは「子どもが夫婦の会話を導いてくれた」と里親養育が夫婦の絆を強めてくれるとも受け止め、〈子どもへの感謝〉を示している。Ｆさんも「子どもの成長に感動し、喜びを感じる」と語り、それが里親を続けていく原動力となっている。

一方で、「実子も里子も分け隔てないといっても里子はそう受け止めてくれない」（Ｃさん）、「愛情だけでは何ともならないくらい（子どもの）背景が複雑になってきた」（Ｆさん）、「（里）親であっても本人の悩みにまで立ち入れない」（Ｂｍさん）など、〈子どもの養育・関係づくりの困難さ〉を抱えている。こうした子どもの養育や関係づくりの困難さは、委託解除後にも里親へ心労を与えることがある。Ｄさんは「委託解除後は精神的に疲れて寝込んだ」経験があり、「委託解除後は一度リセットが必要」と感じている。また、Ｃさんは委託中、子どもが万引きを繰り返しており、委託解除後も、「風の便りに、元里子が借金をしまくっていることを知った」ことから自分の育て方が悪かったのではないかと「自責の念にかられた」と語っている。さらに、Ｃさんは、ある里子が児童自立支援施設に措置変更されたときには、「ひと月ぐらい里親失格ノイローゼに陥って悩んだ」という経験をしている。

こうしたケースから、子どもの措置解除の段階において、子どもだけでなく、里親についてもなんらかの精神的なフォローをしていく体制の必要性が浮かび上がってきた。

児童相談所職員Nさんは、非行の問題のある子どもに関して以下のように語っている。

非行のお子さんだと、例えば養育里親さんとしてだいぶ経験の長い方で、年齢の高いお子さんでも受けていただける方、過去にも同じような年齢のお子さんを何人も経験されている方とか、そういった方にお願いするっていう場合もあるんですけど。ちょっと非行の内容にもよると思います。例えば、触法[2]行為をするようなお子さんですとか、例えば、警察からの通告があって関わるようなお子さんも、ちょっと里親さんにお願いするっていうのはなかなか難しいかなと。（Nさん）

Nさんは非行の問題をもつ子どもは里親には難しいと個人的には感じている。しかし、現実には、先述したCさんの語りにもあるようにそうした子どもを養育里親に委託せざるをえない場合もあるのであろう。現在は非行の問題のある子どもは専門里親の対象に含まれており、制度の枠組みの中で、専門里親を活用するとともに、児童相談所などの専門機関が、委託中の支援を里親と子ども双方にしていくことが重要である。

Fさんは、委託解除後に子どもが親元に帰った後、その子どもの友だちを通じて元里子の様子を聞くなど、気にかけている。委託解除後に、子どもの悪い噂を聞けば、子どもが親元で暮らすことに危うさや心配を里親は感じるのである。さらに、自分と元里子が「お互い気にし合っていても会えないのが淋しい」という思いを抱いていた。しかし、Fさんは元里子が親元に帰った後は、積極的にアプローチしてはいけないと言う考えに至っている。

また、前述したように、子どもは実親に対してアンビバレントな気持ちをもつ場合があるが、Aさんも委託した子どもが、自分を施設にいれた親を憎んでいながら親を恋しく思っていることを感じ取っている。しかし、Aさんは、「子どもと親との葛藤の問題には充分に応えてあげられなかった」と、〈子育ての反省〉をしている。これは、里親が里子を養育する中で常に実親を意識し、里子と実親との関係を気にしていたことの表れでもある。

以上のように、里親は日々の養育の中で、悩んだり、精神的疲労を感じたりしながら、さまざまなことを学び取り、里親養育のあるべき姿を模索している。

3　子どもに必要な養育の諸側面（A‐c）

《A‐c：子どもに必要な養育の諸側面》として、養親から養子であることを養子本人に告げるという〈真実告知〉は大きな課題であり、インタビューしたすべての養親及び養子縁組里親が何らかの形でこれについて言及している。養子縁組里親Jさんは三歳を目安として初めの真実告知をするように児童相談所から助言されており、「真実告知に一番神経を使う」と語っている。乳児を委託された養子縁組里親Iさんは、「真実告知のこともそんなに遠い話ではない」と、早くから気持ちの準備をしている。JさんもIさんも真実告知を不安に感じながら通るべき道として受け止めている。H夫婦は真実告知について、段階を踏んで時間をかけて行うものであり、「思春期になったら養子であることを隠せない」と一致して捉えている。そこで、養親Hmさんは、養子が三歳の時に初めての告知をし、まずは「神様が書類を間違えたため、他の人のお腹から産まれた」と養子に話している。さらに、Hfさんは「私から生まれていない」ことを「中学校卒業ぐらいまでには完全に教えていこう」と考えている。

すでに真実告知を終えたケースでは、「真実告知は、養子が自分の生きる意味を考えるきっかけになった」と、真実告知が養子自身の成長につながったことを養親Lさんは語っている。真実告知は子どもにさまざまな影響を及ぼすと予想されるが、そうした影響による子どもの変化を「真実告知までに、受け止められる親になることが大事」とLさんは語っている。真実告知の過程は、養親も子どももさまざまな葛藤を抱くであろうが、子どもの気持ちの変化を敏感に受け止め、適切に対応することによって、子ども自身の成長にも繋がると考えられる。

〈子どもを受け入れること〉に関する認識では、養親と養育里親では大きな違いがみられた。養親Hmさんは「間違いなく私の子だし、この子のためなら何でもする」という思いで養育している。一方、養育里親は親元に帰ることを想定して養育している。Fさんは、日々の養育のなかで、実親を意識しており、「（里親は）実親と競争しても絶対負ける」、「親になろうとしたのが間違いだった」と自分の養育を振り返り、里親と実親とは子どもにとって異なる存在であることに気づかされていた。また、Dさんは「親元に帰るまで、子どもと自分たちとの関係をつくっていくことが子どもにとってもいいこと」であると考えている。このように、いつか子どもが親元に帰ることを見据えて子どもを受け入れることが養育里親の役割であると認識している。

さらに、Lさんは「その子が本当に幸せな形が一番望ましい」と考えており、そのためには、「自分の子育てに固執せず柔軟な心も大切」であると語っている。また、「子どもを丸ごと受け止められる人が里親に向いている」（Hfさん）、「子どもを受け入れない限りは子どもとの通じ合いは生まれてこない」（Fさん）、「自分の価値観を押しつけてはいけない」（Fさん）などと、日々の養育の中から、子どもと正面から向き合い、受け止めることの重要性を学びとっている。

子どもが実家庭や施設では経験できなかったことを里親家庭で実現させてあげたいという思いを〈里親家庭での生活の経験〉の重要性として里親は語っている。FH管理者のGさんは「自尊心が育つのは（里親）家庭である」、

「マンツーマンのケアの大切さとか、居場所の安心感が大きい」、「学校の友達に遊びに来てもらえる家庭を与えてあげたい」など、家庭環境での養育の重要性を感じている。Dさんは特に虐待環境で育った子どもや施設での生活しか知らない子どもには、「家庭のモデルを子どもに伝えたい」、「家族が笑って生活していることを子どもに伝えたい」と思っている。Gさんは適切な家庭環境の中で育つことの意義を以下のように語っている。

うちに来た「殴ればすむ」って言った子でも、殴ることがいいことか、悪いことかって聞かれれば、いいことだとは多分言わないですよ。わかってるから。でも、彼の行動はあきらかに殴るっていうことが正当な行為だっていうのを示してるんですよね。そうじゃなくて、本当に大事に、一人ひとりちゃんと見てくれて、次の日も次の日も同じ人がお母さん、お父さんで、自分の言ったことがちゃんと形として提供されて意志が通る中で、初めて将来の希望っていうか、自分は何になろうっていうのが出てくると思うんですね。（中略）本当に負い目なく、きちんと自尊心が育って、自分を大切にして初めて人を大切にできるって思うので、それができるって、やっぱり本当に家庭（環境）かなって。（Gさん）

委託前の養育環境の中で、暴力で物事を解決することを覚えてしまった子どもに対して、里親としてじっくりと関わり、子どもに自己肯定感をもたせたいと願っている。Gさんは、「望んだり努力したりすれば達成できることを教えてあげたい」と思っており、それができるのは家庭環境を提供できる里親やFHであるという思いがある。

養子縁組里親の場合は、子どもに〈兄弟姉妹という関係をつくる〉ことが大事だと考えており、二人目の養子を希望することがある。しかし、特別養子縁組を希望する未委託の登録者が優先されるため、二人目の養子縁組は成立しにくいのが現状である。そこで、養子縁組里親のJさんは、養子縁組が無理なら「養育里親でもいいから兄弟姉妹のいる生活を体験して欲しい」と語った。養子縁組後に養育里親になるのは、養子に兄弟姉妹関係をつくりたいという理由が見いだされた。

4　委託解除後の子どもとの関係（A－d）

《A－d：委託解除後の子どもとの関係》において、里親は〈子どもとの関係の継続〉と〈子どもとの関係の断絶〉の両方あるいは一方を経験している。

Bmさんは委託解除後の子どもにとって「実家というのはうちのこと」、「委託期間は終わっても家族である」と語り、元里子を家族の一員と考えている。Cさんは子どもが自立して社会に出た後も、「就職先でトラブルがあり先方に謝った」と、親代わりになって関係が継続していた。一方で、これまで一〇人の子どもを受託した里親Cさんは、「年賀状をくれるのは二人だけ」というように、関係が継続していない場合もある。子どもとの関係が継続していない場合でも、里親は「委託解除後に里子の友達に里子の様子を聞いた」（Fさん）という行動をとるなど、委託解除後も子どものことを気にかけている。

委託解除後、子どもがどういう状況に置かれるのかによって、生活の状況はさまざまである。すなわち、子どもが実親家庭に戻る場合、施設に措置変更になる場合、自立して社会に出る場合、大学や専門学校に進学し、その後就職する場合などがある。措置解除になれば、確かにその里親と里子の関係は法的には終了するのだが、一定期間、一つ屋根の下で家族として暮らした里親と里子が、その後の状況によっては、深く関わり続けることは十分に想定できる。元里子がいざというときに、最も頼れるのが里親しかいないことも充分に考えられる。元里子が里親に頼り支援を受けることは、里親の法的役割ではないにもかかわらず、アフターケアのシステムが確立されていないために、里親が負担せざるを得ない状況にある。委託満期で委託解除された後の元里子への自立のための社会的支援が必要である。

第二節　里親の家族観と社会的な養育観

コアカテゴリ【B：里親の家族観と社会的な養育観】は、《B－a：家族への認識》と《B－b：社会的な養育への認識》という二つのサブカテゴリから構成したものである。里親は里子を受け入れることで新たな家族を構築していくのであるが、その際、妊娠、出産を経て家族を構成していく血縁家族とは異なり、里子を受け入れた時点から改めて家族を再構成していく必要に迫られる。ここには、家族のあり方をどのように構成していくのかをまとめた。

1　家族への認識（B－a）

里親、あるいは養親が、他人の子どもを引き取って育てようと決断した動機は異なるが、里親と養親のいずれにも、血縁・非血縁に関係なく家族を形成して行こうという決意を見いだせる。

《B－a：家族への認識》として、〈親になりたい〉という思いから養子縁組を決意していくケースもある。インタビューした五世帯の養子縁組家族には実子はおらず、「子どもができなかった」（Jさん）、「親になりたかった」（Hmさん）、「不妊治療から養子縁組に切り替えた」（Iさん）と語っている。結婚生活で実子ができなかったことを契機として、里親制度について、「夫の母親から聞いた」（Iさん）り、「テレビとかマスコミ」（Jさん）を通じて知ったことから、情報を収集し、児童相談所による養子縁組の斡旋があることを知り、養子縁組里親に登録するという手続きをとっている。

一方で、養育里親では実子がいるかいないかとは関係なく、里親となる以前から、〈非血縁家族の受容〉を特別なことではなく、身近に感じている場合が見られる。高齢のCさんは、「戦災孤児として、親戚の家に世話になった」経験から、その「恩返し」を社会にしたいという動機で里親を始めている。あるいは、もともと「母との間に血縁関係がないので血縁にこだわりがなかった」（Hfさん）ことであるとか、「自分の父が他人に育てられた」（Bmさん）ことなど、血縁関係のない親子関係の生活経験が里親になったことの背景にあった。そのような非血縁親子であった経験が、血縁関係よりも「家族はつくるものだ」（Lさん）という信念を育てたのであろう。

また、〈家族の死という経験〉がきっかけとなった里親もいる。里親Lさんは「最初の子どもが死産した」ことをきっかけに「家族が次々と亡くなる中で、里親をしようと思うようになった」と語っている。Eさんは、「数年前に息子を事故で亡くした」ことがきっかけとなって養育里親を始め、「実子の命と家庭のない子どもの命を重ね合わせている」とEさんは次のように語っている。

子どもの命を重ね合わせますよね。だから、家庭のない子には、うちでも家庭があるよ、親に縁の薄い子だったら私が代わりに親になれるよ。人生の、その子の人生のたったこれだけかもしれないけど、なれるよって。

その子たちに私たちが必要だっていう思いでしたね。（Eさん）

このような言葉からは、子どもを亡くしたという喪失の単なる代償として、子どもを受け入れるのではない姿が浮かび上がってくる。里親Eさんは、子どもを亡くしたことをきっかけに、子を亡くした人生と、親の養育に欠ける子どもの人生を重ね合わせていこうとしているのである。以上のように、里親、養親は共通して、血縁・非血縁に関係なく親子関係を形成していこうという意欲を持っている。つまり、彼らは家族とは血縁関係が当然である存在ではなく、成員相互の努力の帰結として形成されるものであるという認識を持っているとともに、社会の中で人と人との絆を創り上げていこうとしているのである。

2　社会的な養育への認識（B–b）

《B–b：社会的な養育への認識》として、里親養育や養子縁組による子育てを、社会的なものとして、受け止め、位置づけていることも語られている。

〈養育者としての役割意識〉として、里親は自身の役割を「社会的養護を担っている」（Fさん）、「ひとり親の家庭の子どもや親を守れるのが里親制度」（Lさん）と認識し、「慈善事業でもボランティアでもない」（Kmさん）と自分たちを位置づけている。そこには、社会の理解不足への抵抗感と、社会的養護を担っているという里親自身への自負がある。具体的な役割意識として語られたのは、里子と愛着関係を結ぶことの大切さである。Dさんは「乳幼児は愛着関係を築くのが一番幸せだと思った」と言い、一時的であるとしても、里親家庭において、愛着関係を形成することで、親元に帰ったときに良好な愛着関係を結べる子どもになることへの期待を語っている。Dさんは、里親登録当時から長期委託を望まず、児童相談所もそれを認識しており、一時保護的な里親として、養子縁組里親や長期委託が可能な養育里親の受け入れ態勢が整うまでの期間だけ受託することもある。そうした中で、Dさんは複数回にわたり、委託依頼をキャンセルされた経験を次のように語っている。

子どもが来るっていうその日の朝に、「親御さんの気が変わったので、今回はキャンセルです。」っていうことが何回も続いて……。一時保護を含む七件の委託依頼があったんですけれども、実際に受託したのはたったの二件です。急いで受け入れ準備をしている時に、「実母さんがやっぱり里親に預けるのは……。」っていう理由でキャンセルになることもあって、準備した物が無駄になることもありましたね。中高生も里親委託には不安があるのか、里親よりも施設を希望してしまうようです。（Dさん）

このように、委託依頼のキャンセルが続いた事について、Dさんは、一時保護先として児童相談所での情報が錯綜する中で委託依頼を受けるため、キャンセルの可能性があるという児童相談所の内情を理解している。キャンセルになったからといって落胆したり、不満に思ったりせず、対応していた。Dさんは自分の役割を、実親の元に返すことといった家庭復帰支援や、ほかの里親に繋ぐことといった里親支援であるというように認識している。

ところで、養親Lさんは「特別養子縁組をしたことによって養育里親に関心を持ち、養子が大きくなったら養育里親をする人もいる」と語っている。このようなことについて、児童相談所と関わりを持ち続けてきた養親が、養子の成長によって子育てに余裕を持てるようになった時、今度は養育里親を希望するケースがあることを、児童相談所職員Oさんは以下のように語っている。

その養子に迎えた子が、じゃあ高校生になって、（養親が）それまで児相と全く関わりないままいって、ぽっとそこで養育（里親を）やれるかっていうとやっぱりそれはなかなか難しくて、どちらかというと子どもを迎えて何年か経って、（里親）サロンとかに、出て来てて、児童相談所がバタバタしているのを感じ、養育（里親）の方が預かっているのを見ている方たちが、「子どもが幼稚園に入ったから赤ちゃん預かるよ」とか、「小学校に入ったから幼児さん預かるよ」とかっていったかたちで活動してくださっている方のほうが多いですね。（Oさん）

このように、児童相談所や養育里親との関わりを通じて、養育里親になることもある。里親サロンは、里親や養親が集まり、相談し合える環境として提供されている。そのような仲間の中で、他人の子どもを育てるといった協同意識が醸成されていくのではないだろうか。

また、里親会と繋がりを持ち続けている養親Ｈｍさんは、「社会的な役割は後からついてくる」と語ったように、里親会の活動の中で、自分の養育が社会的養育の一翼となっていることに気付いてくるのである。そこには二つの過程がある。第一は真実告知の中で、養子縁組の持つ社会的意義に気づいていく過程である。養親は養子縁組の動機が自分の子どもを得て、育てていくという個人的なものであったとしても、真実告知の過程で、養子縁組における子育てとは、養親と養子の関係だけで成立しているのではなく、養子の実親の存在を意識せざるを得なくなり、親の養育を受けられなかった子どもを育てている家族であるという社会的意義を見いだしてくるのである。

第二は他の里親や養親との交流における気づきの過程である。里親や養親と交流したり、相談にのったり、里親啓発を行ったりする中で、養子を得られた事への感謝の気持ちを持ち、自分たちの養育を社会的なものとして捉えていくようになる場合がある。しかし、養子縁組の社会的意義に気がつきつつも、養育里親になれば、実親と里子の関わりにも配慮する必要が出てくる事を想定し、養親Ｈｍさんのように、「実親のケアまでするのは難しい」とか、「実親のことまで受け止められない」と考える場合は、養育里親となるところまでには至らない。

〈専門的な里親の必要性〉について、前向きで意欲的な語りがあった。Ｇさんは「専門的な養育のできる里親は徐々に増えている」と認識している。Ｄさんは「里親自身も得意分野がある」から、そうした「里親の特質を児相にアピールする必要がある」と語った。Ｆさんは「子どもの背景のゆがみが子どもに出てきて、里親の養育は可愛いよしよしでは済まない」状況にあり、「自分のスキルを高めないと対応が難しい」、「子どものために里親は専門的に勉強をしないといけない」と認識している。このように「愛だけでは里親養育はできない」（Ｅさん）と考える里親もいる。Ｅさんは実際の活動として、「里親サポートとスキルアップを目的」とし、「ＦＨを目指す人の集まり」に月二回参加したり、「社協・施設と連携した学習会」に月一回参加したりしている。このように、自主的な勉強会や、他機関と連携した勉強会をすることは、里親のサポートとスキルアップにつながる大切なことであり、今後の継続と進展が望まれる。

また、子どもの虐待事件を問題視し、〈子どもを救いたい〉という熱い思いも語られた。Ｌさんは、「地元で虐待事件があれば、絶対子どもを引き取る」、「もう虐待で二度と死なせないと言う気持ちがある」と語り、Ｅさんも「虐待で子どもが亡くなる前に命を救いたい」と、虐待事件に対して心を痛め、そうした子どもを救いたいという強い思いをもっている。Ｅさんは里親養育に悩みながらも、「子どもを見捨てられない」、「子どもは家から出たらどこも受け皿がない」と、自分が養育を続けなければならないという使命感をもっている。里親Fさんは子どもを受託する際に、「『身の安全はおじさんが守る』と一番先に話す」ことや、「自分のためではなく子どものために里親をやれている」と語り、里親が社会的な養育であることを認識している。

里親家庭への〈まわりからのサポートの重要性〉を里親は語っている。たとえば、「妻（夫）が協力し支えてくれた」（Cさん／Eさん／Bfさん）という配偶者のサポートが大きいことは、ほとんどの養育里親が語っている。養育里親には実子がいる場合が多いが、「実子が里子をかわいいといってくれた」（Bfさん）というように実子が里子を弟妹のようにかわいがるケースがある。「実子が里子との間のクッションになってくれた」（Cさん）というように、里親と里子が祖父母と孫ほどに年が離れているケースでは、実子が里子を遊びに連れて行くなど養育に協力している。専門里親ではなく養育里親として被虐待児を養育しているEさんは、家族はもちろんのこと、「医療・知人・ボランティアのサポートを受けている」と語っている。すなわち、里親の養育には、家族からの支援が欠かせないのである。さらに、被虐待児などの養育には、家族や他のインフォーマルな支援と、特に医療機関などフォーマルな支援の両者を必要としている。

また、自身の残りの人生を〈里親として生きていく〉という決意を語っている。Eさんは「子どもの養育をしながら子どもと自分の将来を考える」と語っている。Eさんはさまざまな人生経験を生かして「実子にはできなかった子育てが今ならできるかもしれない」と認識し、「もうすぐ夫は定年なので将来FHをしたい」という人生設計を描いている。

さらに、社会的な養育への認識は、他者への里親制度の啓発への思いへと広がっている。〈啓発活動への意欲〉について、養親であり養育里親でもあるLさんは「とにかく里親を増やしたい」という気持ちから、「里親が増えるなら里親体験発表会で話していく」と、積極的な里親啓発活動に意欲をみせている。そうした啓発活動も影響してか、「他の養親も養育里親として受託することが以前に比べて増えた」（Lさん）という。里親Fさんは「季節里親を一般の人に広げられないか」と考えている。それは、季節里親で里親養育体験をしてもらい、次に本格的に養育里親になってもらうことを期待してのことである。また、里親Fさんは「〇〇さんのFHがニュース番組に取り上げられた」ことから、「マスコミへアピールすることが必要」であると考えている。

第三節　実親の状況と関わり

コアカテゴリ【C：実親の状況と関わり】は、《C－a：実親との距離感》、《C－b：実親の親権の強さ》、《C－c：実親の心理的・社会的状況》という三つのサブカテゴリで構成している。里親は子どもの実親とどのように関わっているのか、あまり明らかにされていない。ここには、それぞれの里親が何らかの認識を実親に対して持っており、さまざまな形で実親と関わる場合があることをまとめた。

1　実親との距離感（C－a）

《C－a：実親との距離感》については、里親と子どもの実親との関わりがあるケースもあれば、関わりのないケースもある事が語られた。その内容としては、実親と里親の双方の思いや、受託中の実親からの不適切な関わりの事例などが語られた。

里親が〈実親と直接交流がある〉場合、児童相談所を通す場合と通さない場合があり、それは里親の考えによって「個々のケースで違う」（Dさん）ことが語られた。Gさんは児童相談所を通さないで「実母と直接連絡をとっている」、「子どもと一緒に住めるように実父を励ました」、「実父に子どもの写真を渡した」など、子どもと実親との関係を良好に継続させるための配慮をしている。Fさんは実親と音信不通である子どもの「母親捜しを児相にしてもらい（母親が）見つかった」という経験があり、子どもの「実母に家に来てもらい、泊まってもらった」と語った。里親宅に実親を宿泊させることについては児童相談所が関与しているわけではない。こうした里親と実親の関わり方はそれぞれの里親に任されている。また、実親が里親家庭での養育状況に不信感をもっている場合、「実親に子どもの生活の様子を説明」（Eさん）して納得してもらったり、「里親宅から実親宅へ里子が外泊」（Aさん）したりするなどの交流をもっている。このように、実親と関わりがあるケースは、里親は将来の里子の家庭復帰を意識して、里子と実親との関係を良好に継続させるための配慮を行なっている。

一方で、〈実親と直接交流がない〉というDさんは「里親に子どもをとられたという思いを実親に持たせないため」、直接会わなかったと語っている。Dさんは「実親と直接信頼関係を築くのではなく、児相を通じて子どもの様子を知らせる」という方法を意識的にとっている。子どもの委託解除後、「実親から、直接会わなくてよかったと手紙がきた」ことから、Dさんは「実親との関係を作らなくてよかった」と次のように語っている。

子どもを里親に取られるのでは、という不安を大体の実親さんは抱えることになるので、里親が表に出てお話するよりも、子どもを見てもらえれば大切に育てている様子は十分伝わると思っています。特に問題を抱える実親さんとは直接関わりを持たない方がいいだろうという判断もあって、電話で話すことはなかったですね。

面会や外泊の時も、一旦児相に子どもを預けていたので、実親さんと直接会ったことはありません。（中略）（最後に）実母さんから、「里親さんに直接会ってお話しをしたいって思いもあったけれども、どこかで取られたって思いもあったので、会わなくてよかった。」っていうお手紙をいただきました。（Dさん）

Dさんは、今後は実親が育てていくのだから、自分は表に出る必要は無いと考えている。一方、実親は子どもを里親に取られたという思いを抱いていた。里親委託によって里親に子どもを取られると、実親が誤解しないようにするためには、里親委託とは家庭環境における社会的養護であること、里親委託中の面会が保障されること、将来条件が整えば子どもは実親に戻されることなどが、実親に適切に説明されなければならない。また、里親という名称から、実親は新たな親が子どもにできてしまうという心配をすることがある。里親という名称の検討も必要になってくるだろう。

一方で、里親委託中の〈実親からの不適切な関わり〉もある。「親が子どもを無断で連れ出した」（Cさん）り、「世間体が悪いから早く返せ」（Gさん）と実親が言ってきたことが語られた。長年里親を経験してきたCさんは「勝手気ままな親を嫌ほど見てきた」と語り、Aさんは「里子より、むしろ親の方が大変だった」と実親への対応の困難さを語った。

以上の語りからは、多様な実親がおり、里親としての対応は一筋縄ではいかないことがわかる。しかし、里親委託中の里子と実親との交流は、虐待の危険性のある場合などを除けば、子どもの福祉の観点から保障されなくてはならない。里親の自宅に実親を泊めることなどは、すべての里親にできることではないため、里子と実親の交流の場の設定など、制度上の整備が必要である。

2　実親の親権の強さ（C–b）

里親や養親は、子どもを養育する中で、《C–b：実親の親権の強さ》という壁を感じている。〈親権の強さに対する抵抗感〉がある一方で、〈親権の強さへのあきらめ、ないしは受容〉を語っている。

養親は、養子縁組成立までの過程の中で、〈親権の強さに対する抵抗感〉を感じていた。養子縁組の成立は六か月以上の試験養育が考慮され、家庭裁判所の審判により決定されるが、養親は「新生児委託は、どんでん返しが一番怖い」（Lさん）と、この六か月間に実親の気持ちが変わることを恐れている。現在、養子を育てている養親Hmさんは、試験養育を経て「家裁へ申請しようとしたら実母が嫌だと言った」という経験を語っている。当時は、「やっとうちで子どもが落ち着いたのに、その生活がかわるのか」といった〈親権の強さに対する抵抗感〉を持ち、家庭裁判所で争ったことを語っている。Hmさんは「家裁で弁護士を立てて、いろいろやった」が、「裁判したときも血縁優先だと思った」と親権の強さを感じている。それでも、「児相と家裁は実親より養子縁組をした方がよいと言ってくれた」など、子どもの福祉の観点からも養子縁組が良かったと認識している。里親には「新生児を施設に入れっぱなしにするなら親権を一度切ってほしい」（Lさん）という思いがある。それは、良好な愛着形成が期待できる新生児の養子縁組を進めて欲しい、そのために、親権の停止を求めるという気持ちである。

一方、養育里親は「法的には実親は絶対ですからね」（Aさん）と認識しており、「（里親に）親を説得する権限はない」（Cさん）、「実親が返せと言ったら里親はノーとは言えない」（Fさん）、などといった〈親権の強さへのあきらめ、ないしは受容〉を経験している場合がある。

3　実親の心理的・社会的状況（C－c）

《C－c：実親の心理的・社会的状況》として、里親から子どもの実親の問題が語られた。その問題とは、〈実親の養育不可能性〉と〈実親の虐待〉である。

〈実親の養育不可能性〉にはさまざまな状況がある。「子どもの実親も実親と暮らしている兄弟も発達障害がある」（Eさん）、「実母が再婚するため、新しいお父さんも（子ども）四人は引き取れない」（Jさん）というケースもある。「子どもの母親は一〇代の出産」（Gさん）であるとか、「実母は未成年で実家も経済的に困難」（Hmさん）という若年出産というケースも少なくない。これまで受託した「里子六人の母親のうち、四人が施設出身者」（Gさん）だった。あるいは、「（子どもの）実母は児相で世話になっているときに子どもができた」（Jさん）などの語りから、社会的養護の下で育った子どもが、親になって要保護児童を生み出すという連鎖があることも語られている。

また、実母の養育に関する状況として、「実母は子どもを置いて失踪」（Aさん）したことや、「実母は子どもを施設に預けたがほとんど面会に行かない」（Jさん）ことが語られた。「実母は育てるつもりはないが養子に出す気もない」（Gさん）ことを問題視している。

このように、実親が養子縁組を拒むだけではなく、里親に預けたがらないのは、次のような理由があった。児童養護施設職員Pさんは、「入所証明が欲しい」と実親に要求され、理由を尋ねると、「子ども手当をもらうために必要だから」と実親から言われたことを語った。当時、子ども手当は、実親が養育に少しでも関わっていると判断された場合、実親に支給されていたからである。また、Pさんは、実親に里親委託の話をすると、「自分以外に親がいるのが嫌だという実親」がいたことや、「先生、○○、私の面倒見てくれるかな」と尋ねられたことがあったことを語った。つまり、入所児童が高校二年や三年になると行方不明になっていた実親が、施設で暮らす児童に会いに来るようになり、高校卒業後は一緒に暮らそうと子どもに提案していたことをPさんは語っている。

以上のような事情から、実親は子どもを里親委託することに抵抗感を抱く場合もある。実親が里親委託を拒むのは、子どもを里親に取られるといった誤解があるからと言われてきたが、Pさんの語りからは、実親の思いが詳細に浮かび上がってきた。

ところで、〈実親の虐待〉については、五名の養育里親が語っており、「解離のある子どもの実父母は虐待を認めない」（Gさん）、「叩いたり、たばこの火を押しつけた」（Cさん）など、さまざまな虐待を受けた子どもがいる。このような虐待をした親との直接的な関わりは里親からはほとんど語られなかった。被虐待児を受託したGさんは以下のように語っている。

> お父さんもお母さんも全く虐待を認めないので、「自分たちは何もしていない。子どもが勝手に転んだり、勝手に階段から落ちた。」という表現をしておられるんですね。（Gさん）

虐待をしたことを認め、反省している実親の場合は、子どもと和解し、実家庭への復帰も可能であろうが、虐待を認めない親の場合、再び虐待が起こる可能性は高いと考えられる。里親への委託中から、再び虐待を行わないための実親への教育やカウンセリングなどが必要である。

第四節　児童相談所への認識と要望

コアカテゴリ【D：児童相談所への認識と要望】は、《D－a：児童相談所からの支援》、《D－b：児童相談所への不信感》、《D－c：児童相談所への要望》、という三つのサブカテゴリによって構成している。ここには里親は里子の委託前から委託中にかけて、児童相談所と何らかの関係性をもち、その中で、児童相談所に対してさまざまな認識をもっていることをまとめた。

1　児童相談所からの支援（D－a）

里親や養親は《D－a：児童相談所からの支援》を受けていることに対して、感謝の気持ちを語っている。〈相談援助の内容〉として、里親Dさんは「児相の心理の先生から子どもがプレイセラピーを受けた」ことや、里親として「今後の養育方法へのアドバイスを受けた」、「具体的な対応方法を相談できた」など、援助を受けている。また、試験養育中の養子縁組里親は、「児相の担当者と月一回面会し、報告している」（Jさん）。養子縁組に際して、「児相の福祉司が子どもの実父を説得」（Lさん）したことにより、実父が養子縁組を了解してくれたり、「特別養子縁組後はその養子よりも年下の子どもを受託した方が良い」（Jさん）などの助言を受けたりしている。

児童相談所職員Nさんは委託後の支援の内容を次のように語っている。

委託後はもちろん定期的に家庭訪問はします。例えばおうちに行ってからもちょっと大変そうかなと、フォローが必要そうかなというようなお子さんに関しては、月に一回訪問させていただいたりだとか、定期的な訪問を決めてさせていただいたりはもちろんしてますし、必要があれば心理司にお願いして来ていただいて、子どもさんと里親さんと分かれて話を聞いたりだとか、そういったこともちろんやります。（Nさん）

（インタビューは二〇一〇年に実施したものであり、現在は「大変な子ども」だけでなく、里親委託ガイドラインをもとに委託直後は月に二回訪問しているなど、児童相談所の対応の現状も変わってきている。）

2　児童相談所への不信感（D―b）

里親や養親は《D―b：児童相談所への不信感》を抱く場合がある。その不信感の原因は、児童相談所職員の対応への疑問、養育に関する認識の相違、相談体制の不足などから生まれている。

児童相談所に対して、一部の里親は〈養育に関する認識の相違・摩擦〉を感じている。里親Fさんは「児相の対応には不満以外何もない」、「児相への思いは言い出したらきりがない」など、児童相談所への不満をつのらせている。また、Dさんからは、「子どもへの児相の評価と現実とのギャップがストレスになった」ことが語られている。児童相談所の対応について、里親Kmさんは「自分たちの立場ばかり守っている」とか、「児相は気に入らないとすぐ子どもを引き上げる」と不信感を示している。

また、〈委託児童に関する情報不足〉の一つとして、子どもの情報が十分に提供されないままに委託されるケースもある。たとえば、専門里親ではないにもかかわらず、初めての委託児に発達障害と愛着障害があったことについて、里親Eさんは以下のように語っている。

小学校○年生の子です。その時は情報も何も与えられなくて、後出しっていうことでぽつぽつと、問題が生じてからありましたね。里親としての経験もないので、ほんとにそれは困りました。途中から預かる、しかも発達障害もあり、愛着障害もあり、暴言、暴力はずっとひろがり。どう対応していいのかもわからないまま、（里親の）○○さんとか、今FHやっている○○さんとかに聞いたり、アドバイスを受けたり。私には医療の助けが必要だっていうことも気づかせてもらったりして、（病院に）すぐ予約入れてもらって。典型的な愛着障害にプラス注意欠陥多動性障害プラスなんとかかんとかって。療育手帳もらうほどの低いＩＱですねって。（Eさん）

里親Eさんは「問題が生じた後で（児相から）情報が知らされた」（Eさん）ため、養育にとまどい、他の里親や医療機関へ助けを求めているが、児童相談所からの支援については特になかったのか、語っていない。また、養育里親に委託された里子に解離症状が出たケースでは、児童相談所は「こんなふうだとは思わなかった。申し訳なかった」（Gさん）と謝罪したという。このように、「児相は子どもや里親のことをよくわかって委託しているわけではない」（Dさん）と思っている里親もいる。「過去の保護歴がわからないことがあり」（Gさん）、「あとで調べてみたら、実は前にも脳挫傷を起こしていた」（Gさん）という状況があったり、「委託時の話と実際の子どもの様子が全く違う」（Eさん）ことがあったりするなど、里親に委託する前に、子どもの状況の把握が児童相談所で充分にできていないケースがある。

さらに、児童相談所の〈相談体制の不足〉についても語られている。「児相の職員が忙しいので日常の連絡が遠くなった」（I）、「担当者が変わっても里親と面談しない」（Dさん）、「児相からはレスポンスがあるわけではない」（Bmさん）など、児童相談所からの連絡や面談が滞っている様子が語られた。こうした状況から、児童相談所に対して、「支援を期待しなかった」（Kmさん）、「相談体制がなくなってきている」（Kfさん）、「職務を全うしてもらいたい」（Kmさん）という厳しい意見もある。これらの児童相談所の問題の背後には児童相談所の抱える業務過多という問題も影響している。児童相談所職員Nさんは次のように語っている。

（職員）一人で六〇ケースを持つので、かなり限界があると思います。その他、例えば業務の他、電話がかかってくればとる、相談受けますよね。で、普及啓発事業もしなければいけない、担当者会議もある、全てを全部きちんとこなそうと思ったら相当力量のある方でないとやはりできないと思います。皆さんやはり苦労されながらやられているんじゃないかなぁと思います。（Nさん）

児童相談所の職員の仕事量の限界については、現場サイドからしばしば聞かれる。こうした状況が改善されなければ子どもの福祉は守れない。児童福祉司の増員とともに、質的向上のための政策的対応が講じられなければならない。インタビューの後、二〇一六年児童福祉改正法において、スーパーバイザー研修、社会福祉主事の児童福祉司任用前研修、及び児童福祉司の任用後研修が義務付けられた。

児童相談所への不信感は〈職員の対応や姿勢への不満〉にも及んでいる。里親Fさんは、「児相で里親を拡大する余力はない」と、児童相談所の多忙さを理解しているものの、委託解除後に、「子どもの生活基盤ができていない実親のところに返す児相の対応はおかしい」、「児相は里親委託解除後に帰る住所を知らなかった」など児童相談所の対応に疑問を示している。また、養親Ｈｍさんは、前述したように、実母と裁判で争った経験があるが、児童相談所から「実母に養子縁組についてきちんと説明されていなかった」と語っている。

また、児童相談所の姿勢として、里親Ｆさんは「職員には勇気を持ってあと半歩踏み込んでもらいたい」が、「結局は事務屋」、「熱意がある職員はだんだん熱意がなくなる」といった厳しい指摘もある。「担当の人が二年とかで替わってしまうことが多い」（Ｇさん）という状況から「行政は腰を据えて適材適所でやって欲しい」（Ｃさん）という要望が語られた。以上のように、児童相談所については、職員の人事の問題、専門性や姿勢の問題、量的不足の問題などが里親から指摘されている。

3　児童相談所への要望（Ｄ－ｃ）

里親はいくつかの《Ｄ－ｃ：児童相談所への要望》を持っているが、これらを整理すると、里親の養育能力を評価し、認識して欲しいこと、里親委託を施設に優先する運用をして欲しいこと、里親養育への支援、行政区域を超えた養子縁組のニーズを集約した情報を求めていることなどである。

一部の里親は、児童相談所の職員との関係の中で、〈里親養育への信頼〉を得ることを求めている。つまり、里親として子どもの養育を適切に行なっていることを認めてもらいたいという思いである。たとえば、里親Ｇさんは「里親養育の成功事例が増えることで児相に理解してもらえると思う」が、「被虐待児は里親には無理と児相が思っていることがわかった」と残念に感じている。里親Eさんも「児相に里親を信頼してほしい」という気持ちを抱いている。

また、専門里親Gさんは児童相談所に対して、〈里親委託の優先〉を願っている。具体的には「施設や一時保護所が一杯だからではなく、子どもに適しているということで里親委託してほしい」、「里親を最後ではなく最初の受け皿にしてほしい」という思いをもっている。さらに、Gさんは、「被虐待児は施設でなければ無理という児相の感覚を変えてほしい」と語っている。Gさんの発言には専門里親として、適切な養育ができているという自負が感じられる。

養親Lさんは「実親が自分で育てるというなら納得できる」が、「養子に出さず施設に入れっぱなしにするなら里親に出してほしい」と語っている。一部の実親が里親委託を拒むことによって、子どもが施設に入所するという現状に対して、「施設がどれだけ空いていればいいという問題ではない」（Gさん）という里親の憤りと、「県は里親拡大を真剣に考えていない」（Fさん）、「施設に預けておけば自分には関わりがないというのが児相の考えだ」（Cさん）という児童相談所の里親制度運用の姿勢への批判がある。このように里親には委託を拡充する必要性への強い思いがあるが、児童相談所職員Nさんは以下のように語っている。

例えばサロンに来ていただいた時に、「どうですか?」って聞かせていただいたり、あとは里親会さんの集まりなどでお会いした時には「どうですか?」って状況を聞いたりして状況を把握しながら実際にお子さんの話しがあった時に、ちょっと検討していくっていうようなかたちですかね。実際お願いするかどうかは、緊急度によったりもしますし、お子さんの状態にもよりますし、なおかつ里親さんの状況にもよるっていうことで、

　なかなか難しくて、どこにも行き場所がなくなってしまう時もあります。（Ｎさん）

児童相談所は委託対象の子どもが発生した場合に備えて、里親会の集まりなどの際に、個々の里親へ委託できる状況であるかどうかを聞くなど、里親の状況把握をしている。Ｎさんの「行き場のない」という言葉の背後には、委託できる里親がいないという問題が指摘される。

　児童相談所に対する〈里親養育支援〉として、「被虐待児にしっかり対応できる里親を育てる責任がある」（Ｅさん）とか、「里親をサポートして育ててほしい」（Ｇさん）など、里親自身を育てることを望んでいる。さらに、「里子の就職について情報提供すべき」（Ｂｍさん）、「実親に対する再教育をすべき」（Ｆさん）など、里親・里子・実親に対する教育面での援助の必要性が語られた。

　一方、養子縁組里親からは〈情報ネットワークの拡大〉という要望があった。その理由は、二人目の「養子縁組を待っていてもなかなかこない」（Ｈｍさん）という状況があるからである。養子縁組の場合、養子候補となる子どもの数は少ないのが現実であり、「需要と供給のバランスが全然あっていない」（Ｈｍさん）と養子縁組里親は認識している。そこで、養子縁組里親から「自治体をまたいで登録してもいいのではないか」（Ｈｆさん）という発言があった。他の都道府県への委託や他の都道府県からの受託を認めて欲しいという提案である。実際には、「他の自治体や民間団体を通して養子縁組している人もいる」（Ｈｍさん）、「子育て広場の参加者の中に、民間団体に養子縁組を申請している人もいた」（Ｉさん）ように、養子縁組希望者は、居住している自治体を超えた斡旋や民間団体の斡旋[3]という方法でも広く養子を求めている。

第五節　施設養育の認識と施設との関わり

コアカテゴリ【E：施設養育の認識と施設との関わり】は、《E–a：施設との良好な関係づくりへの認識》、《E–b：施設の問題点の指摘》、という二つのサブカテゴリから構成した。里親への里子の委託経路として、施設から里親へ変更される子どももいる。実際に、里親が委託前に施設に通ったり、委託後も子どもが入所していた施設と関わりを持ったりするケースもある。そこで、里親は施設に対して、さまざまな認識をもっていることをまとめた。

1　施設との良好な関係づくりへの認識（E–a）

里親と養親の中には《E–a：施設との良好な関係づくりへの認識》をもち、実際に〈施設との交流がある〉里親や、〈施設との連携の必要性〉を感じている里親もいる。

Gさんは「開放的な施設職員と良好な関係」をもっていると感じている。Eさんは施設に入所していた子どもを受託後でも、子どものことを相談するなど、「施設との行き来は心の支えにもなる」、「風通しのいい施設なので、今でも交流はある」と語っている。また、施設入所児を養子として迎えた養親Jさんは、「施設職員もいろいろ気づかってくれている」ことを感じている。さらに、Jさんは施設に対して、「子どもの生きてきたベースは施設」「子どもが生まれたときのことを子どもに教えてくれるのは施設の人しかいない」との思いから「施設にも相談したいことがたくさんある」と、施設との交流を続けていきたいと思っている。

さらに、Fさんは「昨年できた施設を見学して意見交換の場をもうけてもらった」と、積極的に施設との交流を図っている。Fさんは「施設には施設の良さっていうのがある」と認識しており、「施設には専門職がいるので親の再教育をしてほしい」という要望をもっている。さらに、「施設と里親がお互いの役割分担をしたら、上手くパートナーシップが結べる」と、お互いの役割を尊重し、協力していく必要性を感じている。このように、里親は施設との交流の難しさを感じながらも、「施設と上手に交流したい」（Gさん）と思っている。それは、子どもを適切に養育するために、相互の連携が必要であることを認識しているからである。

2　施設の問題点の指摘（E–b）

施設と良好な関係をつくっている里親や養親がいる一方で、さまざまな《E–b：施設の問題点の指摘》をする里親もいる。

〈施設組織に固有の問題〉として、里親Aさんは施設に関して、「施設経営のために、いらない子を全部出しちゃうわけにはいかない」と認識している。また、「施設の職員は職員であり親ではない」（Aさん）、「三〇人、四〇人の家庭はない」（Fさん）というように施設と里親家庭は根本的に違うと主張している。

〈集団養育の問題〉として、「施設ではいじめの連鎖があり、職員も知っている」（Aさん）、「（里子は）施設内でいじめられていた」（Kさん）と、子ども同士のいじめの問題と職員がそれを防止できていない施設があることを問題と感じている。「施設で基本的な生活習慣が身についていない」（Gさん／Eさん）という語りもあった。たとえば、Cさんから、「施設から来た子はポットからお湯を出すことを知らなかった」と、基本的な生活能力を身につけることなく育っているケースへの指摘もあった。里親Gさんは、「施設では（子どもは）自分の意思が通る経験をほとんどしていない」と感じており、「施設から来た子の口癖は、どうせ私なんて、僕なんて、死ねばいいんだろ」であると語った。「施設では自尊心が育たない」とGさんは感じている。しかし、こうした子どもの言動は、施設での養育の影響であるのか、それ以前の家庭環境や生育歴が関与しているのかは不明である。里親Gさんは施設から措置変更で受託した子どもは、「施設入所中の解離症状が見過ごされていた」ことから、「施設の被虐待児が改善して社会適応できているのか」と施設養護に疑問を感じている。

また、〈里親と施設との関わりの問題〉についても語られた。里親と施設との関わりとして、里親が施設の子どもたちと交流するボランティア活動がある。しかし、施設の中には、「ボランティアを入れず、子どもを里親にも出さない」（Gさん）といった閉鎖的な施設もあることを指摘している。また、施設と里親の関わりを継続できず、「里親会で（施設の）ボランティアに行っていたが自然消滅した」（Fさん）という例も語られた。施設入所児童が措置変更で里親家庭に委託される場合があるが、里親が受託後に、「施設から子どもが来ても施設から電話一本来ない」（Aさん）というように、子どもをめぐって施設と里親の連携はとれていないケースもある。里親Aさんは「施設の方が関わりを持ちたくない態度だった」と感じている。同じように施設が里親をどのように見ているかという点について、里親Fさんは施設と交流しようと努力しているが、「（施設は）里親をちょっと小バカにしたようなところがある」、「施設が里親を上から目線で見ている」と感じ、里親は施設と「パートナーシップを結べない」と語っている。里親Cさんは、ある施設職員が自分たちは福祉大学を出ているが、里親は「資格もないのに里親やるなんて論外だ」と言われたことがあると語った。こうした施設職員の言葉は、里親の役割を認めるどころか、里親の存在を否定するものであり、施設と里親がパートナーシップを結ぶ道程はまだ遠く、その困難さが浮き彫りになった。

第六節　里親会の現状と再構築の必要性

コアカテゴリ【F：里親会の現状と再構築の必要性】は《F－a：全国里親会への問題意識》、《F－b：地域里親会への問題意識》、《F－c：養育里親と養子縁組里親・養親との気持ちの隔たり》の三つのサブカテゴリから構成した。ここには当事者組織に関する認識をまとめた。

1　全国里親会への問題意識（F－a）

《F－a：全国里親会への問題意識》として、里親は〈全国里親会の存在意義〉に対して、疑問を感じている語りがあった。里親はこれまでの全国里親会を振り返り、「全国里親会で何かが実現できる実感がなかった」（Bmさん）、「全国里親大会を開くことが国や政治にどんな影響力をもつのか大変疑問を感じた」（Cさん）など、その存在意義に疑問をもっている。また、毎年一回開催されている全国大会について、「全国里親大会は大臣が来て喋って表彰するだけのセレモニーだから毎年する必要はない」（Aさん）、「全国里親大会は自慢話が多いから学ぶことはない」（Kmさん）など、そのあり方について異論をもっている。Kmさんは、以下のように語っている。

（全国里親大会に）行くとね。立派な人たちがいっぱいおるんですよ。施設の園長さんだとか、代議士だとか、それから大学の先生とかね、そういう人たちの中におるもんだから、みんな自慢話が多いよね。「私はこんなことやった。こんなにやってます。」ってね。「ほんと？　困ったことないの？」って追求すると話逸れていっちゃうんだけど、絶対に困ったこととかそういうこと言わないんですね。それじゃあ、やっぱり我々の行く所じゃないねって。立派な人で成功者ばかりだったら、別に学ぶものないもんね。（Ｋｍさん）

このように、「全国里親会に行くのは会長クラスの人だけ」（Ｂｍさん）である実態もあり、心理的にも里親と「全国里親会とはまだ距離が遠い」（Ｆさん）という思いをもっている。また、「全国里親会は規約も古く、昭和三〇年代の臭いがぷんぷんする」（Ｈｍさん）という体質の古さも感じている。しかしながら、近年は「全国里親会がパワーを使って処遇改善をやってくれている」（Ｆさん）と、〈全国里親会への期待〉を寄せている里親もいる。今後、「自動車学校のお金やなんかも、国に陳情するために全国里親会に行く意義はあると思う」（Ｋｍさん）として全国里親会を運動団体として捉え、意義を見いだしている。

2　地域里親会への問題意識（Ｆ-ｂ）

《Ｆ-ｂ：地域里親会への問題意識》として、〈現状と問題点〉と〈将来像と改善点〉といった里親会が必ずしも会員のニーズに応えられていない側面が、養親と養育里親それぞれの語りから浮かび上がってきた。

〈現状と問題点〉としては、一八歳を迎えるまで子どもを養育し、委託期間を過ぎた養育里親Ｂｍさんは、「地域里親会にとどまる意味がない」と感じ、次のように語っている。

子どもを引き取る時には児童相談所も手厚く手を差し伸べるんですけれども、その子がもう委託期間を終える頃になりますと、本当に制度上の援助しかないという感じを受けたんですね。ですから、里親会のようなサポートグループでも、子育て真っ最中のような新しい里親さんたちに対しては関心がありますけれども、出口のようなものですよね。その社会人になるところ、これがやはり手薄じゃないかと。そして、行政機関のその対応も手薄であると。行政機関が手薄だっていうことは社会全体が手薄であるというふうに思うんですね。私たちは里親会に留まっている意味というのか、私たちのその子どものために留まっている意味っていうのを感じなくなりまして。そこで扱わないような問題が次々発生したもんですから。（Ｂｍさん）

つまり、里子の就職など一八歳の委託解除直前からの自立の問題や、後の元里子と里親の関係に対する支援を里親会として行っていないことから、子どものために留まる意味がないと感じている。里親委託解除前後の自立の問題について里親会としても取り組んでいく必要性が浮かび上がってきた。また、別の養育里親からは、現在の里親会は「養子縁組希望者が会員の半数以上」（Ｆさん）を占めていることから、「里親会の研修が養子縁組にウェイトがおかれてしまう」（Ｅさん）と語られた。里親会の会員には養育里親と養親（養子縁組里親）と更に里子や養子を待っている未委託の里親が混在している。これらの里親のニーズに応えるために、どのような里親会であるべきなのかが問われている。

〈将来像と改善点〉については以下のように語られた。前述したように、一八歳を迎え委託期間が過ぎても元里子と交流を持ち続けている里親にとって、現在の里親会は残る意味はないと捉えられている。そこで、養親のＫｍ

さんは「一八歳以降の問題を解決するグループを作りたい」という思いに駆られている。また、養子縁組した人たちが里親会から離れていく状況から、Ｋｍさんは「養子縁組した人も会員であり続ける里親会にしたい」という思いもある。さらに、「国に頼まないといけないことが一杯ある」というように、里親会という当事者団体として国に陳情していくことの必要性や、里親会に対してこれから「変わらないといけない」（Ｈｍさん）と認識している。Ｈｍさんは変わるべき里親会の姿の一つを以下のように語っている。

養子縁組をされた方たちも続けてこれるような、そういう……、そうやって育てて、最初のうちは可愛いですけど、問題が次々起こりますよね。結局、普通の方とやっぱり違った問題も起きてくる。子どもにとっては心の悩みが出てくる。そういうことがまた話し合えるような、そういうね。そうやって「続けてるほうがお互いに話し合いができるんだよ。」っていう、そういうことがわかってもらえるような里親会にしたいと思っているんですね。（Ｈｍさん）

3　養育里親と養子縁組里親・養親との気持ちの隔たり（Ｆ－ｃ）

養育里親と養子縁組里親・養親は同じ地域里親会会員であっても《Ｆ－ｃ：養育里親と養子縁組里親・養親との気持ちの隔たり》があることが語られた。

〈養子縁組里親の里親会入会の思い〉として、すでに養子縁組しているＨｍさんは「地域里親会は養育里親の集うところだと思って入会もしていなかった」と語ったが、現在は養子縁組里親として里親会に入会している。養親

Ｋｍさんも、養子縁組した当時を振り返り、「里親会は養育里親が多く、養子縁組しても里親会にいることは珍しかった」と以下のように語っている。

立派なおじいちゃんたちが里親会の役員で、養育里親をやってる人達が多かったので。養子縁組すると、みなさん来なくなる……、会に来なくなっちゃうので、連絡がとれなくなっちゃうんですね。だから、そういう横の繋がりが全然できなかった。私たちは珍しいほうじゃないですかね。ずーっと養子縁組でも、子どもたちが成長しても、そのまま里親会にいるっていうことは。（Ｋｍさん）

また、養子縁組里親のＩさんは「里親会は敷居が高い」と、次のように語った。

やっぱりちょっと敷居が高いなっていうのはあるんですよね。敷居が高いっていうか、ある程度、かなりのベテランさんが中心で、何十年とかやってらっしゃる方が。なんで、私たちみたいにちょっと最近まで未委託だった人間には、雲の上の話みたいなのが多いっていうのかね。だからもうちょっとこう……。（中略）でも、○○さん（会長）の代になったら、随分変わるようにするとは言っていたし、変わってきているような気がしますので。（Ｉさん）

このように、養子縁組のための委託をされたばかりの養子縁組里親からは、長年にわたって養育里親をしている里親の話は「雲の上の話」（Ｉさん）として捉えられている。里親会活動では、会員相互のこうしたギャップをどのように埋めていけるかということが課題である。

さらに、専門里親Fさんは里親会では、「養育里親と養子縁組里親は一緒に活動している」が、「養育里親と養子縁組里親がぎくしゃくしている」と指摘している。このような関係性の背景には、以下の一部の養育里親からの養子縁組里親・養親へのやや否定的とも取れる思いが、〈里親委託と養子縁組との対比〉から語られた。Eさんは「特別養子縁組希望者は育児経験がなく、子どもを選ぶ」、それに対して「養育里親は子どもに障害があっても受け入れる」と語っている。Aさんの「養子縁組は子どもに障害があることがわかっても育てる思いでやらないとね」という語りもあった。こうした養子縁組里親に対する思いは、どんな子どもでも受け入れると覚悟して実践してきた養育里親であるが故のものであろう。しかしながら、養育期間に期限があり、被虐待児や発達障害を持つ子どもなども預かる養育里親と法的に自分の子どもとして育て、生涯をかけて家族の形成に重点を置いた養子縁組里親との認識は必ずしも同じではない。

さらに、〈特別養子縁組を開示したがらない〉養親がいることに関して批判的に見ている養育里親もいる。Eさんは、「真実告知で悩む人と、お墓まで口を開かない人もいる」、「特別養子縁組した人たちは世間に対して公にしたくない」と思っている人が多く、「ほとんど児童相談所に顔を出さなくなる」と、自分のまわりの状況を語っている。そうした実態について、里親会に入会して交流活動を続けている養親は、「里親会に入っていない養親は、藪の中に入ってしまう」（Hmさん）と音信不通になった養親と養子を心配している。養子を自立させた養親Kmさんは、養子縁組したことを世間に対して「秘密にすることは良くない」と考えており、里親会を離れてしまった養親に対して、「（子どもが）思春期になって困ることがわかってない」という危惧をもっている。

第七節　地域社会との関わり

コアカテゴリ【G：地域社会との関わり】は、《G‐a：里親制度への無知、誤解》、《G‐b：養子縁組への偏見》という二つのサブカテゴリから構成した。ここには里親と地域の住民との関わりや、住民の考え方とそれに対する里親の気持ちをまとめた。

1　里親制度への無知、誤解（G‐a）

養育里親は社会の《G‐a：里親制度への無知、誤解》を感じている。里親は社会における〈里親に対する認知度が低い〉（Eさん／Cさん／Fさん）ことを感じている。それは、「今まで社会の中で隠密の存在だった」というBmさんの発言からも伝わってきた。Eさんは、「自分の子どもが欲しくて里親をしているのではない」が、社会からは「子どもが欲しい人が里親だ」と、養子縁組と混同され、誤解されていると感じている。「養育里親をしていると、なんで養子縁組しないのという人もいる」が、「養育里親でもしっかり子どもを抱え込んでやっているとわかってほしい」とEさんは社会からの理解を求めている。

2　養子縁組への偏見（G–b）

《G–b：養子縁組への偏見》について、養子縁組里親のJさんは幼児を養子縁組することについて、〈社会からの目を恐れる気持ち〉があり、「子どものことは、近所には何も言っていない」と語っている。乳児を養子として迎えた養子縁組里親のIさんは、養子縁組することを「知らない人にはそのまま親子でいいとは思うんですけれども」と言いながらも、「近所の人には赤ちゃんを預かった」と話している。Iさんは「子どもが成長したら公園の輪の中に入らないといけないのかな」と、将来のことを心配し、「悪いことはしてないのに何でこんなに余計なこと考えなくてはいけないのだろう」とやるせない思いを抱いている。養親Hmさんは、自分たちから養子縁組であることを「言わなければ『養子縁組？』と聞かれることはない」。だから、Hfさんは「別にあえてこちらから言う必要はない」と考えている。ただ、Hfさんは「産んでいないことで一歩引いてしまう」と語った。保育園の母親同士の会話が出産の話題になると、ついていけないと感じている。Iさんは、「日本は血縁関係を重んじるところ」であると認識している。Jさんは「血縁について思いながら生活していない」と言いながらも、養子縁組することを「友人に話したら賛否両論だった」と語り、Jさんは「特別視してほしくない」と言っている。IさんもJさんも社会からの目を恐れる気持ちをもっている。

一方、〈社会への積極的開示〉で積極的に養子縁組を開示する養親もいる。養親Lさんは地域の行事に出かけていき、「お酒にその子の名前を書いて、『今度から家族になりました』」と話すなど、「最初から養子であることを近所に知らせている」。Lさんは養育里親もしているが、里子であっても「長期委託の子どもは、地域の集まりに菓子折りを持って知らせる」など、地域社会への養子と里子の開示を行っている。

第八節　制度・政策への問題意識

コアカテゴリ【Ｈ：制度・政策への問題意識】は、《Ｈ－ａ：社会的養護への問題意識》、《Ｈ－ｂ：里親制度への問題意識》、《Ｈ－ｃ：ファミリーホーム（ＦＨ）のあり方》という三つのサブカテゴリから構成している。ここには制度や政策への問題意識をまとめた。

1　社会的養護への問題意識（Ｈ－ａ）

《Ｈ－ａ：社会的養護への問題意識》は、〈措置解除前後の問題と自立支援の必要性〉、〈社会的養護施策のあり方〉、〈里親養育の優先性〉という三つの概念カテゴリから構成しており、これは第二節で述べた概念カテゴリ《Ｂ－ｂ：社会的な養育への認識》とは異なり、社会的養護の制度・政策への問題意識に関するものである。

〈措置解除前後の問題と自立支援の必要性〉として、Ｆさんはその支援体制への疑問から、「自立の時の児相からの支援は就職支援金のみ」であり、しかもその「就職支援金は正職員でないと出ない」と制度の不十分さを訴えている。また、里親Ｂｍさんは措置解除後の問題について以下のように言及している。

就職するともう里子でなくなってしまいますしね。ですから、やはり柔軟な対応っていうのか、そういうのがあれば、それにこしたことはないと思いますけれども、一人の子どもしか知らないわけですけれども、ハンディキャップが大きいですよね。同じスタートラインに立っている子どもじゃないと思うんです。だから余計にいろんな形でのサポートは必要かというように思うんですね。それは、今は里親の持ち出しですよね。

（Ｂｍさん）

Ｂｍさんは「就職するときの保証人は措置解除直前でも里親がなる」のであるが、その後の法的責任の問題や、「就職後の里子にサポートが必要」であるなど、措置解除後の自立に向けた支援の継続が制度的には保障されず、里親の善意に頼っている問題を指摘している。

〈社会的養護施策のあり方〉に関して、Ｆさんは子どもを里親の下で養育中に「実親の再教育がされないと子どもを返すところがない」と指摘している。Ｆさんは「児童福祉法で個人の……国民の義務、地方公共団体の責任をうたっている」のであるから国や地方公共団体は要保護児童の養育に責任を持つことが必要であると考えている。Ｅさんも、「子どもにしっかりお金をかける」ことや「子どものための学習プログラムが必要」と指摘している。また、Ｌさんからは「実親に戻った子どもの追跡調査をして欲しい」という要望もあった。

また、現在の社会的養護が施設措置に偏重しているなかで、〈里親養育の優先性〉を図っていく必要性について、里親Ｆさんは、「子どもは家庭で育てられなければならないことが児童憲章でうたってある」と語っている。にもかかわらず、Ｆさんは「三〇年近く施設ができなかったのに、二～三年で三つもできた」自治体があることへ不信感を示している。養親Ｈｍさんは「施設を小規模化はできても廃止することはできない」といった現状への問題意識を持つと同時に、「施設の役割を変えたほうがいい」との考えも示している。

2　里親制度への問題意識（H–b）

《H–b：里親制度への問題意識》は〈専門里親の対象と機能の問題〉、〈里親制度が進んでいかない理由〉、〈養育里親と養子縁組里親との区別〉、〈里親手当〉、〈里親研修〉という五つの概念カテゴリから構成しており、制度の不備の問題を里親はさまざまな観点から感じている。

〈専門里親の対象と機能の問題〉として、被虐待児は解離性障害など重度の精神障害を抱えているケースがある。そうした被虐待児を受託している養育里親のEさんは、「専門里親で回復のケアまでできる人は少ない」、「子どもを回復させられる専門里親が増えていかないといけない」と指摘している。専門里親のDさんは「委託した被虐待児は軽度だとは思えなかった」という実体験から、「被虐待児を二年でケアしていくことは難しい」と語った。これは、専門里親への被虐待児の委託期間が延長は可能だが、原則二年間と定められ、運用されていることに対しての疑問である。里子の虐待による心の傷を短期間で回復させられるかという疑問を示している。

こうした状況の他にも、Dさんは全国規模の専門里親認定研修に出席していた時と比べて、各都道府県・政令指定都市主催の継続研修では「専門里親の情報が入ってこない」ことや、専門里親創設から一〇年が経過し、現在は「専門里親は頭打ちになっている」などの問題点を語った。専門里親の今後のあり方について、Dさんは「専門里親の機能を細分化することも必要」と考えている。また、養育里親としての経験年数が要件を満たしていないため、「被虐待児を養育しているのに専門里親研修を受ける資格がまだない」というEさんのような養育里親もおり、専門里親以外にも被虐待児が委託されているという制度と実態のずれも明らかになった。

〈里親制度が進んでいかない理由〉について、Fさんは「実親との関わりの大変さから里親が増えない」ことや、「要保護児童の情報を開示しなければ里親をしようとする人は生まれない」という認識をもっている。養親Hmさんは、「虐待の場合、血縁重視に見切りを付けないといけない」と、子どもを守るために積極的に親権を停止し、養子縁組を進める必要性を感じている。また、現在の社会的養護体制に関して、Fさんは「厚労省は言っていることとやっていることとが全然違う」といった批判と共に、「里親拡大の施策は市町村に下ろした方がいい」と持論を述べている。

〈養育里親と養子縁組里親との区別〉がされたことについて、養親Hmさんは「養育里親と養子縁組里親は実親の受け入れ方も違うから分けるのはいいこと」と思っている。しかし、Hfさんは「里親と同じくらい養子縁組にも力を入れてくれれば分けて当然」だが、「養育里親と養子縁組里親と国の力の入れ方が違うことに不満」であると語っている。

〈里親手当〉については、二〇〇八年度に里親手当が倍額に引き上げられる前に里子を私立の高校に通わせたBmさんは「養育費では私立の高校には行けない」と、当時の里親手当だけでは私立の高校への諸費用を工面するのは困難で、里親からの持ち出しがあったことを暗に語っている。また、被虐待児を養育しているEさんは、委託後にその子どもを入院させており、そのため「個室など医療負担も大きく赤字である」と語った。専門里親の手当引き上げについては、養育里親も専門里親も「専門里親の手当引き上げは良かった」（Cさん／Dさん）と評価している。一方、養子縁組里親に二〇〇八年度から里親手当が支払われなくなったことについて、専門里親Dさんは「里親手当を支給されることで縁組の手続きを渋る」里親がいることを聞いたことがあり、「養子縁組里親には手当は不要」と考えていたが、「養子縁組成立までは社会的養護である」ことは間違いないので、「里親手当は不要とは言い切れない」とも語った。しかし、今回インタビューした養子縁組里親からは、特に里親手当が必要という声は聞かれなかった。

〈里親研修〉については、Dさんは、これまで任意であった養育里親の研修が法改正によって義務づけられたことには意義を認めながらも、一方で「養子縁組里親に研修が義務づけられなかったのは見放されたという感じ」であると受け止めている。養親自身も研修については、「特別養子縁組でも研修は必ず受けるべき」（Lさん）、「同じ立場の者が共感し合えるためにも研修は必要」（Hｆさん）と認識している。養子縁組里親Jさんは「子育てしたことがなかったので知識を得たくて受けた」、「児相は研修を希望すれば、『どうぞ』っていう感じだった」など、養子縁組里親が自発的に研修を受けることを児童相談所は受け入れている。このように、養子縁組里親は研修を受けたいと思っている。児童相談所も研修を受けることが必要であると考えており、研修を受けられるようにして、制度の問題を運用面で補っていることが明らかになった。

（現在では、二〇一七年四月一日施行の児童福祉法改正において、養子縁組里親への研修義務が法定化されている。）

3　ファミリーホーム（ＦＨ）のあり方（Ｈ－ｃ）

《Ｈ－ｃ：ファミリーホーム（ＦＨ）のあり方》は、〈里親家庭とＦＨの相違点〉、〈ＦＨは家庭である〉、〈ＦＨへの抵抗感〉の三つの概念カテゴリから構成している。

まず、〈里親家庭とＦＨの相違点〉については以下のように語られている。Ｇさんは FH 管理者であるが、「事務費が出るＦＨなら習い事をさせられる」ことから、公的な経済的手当がＦＨの方が充実していると考えている。さらにGさんは、「実親は里親委託を嫌がるが、FHなら受け入れる」ことも、FHの利点と考えている。この点について、津崎（2009a）は、FHには「児相が委託先を実親に説明する場合、里親でも養親でもない資源、多くは『小さな施設』として（実親に）説明しうるメリット」があるとしている。また、Gさんは「里子が大学生になったら補助員として雇い入れられる」ので、子どもの働く場を提供できるというメリットもあると考えていた。

次に、〈FHは家庭である〉という認識については、インタビューした里親は、「FHは里親の延長線上にある」（Fさん）と捉え、〈FHは家庭である〉と考えている。実際、FH管理者のGさんは「子ども全員私たちの姓を通称として使っている」こと、「施設の子ではなく○○さんの家の子と言われる」こと、「私たちをパパ・ママと呼んでいる」ことなどを語り、里親とFHに違いはなく、「里親とFHはやることは全然変わらない」（Fさん）と認識している。

一方、別の里親からは、〈FHへの抵抗感〉も見られる。Lさんは「FHは家庭でなくなるような気がする」、「養育里親とFHの違いがよくわからないけど家庭ではなくなるなら嫌だ」というように、漠然として家庭にこだわる思いから抵抗感が生まれているようであった。また、Dさんは「FHは施設と里親をくっつけて少人数にしただけ」と、FHを施設に近いものとして捉え、「里親を職業にすると家族機能とは違ってしまう」と、FHを里親の職業化と捉えていることによる抵抗感をもっている。里親家庭のもっている家族機能が、FHとなることで失われてしまうといった漠然とした危惧もある。さらに、「FHへ移行していく里親が方向性をきちっともっているのかみえない」（Dさん）というように、FHという新しい事業の動向を客観的にみている里親もいる。前述したように、里親経験のない施設職員経験者がFHを始めた場合、〈FHは家庭である〉という認識をもつのであろうか。インタビューを実施した二〇一〇年当時は、FHは今後「大きな家族」になるのか「小さな施設」になるのか、F

Hのあるべき姿は、流動的であった。その後、第六章で詳しく述べたように、二〇一二年三月に策定された「里親及びファミリーホーム養育指針」で、FHは里親家庭が大きくなったものであり、施設が小さくなったものではないと位置付けられている。

注

1　強い葛藤や衝撃にさらされた場合に、それに関与する思考や感情を意識から遮断し、記憶、時間・空間の認識、自己同一性などが失われた状態。健忘、遁走、同一性障害、離人症などに分類される。多重人格は人格障害ではなくて解離性障害である。（金吉晴（2003）秋本美世・大島巌・柴野松次郎ほか編『現代社会福祉辞典』有斐閣）。

2　触法少年とは、「一四歳に満たないで刑罰法令に触れる行為をした少年」（少年法第三条第二項）のことである。

3　インタビューを実施した二〇一〇年当時は、こうした養子縁組斡旋事業者は、厚労省の通知による届け出制であったが、行政にも事業者にも徹底されておらず（中川　2007）、委託後も専門機関の定期的な調査が義務づけられていない（菊池　2007a）などの問題があった。その後、二〇一六年に、「民間あっせん機関による養子縁組のあっせんに係る児童の保護等に関する法律」（法律第一一〇号）が公布され、都道府県の監督・指導の下で、斡旋業務が行われている。二〇一九年現在、許可を受けた養子縁組あっせん事業は一八機関である。この他にも、同法の経過措置規定により、許可を受けていなくても事業を営むことができる事業者もある。

終　章　総合的考察と今後の課題

本書では第一章で里親研究を歴史的に概観し、里親研究の課題を検討した。第二章から第六章では戦後の里親制度をめぐる政策と社会状況との関係や政策意図に焦点をあてて分析し、里親制度の位置づけの変遷を明らかにした。さらに、今日の里親制度の課題の検討を深めることを目的として、第七章から第八章では里親等の語りから見いだされる里親養育の実態から、里親養育が直面する問題点を明らかにした。

以上を踏まえ、本章では第一節で里親制度・政策を歴史的に総括する。さらに、第二節では里親養育の実態から見えてきた里親制度の課題をまとめる。

第一節　里親制度の史的展開

本節では里親制度をめぐる政策の変遷を歴史的に総括する。序章第二節で設定した三つの分析課題、すなわち、①里親制度・政策の変容過程において政策に影響を与えた社会的要因はいかなるものであったのか、②里親制度・政策の変容過程において政策主体の意図はいかなるものであったのか、③里親制度・政策の変容過程において里親制度の盛衰の政策的問題はいかなるものであったかに対応しながら、戦後日本の里親制度を政策面から総括する。

1　里親制度に関する国の課題認識

はじめに、二つの分析課題、①里親制度・政策の変容過程において政策に影響を与えた社会的要因はいかなるものであったのか、②里親制度・政策の変容過程において政策主体の意図はいかなるものであったのかに対応し検討してきたことをまとめる。

第二章から第六章では、これらの分析の視点から里親制度の史的展開を検討した。その結果、各時期に浮上した社会問題を、政策主体が選択的に切り取ることを通して政策課題とし、政策的対応をとり、里親制度を改正したり、運用を変更したりすることを明らかにした。そこで、政策に影響を与えた各時期の社会的要因とその結果の関係について年代を追って図終-1にまとめた。

図終-1に示したように、最初に浮上した社会問題は、戦後の孤児・浮浪児の問題である。彼らの保護が国の喫緊の課題となった。GHQ／PHWの影響もあり、施設だけではなく、個人家庭への委託が必要であるという認識が生み出された。さらに、その認識は児童の福祉の保障の必要性へと広がり、一九四七年に児童福祉法に里親が規定され里親制度が発足した。しかし、児童労働や児童人身売買が社会問題化すると国は法令・通知を頻発し、それらの防止に奔走したのである。

その後、戦災孤児の成長とともに、戦災孤児たちの問題が収束しはじめた一九五〇年代前半に入ると、施設養育の問題として、ホスピタリズム問題が浮上し、施設関係者の間でホスピタリズム論争が起こった。ホスピタリズム問題を国は認識し、家庭養育の重要性を指摘していた。しかし、この論争は最終的には施設養護の質的改善のみに

図終−1　政策に影響を与えた社会的要因と結果

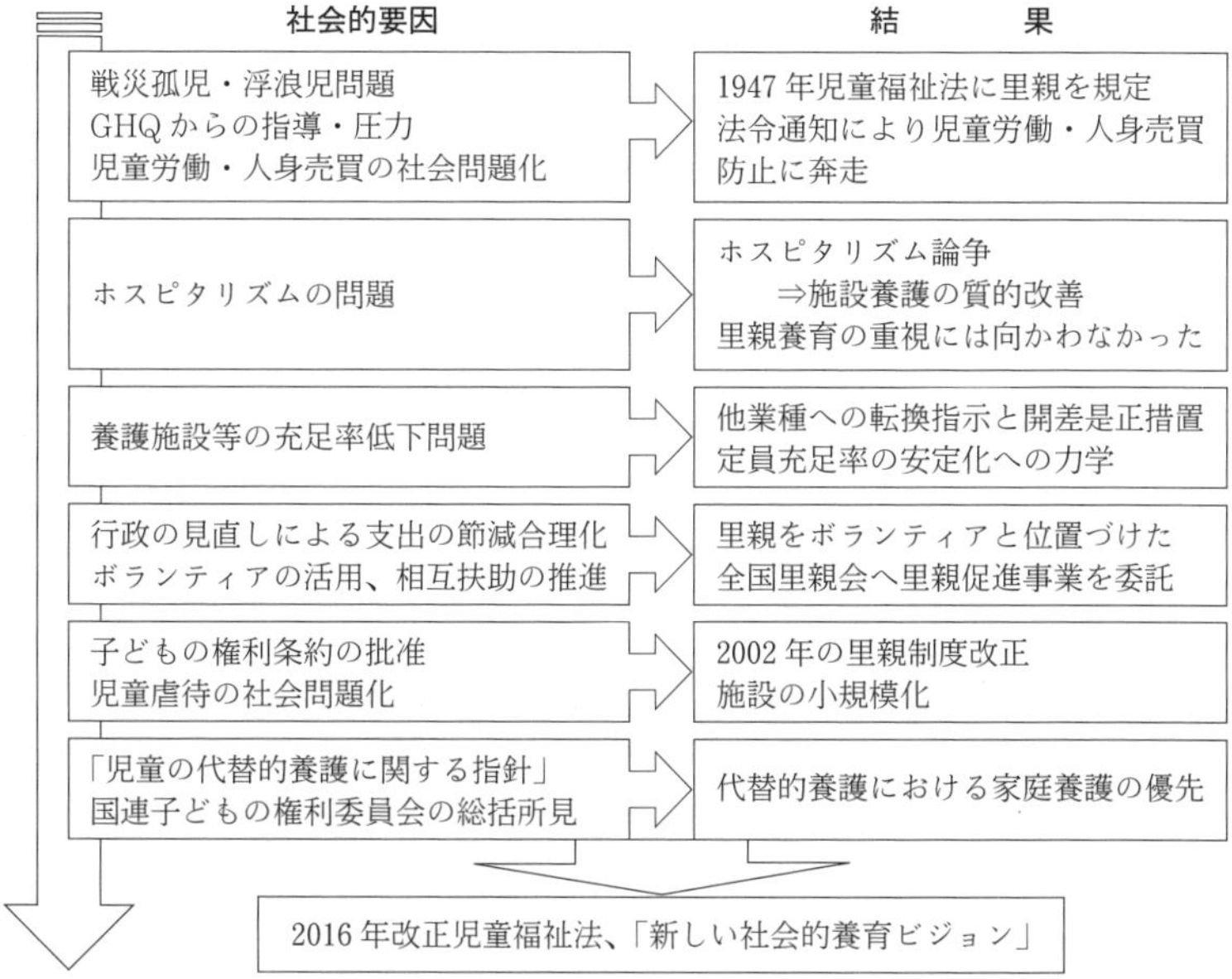

出典：筆者作成.

とどまり、欧米などのようにホスピタリズム問題を契機とした里親などの家庭養護重視へと政策転換させる牽引力とはならなかった。その背景には、当時、児童労働搾取、人身売買が社会問題となる中で、そうした状況を撲滅することが主な政策になってしまっていたことが指摘できる。

一九五〇年代後半になると、要保護児童の減少によって施設は定員割れを来たすようになったが、戦災孤児の収容のために肥大化した施設の整理ができず、充足率低下という問題を抱えるようになった。国は施設側に他業種への転換を指示したり、施設への開差是正措置を行なったりしている。それに対して施設側は反対運動を展開し、その結果、施設の定員充足率を一定以上に維持しようとする力学が働くようになったと言える。

その後、高度経済成長期が終焉を迎え、行政の見直しによる支出の節減合理化が進められた。それは社会福祉政策も例外ではなく、支出削減の方向性から、ボランティアなど民間活力の活用や相互扶助が推進され、里親をボランティアと位置づけたり、里親促進事業を全国里親会へ委託したりしたのである。

一九七〇年代から八〇年代、里親制度は国の政策としては半ば放置された状態であった。しかし、一九九〇年代半ば以降、子どもの権利条約の批准により、政策的対応の必要性が浮上した。さらに、児童虐待の社会問題化により、国は社会的養護のあり方の見直しを迫られることになった。これらが、二〇〇二年の里親制度改正へと進む大きな影響力となった。結果として、その後の里親委託児童の増加、施設の小規模化につながった。同時に、里親養育を社会的な養育と位置づけ、国は社会的養護の再構築の方向性の中で、里親制度拡充を図ろうとした。しかし、里親制度の整備は進みつつあるものの、実際の運用は児童養護施設の充足率安定の範囲内でなされており、里親制度は国が期待したようには伸びなかった。

国連は二〇〇九年、子どもの権利条約に基づいた政策と実践を目的に「児童の代替的養護に関する指針」を採択した。その影響を受け、二〇一六年改正児童福祉法では、代替養育は家庭と同様な環境で養育されることであり、国はそのために必要な措置を講じなければならない（第三条の二）とした。その後の里親制度の拡充志向への潮流は、二〇一八年の「新しい社会的養育ビジョン」へとつながり、代替的養護における家庭養護の優先という枠組みをさらに強化し、里親等委託を大きく拡充する目標が提示された。ただし、里親養育一辺倒になることへの施設関係者による問題提起も継続的になされている。

以上、政策に影響を与えた社会的要因と結果について論述した。このように、外圧や社会問題が突きつけられた場合、国はそれを政策課題として取り上げ、里親政策を推し進めている。ところが、里親制度上の問題が認識されているにもかかわらず、外圧もなく、社会問題化もしていなければ、国は政策課題として取り上げていないのである。また、臨調の国家戦略の社会福祉への波及により、公的責任の縮小を行ってきたという面もある。一方で、時には民間団体の要望などを政策に反映させることもあった。しかし、それは限定的であり、国の政策課題にそったものが切り取られていくというメカニズムのなかで行われたのである。

2　里親制度盛衰の政策的問題

序章第一節の図序―1で示したように、里親制度が創設された当初は、里親委託が増加し、里親活用が進んだが、戦後処理の進行とともに、里親委託は減少し、里親制度の停滞期を迎えた。その後一九九〇年代後半から、里親制度は徐々に脚光を浴びるようになり、委託数は増加傾向へと転じた。そこで、次に第三の分析課題として「里親制度・政策の変容過程において里親制度の盛衰の政策的問題はいかなるものであったか」という問いを立てて検討してきたことをまとめる。

里親制度の創設期の里親委託の増加は、戦災孤児や浮浪児などへの保護対策の必要性と、その子どもたちを収容しうる施設の不足から、児童の保護・育成先として需要が高まっていたことによることを示した。また、戦前から存在した農村などの里親村の里親が一斉に正式な里親登録をしたという事情もあった。一方、近年の里親委託の増加傾向は子どもの権利条約の批准による国連からの圧力を受けたことと、児童虐待が社会問題とされる中で、社会的養護を必要とする児童への関心と、子どもの発達のために家庭養護の重要性の認識が高まっていったことが背景にあげられる。

以上に述べたように、里親制度の創設から概ね一〇年間は里親への委託児童は増加し続けているが、その後一九五九年に里親委託数は急に減少に転じ、その後の二〇年間の里親委託数は一貫して減り続けている。その平均減少数は年間約三〇〇人であった。その後、一九八〇年代に入ると、里親委託数の大幅な減少はなくなるが、一九九〇年代まで、里親委託数は漸減し続けており。里親制度の活用が低迷した時期といえる。

この里親委託数の減少期の初期は、戦災孤児や浮浪児などの保護対象者は自然減を迎えていたことが主要な原因であった。しかし、政策の問題も無かったわけではない。すなわち、里親制度の衰退に関わる政策的問題として、第一に里親制度創設当時の里親は篤志家による養育とされる一方で、児童労働を内包した養育を容認するという全く異なる二つの方向性を里親制度は併存させてしまっていたことが指摘できる。この前者のタイプの里親は篤志家[1]として、ある程度、経済的にゆとりがある家庭[2]と位置づけられたために、社会福祉に協力的な裕福な家庭の人々が行うものというイメージが出来上がってしまった。その結果、里親には普通の人がなるものといった広がりを持つことができず、この種の里親の登録者の増大は頭打ちになってしまったと想像できる。

もう一つのタイプである児童労働を内包した里親については、養育環境の劣悪さが社会問題化する中で、児童労働や児童人身売買といった負のイメージがつきまとってしまい、児童福祉とはほど遠いイメージとなってしまったと考えられる。政府はこの児童労働を内包した里親の撲滅を目指して、通知を発出したり、保護受託者制度を創設したりしたが、さらなる里親制度の興隆を図る政策を出せなかったのである。

第二の里親制度の衰退に関わる政策的問題は、第三章で明らかにしたように、要保護児童対策の軽視と里親制度の放置にある。すなわち、戦災孤児等の戦後処理的な対応が終息した高度経済成長下で、児童福祉の中心は要保護児童政策から一般児童への健全育成政策へと移行され、里親制度へのてこ入れもなされなかったのである。高度経済成長期の終焉以降は、第二次臨時調査会（臨調）が発足し、行政の見直しによる支出の節減合理化が答申され、具体的課題の一つにボランティア活動等民間活力の活用も提示された。こうした社会経済状況を背景に、一九八〇年代に、国は里親養育をボランティア活動であると位置づけたのである。里親制度の担い手をボランティアとして位置づけることにより、公的責任や公的負担を縮小させ、里親制度はさらに放置される方向性に向かったといえる。

第三の里親制度の衰退に関わる政策的問題は、要保護児童対策における施設収容保護パラダイムの問題にある。すなわち、社会的養護のシステムが、戦後孤児らの要保護児童を施設に収容し保護することが緊要であった時代の収容保護パラダイムのままであったことにある。戦後早い時期に大量に発生した戦災孤児等の収容のために、政策的対応として施設収容定員を増大させている。しかしながら、戦災孤児等の問題が終息するとともに要保護児童が減少し、入所児童の数が施設定員を下回るようになったのである。そこで、政策的対応として、暫定定員制を導入し施設収容定員の削減を図ろうとした。しかし、定員を維持しようとする全国養護施設協議会を中心とした施設側の運動の中で、施設の収容定員の削減は十分には進まなかった。一方で、積極的に里親活用を図るという政策方針はみられなかったのである。

第四の里親制度の衰退に関わる政策的問題は、社会的養護の理念の欠如にある。すなわち、国が社会的養護の意義や、あるべき姿に対する明確な方針を示さず、その時々に発生した養護問題に対して、時々通知を発出するだけといった弥縫的な対応しかしてこなかったことにある。厚生省は、厚生白書などで何度も家庭的環境で子どもは育てられるべきであることの重要性を述べてはきた。しかし、実現のための具体策を打ち出さないまま、ただお題目を唱えるように家庭的養護が大切と述べるにとどまっていたのである。結局、国による要保護児童の心身の発達保障や自立の問題を子ども中心に捉える子ども観が、子どもの権利条約の批准に対応するまでは不充分であったと言わざるを得ない。前述したパラダイム転換を図らなかったのも、国が明確な理念を持たなかったことが背景にある。

第二節　里親の語りから見えてきた里親制度の課題

本書の第八章では、二〇〇九年から二〇一一年にかけて里親等へのインタビュー調査から、語りの質的分析を行い、里親養育の実態とその問題について、抽出したカテゴリ別に考察した。里親インタビュー実施後、家庭養護を推進する政策が進展し、現在は里親制度の今後の方向性として、「新しい社会的養育ビジョン」に示された方向で進んでいることは、第六章第四節で述べたとおりである。

そこで、本節では現在の里親制度の課題を明らかにするために、研究の当初に設定した四つの分析課題（序章第二節）、すなわち、①なぜ里親になるのか、その動機はいかなるものであり、里親開拓に繋げていけるのか、②里親や養親は社会的環境とどのような関係性をもっているのか、③里親や養親は自己の役割をどのように認識し、位置づけているのか、④里親や養親はどのような問題に直面し、どのようなサポートを必要としているのかに対応しながら、里親インタビュー当時の里親が抱える課題について、現在までどのような政策的検討がなされ、どのようなことが実現したのか、あるいは未だ残された課題は何かを検討し、今後の里親制度の課題について示していく。

1　里親になった動機と里親開拓の可能性

ここでは、分析課題の「①なぜ里親になるのか、その動機はいかなるものであり、里親開拓に繋げていけるのか」に対応して検討したことをまとめる。

要保護児童に対して適切な養育環境を提供する選択肢を増大させるために、新たな里親を開拓し、登録里親の増加をはかる必要がある。潜在的な里親の可能性を探ろうとした日本財団の調査（2018）によると、全国二〇代から六〇代の男女の六・三％が里親になる意向があると回答しており、日本財団（2018）は、この中で二〜三万世帯が実際に里親登録まで至る可能性があるのではないかと試算している。このような潜在的な里親世帯への働きかけが里親登録の拡大に有効と考えられる。そこで、現在里親となっている人々の里親への動機を浮かび上がらせることによって、里親になろうとする第一歩を踏み出させるためのアプローチのヒントが得られると考える。

さて、本書の調査では、里親になろうとした動機をインタビューし、里親になった動機を分類整理したところ、多くの里親に共通してみられる面と、個々の里親となる動機としていくつかの特徴的な側面を見いだした。多くの里親に共通してみられる側面として、子どもに手を差しのべる気持ちと非血縁家族を受容しようとする姿がみられた。一方、里親個々人に固有の動機として、里親自身の個人的な体験がきっかけであったり、社会問題への関心を持ち、人や環境との関わりの中で里親制度を知ったことがきっかけとなったりしていた。

このような里親になろうとする動機として多くの里親に共通してみられる面から捉えるならば、困難を抱えてしまった子どもたちへ手を差しのべようという思いを引き出すような里親啓発活動が必要であろう。また、初めは他人の子どもを育てるという事への不安感があるだろう。そのためには、非血縁家族への抵抗感を低減させるような情報の提供も大切である。さらに、人々に、里親制度の意義や実際を伝えるような啓発活動も効果を持つのではないかと考えられる。里親制度の啓発で必要なことは、里親制度が社会的養護であるという位置づけを明確にすることである。過去には、里親養育は他人の子どもを育てる物好きな人々と見られていた。しかし、里親養育とは家庭で育つことがかなわない子どもたちに対する代替養育であり、社会的な要請に応えるものである。こうした認識を一般社会にも浸透させていかなければならない。

さて、個々の動機の側面は、以下の五つの類型に分類できる。その第一は里親自身の宗教的背景からの社会貢献志向動機である。それは信仰を持つ者としての社会的使命を果たすという意識である。第二は子どもの虐待問題などに心を痛め、子どもの助けになりたいという思いから里親になった社会的養護志向動機である。特別養子縁組の後、児童相談所に関わる中で、養子が大きくなったら養育里親をする場合もある。第三は血縁関係にない子どもを受け入れることに抵抗感を持たないという非血縁家族受容動機である。この動機は、里親自身あるいは家族が非血縁家族の中で育った経験をもっている場合にみられた。こうした経験により、血縁関係よりも家族はつくるものだという思いに至るのであろう。第四は里親の個人的な経験が社会問題への意識を生み出した個人的経験動機である。たとえば、里親自身が子どもを亡くしており、その子どもと虐待などで命を落としていく子どもとを重ね合わせ、里親を志向するようになったケースがある。第五は子どもがいないため、里親を始める子どもを育てたいという動機である。初めは養子縁組を目的としていたが、さまざまな事情から養子縁組をあきらめた場合も含まれる。このように、里親になるにあたって、個々の家庭の事情や信念など、質的な相違がある。そこで、里親になる過程においては、一律の働きかけだけでなく、各々の事情や気持ちなどにきめ細かく配慮した相談も必要である。[3]

インタビューに答えた里親の中には、里親を増やしたいという気持ちから、積極的な里親啓発活動に参加したり、里親体験を発表したりする里親もいた。このような啓発活動が、人々の里親への最初の一歩につながると期待できる。しかし、里親体験発表会に出向く人々の数は限られている。そこで、国やマスコミによる里親制度への啓発や里親開拓のための積極的なキャンペーンを実施することが重要であろう。

これらの点に関して、二〇一六年改正児童福祉法では、里親のリクルート・研修・支援を含めた一貫した過程が都道府県の責任として規定されたことは、大きな意義がある。また、「新しい社会的養育ビジョン」（以下、「新養育ビジョン」）では、「リクルートから委託後支援までフォスタリング業務を社会福祉法人やＮＰＯ法人等の民間機関に委託する方法（フォスタリング機関事業）も考えられる」とし、フォスタリング機関事業の拡大を図ろうとしている。

全国里親会が設置した全国里親委託等推進委員会（2016）は児童相談所を対象にリクルート活動についての調査を実施し、「里親リクルートに関する調査報告書」を作成している。その中で、「効果がある取り組みとしては、養育里親は個別性が高いため、口コミによる効果が高いという回答が多かった」と考察している。また、三日里親、週末里親、季節里親等を体験することで養育里親に登録することがあること、新規里親登録者が多かった児童相談所では、里親会の活動が活発であると報告書は述べている。以上のような結果から、口コミを拡大させるために、里親が地域社会の中で里親であることを発信していくことの重要性が浮かび上がってきた。また、三日里親等のボランティア里親を登録里親の入り口とすることが有効なことや、里親会の活性化が里親リクルートにも効果的に働く可能性が見いだされた。今後も、リクルートについての実践と研究の蓄積が必要である。

2　里親と社会的環境との相互作用

ここでは、分析課題の「②里親や養親は社会的環境とどのような関わりをもっているのか」に対応して検討したことをまとめる。

序章第三節の図序-2「里親家庭と社会的環境の関係構造モデル」で提示したように、里親は、実親、児童相談所、児童福祉施設、里親会、地域社会との社会的関係があり、里親インタビューの分析から、それぞれとの関係性における課題が明らかになった。

（1）実親

まず、里親は子どもの背後に実親がいることを意識して養育している。たとえば、子どもが親との葛藤を抱えている場合であっても、里親としてそれに応えてあげられないという自責の念に駆られることもある。また、親として一生懸命に養育しても、実の親にはかなわないことを感じる場面があり、里親と実親とは子どもにとって異なる存在であることに気づかされている。あるいは、最初から実親の元へ返すことを意識し、そのために里親として子どもとの関係をつくっていくことがいいことであると考えているケースもある。さらに、里親は実親との関わりに慎重に対処している。実親と子どもとの面会では、里親家庭での面会をしている場合もあるが、児童相談所を介した連絡に心がけたり、面会時には里親は関わらないようにしたりするなど、さまざまな配慮をしている。

しかし、実親のケアをすることや、実親の思いを受け止めることに困難を感じ、苦労している里親もいる。こうした里親の思いを個々の問題として対応をすることも大切であるが、実親との関わりを養育里親の共通の課題として認識することが必要である。たとえば、里親会の行事の中で、現実的な課題として「実親との関わり」をテーマとし、その体験を語ってもらったり、話し合いをしたりするなどの取り組みをすることも有効である[4]。

実親と子どもとの面会に関して、二〇一六年改正児童福祉法（第四八条の三）において、里親も親子関係再構築支援を行うものとされている。これを受けて「新養育ビジョン」では「里親委託中の子どもと実家族との面会交流を保障し」、里親に子どもの家庭復帰に向けた支援が求められているとしている。ただし、「里親委託ケースの中には、面会交流の場を私的空間である里親家庭としない方が望ましい場合も多く、子どもと実親の面会交流の場や面会交流の構造化及びその場所への子どもの移送方法を保障する仕組みが求められる」と指摘している。子どもと実親の面会交流は、子どもの発達に影響を与え、家庭復帰への可能性を高めるという観点からも重要課題といえる。今後、子どもと実親との面会交流の保障に向けての体制整備が早急に望まれるが、里親に過度の負担がかからない方法が望ましいと考える。

里親の語りから、実親は里親よりも施設を選択する傾向があることが確認できた。これまでも、実親が里親委託を拒む事がしばしばあり、それが里親委託の拡充しない理由の一つになっている。これに対しては、児童相談所が実親に対して丁寧な説明をすることときちんと納得を得ることが必要であることは言うまでもない。里親委託ガイドライン（2011）には、保護者の不安を取り除くために、「養育里親と養子縁組里親との区別を説明」することや「保護者と子どもとの面会や外泊、通信等については原則可能であること」などを十分に説明するように示してある。里親委託ガイドラインに沿って、適切な説明と同意がなされることが望まれる。

（2）児童相談所

児童相談所との関わりについて、里親は第一に委託時の子どもに関する情報が不足していること、第二に委託中の対応が不十分であることの二つの課題を指摘している。

前者に関して、伊藤（2017: 156–157）は、里親へのインタビュー調査から、「施設から里親への措置変更が行われるほとんどのケースで、里親は情報が不足していると不満を持っている」ことを明らかにしている。本書におけるインタビュー調査でも、里親は児童相談所からの情報が少なく、委託を受けてみて、初めて子どもの抱えている問題に直面し、戸惑ったり、慌てて医者に子どもを連れて行かなくてはならなかったりと、情報不足を指摘する声が上がっている。このような情報不足に関して、伊藤（2017）の研究においても、本研究においてもあがっているということは、一地域の特殊な事例ではなく、各地で児童相談所からの情報不足を感じている里親がいることを伺わせる。

　子どもを養育するために、里親はこれまでの生育歴や子どもの状況を知りたいと思うものである。しかし、緊急保護を最優先したため、児童相談所は十分な情報収集や事態の把握ができないまま、里親委託し、情報不足となった場合も想定される。あるいは、個人情報保護の観点から十分に情報提供できないといった事情も考えられる。

　今後の情報提供のあり方について伊藤（2017: 156–157）は、「子どもに関する情報をどのように提示するべきなのか等、里親への情報提供のあり方の枠組みを明確化し、フォーマットやガイドラインを策定していく必要がある」と述べている。さらに、社会的養護の関係者や、関係機関の情報共有に関する法的枠組みの整備が急務と考える。また、今後設置が進むであろうフォスタリング機関が、そのような情報共有の機能を持つことも考えられる。

　もう一つの課題である委託中の子どもやその実親に児童相談所が充分に対応していないと里親が感じているという問題については、児童虐待対応など、児童相談所の業務過多が原因で里親支援が充分にできない側面と、福祉司に必ずしも専門職が配置されなかったり、在職期間が短かったり[5]などの人事的な問題の二つの側面が考えられる。

　このような問題に対応するために、児童福祉司の増員も必要であるが、「新養育ビジョン」が提案する「子ども担当の児童福祉司」と「個々の里親を担当するソーシャルワーカー」を設置するといった業務分担の仕組みが有効と考えられる。このような業務分担によって、里親とソーシャルワーカーとの信頼関係が構築されていけば、上述した里親の不信感解消につながると考えられる。さらに、二〇一六年改正児童福祉法において、スーパーバイザー研修、社会福祉主事の児童福祉司任用前研修、及び児童福祉司の任用後研修が義務付けられたことにより、児童福祉司の質の向上が図られることにも期待したい。

(3)　施設

里親は子どもを適切に養育するために、施設と相互の連携が必要であることを認識している。しかし、一方で、里親は施設とさまざまな形で関わる中で、施設への不信感をもつケースがある。その不信感は、閉鎖的な施設の基本姿勢、集団という養育形態、あるいは職員の養育レベルないしは個々の職員の不適切な発言などから生じている。しかしながら、この不信感は里親から施設という方向だけではなく、施設から里親への不信感もあることが推察され、相互不信という状況であると考えられる。このような双方の不信感を取り除くためには、里親と施設が相互に連携しようとする意識をもって働きかけることにより、コミュニケーション不足を解消することが必要である。

本研究のインタビュー後、二〇一二年度からは、里親支援専門相談員を児童養護施設と乳児院に設置できるようになった。全国里親委託等推進委員会（2014）の調査によれば、里親支援専門相談員は里親と施設職員との連携を図ろうとする役割を担っており、その仕事に手応えを感じながらも、「里親と施設の相互理解がまだまだ十分ではない」、「里親支援に対する施設の理解が必要」という課題をあげている。[6] こうした課題を克服していくために、里親支援専門相談員の今後の役割に期待したい。

(4)　地域里親会／全国里親会

地域里親会には、養育里親も養子縁組里親も参加している。二〇〇九年に養育里親と養子縁組を希望する里親に分かれたことを受け、地域里親会がどのようにこの分離に対応するかについて、木ノ内博道（2009）は両者が「どのように取り組むかを考えている里親会は少ないのではないだろうか」と里親会活動のその後に懸念を表明している。筆者のインタビュー調査は、この分離の直後に行ったものであるが、里親の語りには、すでに両者の間に軋轢が生じていることが語られていた。養育里親は期間が限定された養育者であるのに対して、養子縁組里親は法的に自分の子どもとして育て、生涯をかけて家族の形成をしていこうとする。両者にはこうした相違点があるが、お互いの特質を認め合いそれぞれの役割を尊重することが必要である。里親会においてそれぞれの里親の要望をかなえられるような取り組みができれば、里親会への定着率も上がり活性化されていくであろう。

また、地域里親会の会員から、里親啓発の必要性や、全国里親会への陳情の必要性も語られている。すなわち、里親が語ったように、地域里親会は里親同士の集まりとして、お互いの経験を語り合う中で、経験を共有し合い、助け合うだけでなく、社会に向かう啓発活動も必要である。この点について、有村大士ら（2010）は全国の地域里親会を対象に調査を行い、地域里親会の課題の一つとして、「自助的な面だけではなく、里親制度の啓発や行政への意見、要望を集約するなど、対外的な役割」に「自覚的に取り組むこと」の必要性を指摘している。

一方、全国里親会については、その在り方が形骸化していると感じている里親や、全国里親会の取組みは未だ不充分であると考えている里親もいる。同時に近年里親制度が注目されるにつれ、国や行政に向けた陳情活動を全国里親会が担うべきであると、全国里親会への期待もみられる。このように、里親から、全国里親会の存在意義を高めることが求められている。今後は、一般社会に対する啓発活動団体として、あるいは国に対する運動団体として、より一層、里親制度拡充のために活動し、地域里親会からも期待される団体となることが望まれる。

(5) 地域社会

里親は一般の人々の里親への無知や、里親と養子縁組の相違点が理解されていないことなど、里親制度又は養子縁組への世間の認識不足を感じている。特に養子縁組里親には、社会からの偏見を恐れる気持ちから、養子縁組したことを積極的に開示できないでいる姿が顕著に見られる。具体的な偏見や差別を受けた実例は語られなかったが、偏見の目で見られることを恐れている姿が見て取れる。一方、積極的に養子縁組していることを開示しようとする養親も存在する。たとえば、地域のお祭りに養子縁組した子どもの名前で自治会に差し入れをするなどの行為は、地域社会との普段からの密着性を感じさせるエピソードである。一方で、都会の集合住宅に住み、隣近所との付き合いがない場合、わざわざ養子縁組したことを伝えないという選択肢も理解できる。このように、養子縁組したことを地域に積極的に開示するかしないかは、養子縁組をする以前からの地域社会との関係性が影響すると考えられる。

「新養育ビジョン」では、「家庭における養育環境と同様の養育環境」とみなされる要件の中の一つに、「地域社会に位置付いており、子どもと養育者が地域社会に参加していること」を挙げている。委託児や養子が地域の中に自然に溶け込むことができるような支援が求められている。このためには、地域社会において、多様な家族を受容できる意識を醸成するための教育や啓発活動も必要になってくる。

以上、里親家庭を取り巻く社会的環境との関係から、里親には多岐に渡る支援が必要であり、それをマネージメントする機関の必要性が明瞭になった。また、里親制度・里親養育への認識には、里親、実親、児童相談所、施設のそれぞれで差異があることが示されている。こうした差異が社会的養護としての里親制度の発展を阻んできた面もあり、今後はその差異を解消し、共通の認識をもつことが重要である。さらに、里親家庭を取り巻く社会的環境との間で、信頼関係が構築されることが望まれる。信頼関係の構築のためには、お互いが社会的養護におけるパートナーであるという自覚を持ち、対等な関係性を維持することが大切である。里親は里親養育をしている点で、その委託児童のことを最も知る立場にあり、そうした意味での専門家であると言える。里親家庭に寄り添っていくソーシャルワークが必要である。

3　里親の自己認識と役割意識

ここでは、分析課題の「③里親や養親は自己の役割をどのように位置づけているのか」に対応して検討したことをまとめる。里親が里親としての役割意識として、共通に持っているのは、里親養育を社会的なものとして受け止め、自己の役割を社会的養護の中に位置づけていることである。

ところで、深谷ら（2013: 210）はアンケート調査によって、里親養育の志向性を、「実親志向型」、「シェルター志向型」、「養育職志向型」の三類型として見いだしている。「実親志向型」とは実親子と同様に里子と生涯つながる人生を望む里親であり、「シェルター志向型」とは実親の保護を受けられない子どもに対してシェルターとしての役割を果たそうとする里親であり、「養育職志向型」とは、里親のボランティア的な善意に頼るのではなく、子どもの接し方や子どもの心の理解などに一定レベルの専門的な知識や技術を持とうとする里親である（深谷ら2013: 210）。本書の里親インタビューでは、多くの里親が里親養育を社会的養護として位置づけており、このことはとりもなおさず、「シェルター」を志向した里親の役割を認識しているといえる。

たとえば、インタビューに応じたある里親は子どもの虐待事件に強い関心を示し、子どもを救いたいという思いを持ち、同時に養育に悩みながらも、自分が養育を続けなければ、子どもは行き場を失ってしまうと、使命感をもって養育にあたっている。さらに、そうした子どもに対する最後の砦に自分がなり得るという自負をもっている。このような里親は「シェルター志向型」の里親役割意識を持った里親といえる。

また、別の里親は役割意識として、里子と愛着関係を結ぶことであると語っている。一時的であるとしても、里親家庭において、愛着関係を形成することで、親元に帰ったときに良好な愛着関係を結べる子どもになることを期待している。このように、里親の中には、長期委託を望まず、児相もそれを認識しており、一時保護的な里親に徹している里親がいる。里親自身が自己の役割を、実親の元に返すことといった家庭復帰支援や、ほかの里親に繋ぐことといった里親支援であるというように認識している。親役割を大切にしながら、それを客観視しており、職業的な役割意識のように映る。このケースは深谷ら（2013: 210）のいう「シェルター志向型」と「養育職志向型」の両方の役割意識を持ったケースといえる。

また、委託解除後の子どもであっても、実家というのはうちのことであり、委託期間は終わっても家族であると、元里子を家族の一員と考えている里親もいる。まさに、深谷ら（2013: 210）のいう「実親志向型」の里親である。このケースは、子どもと実親との関わりが無く、幼児の頃から措置満了までの長期委託であったことが影響している。この里親は、養子縁組を希望していたが、子どもの承諾が得られなかったのでその子を養育里親として育て、後に養子縁組している。

以上見てきたように、本書の里親インタビュー調査において見られた里親の役割意識のいくつかは、深谷ら（2013）が見いだした三つの志向類型に対応しているといえる。しかし、里親の役割への意識は、三つのタイプの志向類型に単純に切り分けられるものではない。里親の役割意識は、複数の志向類型の要素の絡み合ったものといえる。

さらに、以下に述べるような役割意識もある。たとえば、多くの里親や養親は、子どもを受託してから、子どもの発達や成長面で良い方向に変化していることを感じており、そこで、自分たちが子どもの発達や成長を促す役割を担っていることを自覚している。さらに、子どもが実家庭や施設では経験できなかったことを里親家庭で実現させてあげたいという思いを持った里親は、個別的なケアが重要であり、自尊心が育つのは家庭であるという信念をもち、施設との対比から、家庭環境での養育の重要性を強調している。すなわち、実親家庭や施設ではできない養育を子どもに与えられる存在として、自己の役割を認識し、家庭のモデルを子どもに伝えたいと、当たり前の生活を子どもに体験させられるのが里親の役割であることを認識している。

また、里親は家庭内における日々の養育だけでなく、さまざまな問題を抱える子どもに対して、学校や警察などへの社会的対応を行ってきたことも里親の役割として受け止めている。しかも、その役割を社会的対応の大変さとしてではなく、里親自身の人生における貴重な経験として受け止めている。さらに、そうした体験が、自分たち里親を成長させてくれたと、子どもに対する感謝へと昇華している。

里親は、世間の人々から、他人の子どもを育てる物好きな人たちとして見られていることへの抵抗感を感じ、それに対して自分たちは社会的養護の一端を担っているという里親自身の自負をもっている。さらに、養子縁組成立後の養親であっても、里親会とのつながりを持ち続けるなかで、自分の養育が社会的養育であることに気付いていく場合がある。養子縁組における子育てとは、養親と養子の関係だけで成立しているのではなく、養子の実親の存在を意識せざるを得なくなり、親の養育を受けられなかった子どもを育てているという社会的意義を見いだしている。

ところで、里親の中には、特定の養育対象にある程度の専門的な知識や技術を持っており、そのような専門的な役割を担っていると認識している里親もいる。これは、先に述べた深谷ら（2013）の「養育職志向型」の役割意識を持った里親と言える。同様に、さまざまな問題を抱える子どもが委託されることから、里親の養育は可愛がるだけでは済まないと考え、自分のスキルを高める必要性を認識している里親も「養育職志向型」の役割意識を持った里親と言える。特に、思春期の子どもを養育する里親の場合、そのように考えている傾向がある。このように、委託されている子どもの年齢や、生育歴によって、里親の役割意識は異なる。たとえば、幼児との良好な愛着関係を形成することが得意であるとか、高校生の自立に向けての支援が得意であるなどと、児相に自己の役割意識を伝え、それに即した委託を受けているケースがある。全国里親会が「里親事業推進のための提言」（1990）の中で、専門里親として、「乳幼児里親」や「思春期里親」の創設を提言していたが、それに合致する実態がある。

さて、以上の里親の役割意識に対して、政策はどのように対応しているのであろうか。「新養育ビジョン」では、現在の専門里親制度を見直すとともに、ショートステイ里親、一時保護里親、親子（母子）への生活を提供して子どもの安全と親の安定を図る里親、あるいは医療的ケアの必要な子どもや行動障害のある子どもなどを対象にし、一定の専門性を有した者が養育に専念して行う里親などを新設すべきであるとしている。こうした里親については、「新養育ビジョン」は、「里親養育への専念を義務化する一方（里親養育の職業化）、相応の委託費が支払われることによって安定した委託が期待できる」とみている。

このように、専門性を有した里親の新設という政策の方向性は、養育スキルを高めていこうとする里親の思いと一致しているようにもみえる。しかしながら、現行の専門里親が七〇二世帯あるのに対して、実際に受託しているのは一九六世帯であり、委託児童数は二二一人（福祉行政報告例二〇一八年三月末現在）であることから、専門里親は充分に活用されているのか疑問である。「新養育ビジョン」が現在の専門里親の見直しを提案している背景には、専門里親に関して制度上あるいは運用上の問題点があるからであろう。この点を検証した上で、新たな専門性を有する里親の種類を新設していくことが必要であると考える。

二〇〇二年に専門里親が創設され、現在一定数の子どもが専門里親に委託されているにもかかわらず、松橋（2018）等による被虐待児や実親の対応を里親家庭で行うことは困難であるといった主張は少なくない。同じ代替的養護であっても、施設は専門性を有している、それに対して里親は非専門家（素人）であるというイメージが両者の特徴として固定化される傾向があり、里親には（専門里親であっても）被虐待児の養育は無理という固定観念をもった社会的養護の関係者もいる。こうした固定観念を払拭するためには里親への研修は重要な課題である。「新養育ビジョン」において、「里親養育の質を高めるプログラムの開発が求められる」とあるように、今後さらなる里親への研修の充実が望まれている。その際には、今後見直されていく里親類型に即した研修内容であることが必要である。里親の一類型として専門化、職業化を目指していくのであれば、それに対しては高度な内容の研修を課すことが必要である。さらに、研修制度のみならず、里親の資格化が必要との意見もあり（深谷ら　2013: 211, 吉田幸恵　2018: 264）、里親の質的向上を図るためにはこうした議論も必要であろう。

4　里親養育の問題と里親へのサポート

ここでは、分析課題の「④里親や養親はどのようなサポートを必要としているのか」に対応して検討したことをまとめる。里親がサポートを必要とする局面とは、里親と委託児童との関係においては、第一に里親による日々の養育において直面する問題と、第二に子どもの自立を支援しようとする中での問題に見いだされる。さらに、第三に養子縁組には特有の困難があり、サポートの必要性が浮かび上がってきた。

第一の里親による日々の養育において直面する問題とは、実子を育てる場合にも当てはまることもあるが、より注目すべきは里親—委託児童関係であるからこそ見られる特徴的な問題である。それは、被虐待児など問題を抱える子どもを受託したとき、より深刻さをともなう。必要な支援として、知人やボランティアからの協力（インフォーマルサポート）、特に被虐待児を受託した場合の医療との協働（フォーマルサポート）の重要性が浮かび上がってくる。里親からは被虐待児が抱える精神的な問題に直面しなくてはならないことが語られている。実際に、専門里親ではないにもかかわらず、重度の精神症状を有する被虐待児を受託しているケースもある。このような家庭養育の枠組みの中だけでは癒やすことができず、心身にわたる医療の介入が必要なケースがある。このような深刻な問題が里親への受託後に明らかになる場合があるため、里親家庭のサポートネットワークに児童精神科などの医療機関を重要な社会資源として位置づけておく必要がある。引土ら（2017）は、里親へのニーズ調査によって、医療機関には里子の治療や里親支援といった役割が求められていることを指摘している。このように、医療機関を含めた里親の支援体制が必要である。

第二の子どもの自立を支援しようとする中で見いだされる問題とは、里親が委託児童を委託解除の年齢（原則として一八歳）まで受託した場合に生じている。委託児童の措置解除後にも、一部の里親は元委託児童をサポートしている。しかし、措置解除後の自立に向けた支援の継続が制度的には保障されておらず、元委託児童の自立や就職に向けた公的援助は不十分であると里親は認識している。たとえば、就職するときの保証人は措置解除直前でも里親がなるなど、里親の善意に頼り、里親の私的な負担になってしまっている。また、自立による委託解除後、元委託児童が何らかの悩みや問題を抱えたとき、最も頼れるのは里親しかいない場合がある。こうした元委託児童―里親関係における里親への実家的な役割については期待されていながら、現状の法制度の中では、元委託児童及び里親の法的な保障はない。現在は二十歳まで養育の延長が認められているが、一八歳になったら支援がなくなるのではなく、元委託児童の自立のためには、措置解除後も一定期間の継続的な自立支援が必要である。

以上の二つの問題から、里親―委託児童関係あるいは、里親―元委託児童関係について、里親家庭のみでは解決できない問題が多くみられることを指摘した。

この点に関して、「新養育ビジョン」では、「代替養育を受けた子どもの場合には制度的枠組みに基づいた支援がなされる必要があり、一八歳を超えても継続して支援がなされるよう、制度の構築を急ぐ必要がある」としている。これまでは、一八歳を超えると元里親の私的な支援に頼らざるを得なかった実態から、今後は制度的枠組みに基づく支援の構築が必要であることが指摘されたのである。必要な支援とは、「新養育ビジョン」が述べているように、地域生活支援として、ケア・リーバー（Care Leaver：社会的養護経験者）と支援者の日常的なつながりの維持・強化方策や地域生活開始時の集中的支援の在り方と必要初期費用などの検討を国レベルで行うことである。こうした法的枠組みは元委託児童にとって大変心強いものになるはずであり、早急に実現することが望まれる。このように、制度的枠組みが提案されているものの、現状では里親養育への支援体制は不充分なのである。さまざまな形でのフォーマルおよびインフォーマルな支援体制がなければ、里親養育には多くの困難がともなうのである。

第三に、養子縁組成立後の養親へのサポートが必要とされている。里親インタビュー調査では、養子縁組した養親の中には、里親会に所属し続け、その後、養育里親にもなり、子どもを養育しているケースがあった。彼らは、養子縁組成立後も、真実告知の悩みやその方法、あるいは子育てなどの情報交換などを目的として、里親会に関わってきた。その中で、児童相談所職員や里親会会員との交流を重ね、社会的養護への認識を深めていったと考えられる。

一方で、養子縁組成立後は里親会を退会するだけでなく、児童相談所との連絡も途絶え、養子への真実告知を避け、養子縁組したことを隠し通そうとする養親も多い。このように、里親会を退会したり、児童相談所と連絡を絶ったりするのは、そこに至るさまざまな理由がある。何らかの問題を抱えながら、里親会や児童相談所では思うような支援を受けられないから離れていくケースもあると推察される。真実告知の必要性を含めて養子縁組親子へのフォローアップ体制の確立が必要である。

この点に関して、二〇一六年改正児童福祉法で、児童相談所の業務として養子縁組に関する相談・支援が位置付けられたことは大きな意義がある。「新養育ビジョン」は、「養子縁組、中でも永続的解決を保障する特別養子縁組は子どもの福祉における重要な選択肢である」と子どもの福祉にとっての養子縁組の重要性を述べている。このように、養子縁組が子どものパーマネンシーを保障できるものとしての重要性から、「新養育ビジョン」では、「養親特有の悩みがあることを踏まえ、養親への相談支援体制が必要である。養子縁組機関が自ら養子縁組後支援を行うと同時に、当事者会、里親支援機関、児童家庭支援センター、子育て支援に係る行政機関など適切な支援機関との協働や引継ぎが必要である」としている。今後、このような相談支援体制がどのように実施されるか、その推移を注視していかねばならない。

以上から、里親と養親がサポートを必要としている局面について、その問題性と必要なサポートについて論じてきた。そこで、今後必要とされるのは、里親や養親へのサポートネットワークである。こうした状況に対して、「新養育ビジョン」が打ち出しているのは、里親家庭への支援体制の整備と里親を支援する各機関の専門性の向上である。すなわち、施設も児童相談所もフォスタリング機関も、専門性向上が求められており、今の状況は万全ではないのである。

一般家庭においても、子育て支援が重視される中で、途中からの養育である里親養育や養子縁組の養育には困難が立ちはだかっている。子どもの発達に問題があれば、なお問題に直面することになる。このように、現代の子育ては、その家庭だけで育てていければ良いというものではない。里親家庭のサポートネットワークが構築されていかなければならない。さらに、里親をめぐるサポートネットワークが活性化され、里親との連携がなされていくことが重要である。

第三節　里親制度の展望と今後の研究課題

現在の代替的養護の現場を施設措置偏重から里親委託優先へと転換させていくには、まだ様々な課題がある。たとえば、里親家庭が問題行動を起こす子どもを受託した場合など、子どもの養育を抱え込んでしまって、やむなく措置変更しなければいけなくなり、最悪な場合は子どもへの虐待へと向かってしまう恐れもある。こうしたことが起きないように、対策をしっかりとりながら、里親委託優先へと段階的に移行していくことが望ましい。そのためには、里親の質を高めるような研修制度の充実、問題が起きる可能性に対するリスクマネージメント、児童相談所をはじめとするフォスタリングを行う機関など、里親養育をサポートする様々な社会資源の充実など、整備すべきことは多い。この里親サポート体制の中に施設を組み込み、施設の職員の専門家としての質向上も必要である。以上のような里親家庭への支援体制を整備することによって、やむを得ない措置変更を減らしていくことが可能となるであろう。安全性を考えるとやはり施設が良いと、施設養護への揺り戻しが起きることは避けなくてはならない。

里親か施設かの二者択一ではなく、多様な選択肢が必要であることは社会的養護関係者の総意であると考えられる。したがって、施設と里親がお互いを尊重し合い、双方の養育を高め合うような働きかけを行うことが必要である。そして、それぞれの特質を生かして、子どもの最善の利益を尊重した養育がなされなければならない。そのために、一人一人の子どもに、いくつかの選択肢が提示され、子どもにとって一番よい選択肢を選択できる環境を整えていく方向へと、建設的な議論と、里親と施設との連携が求められているのである。

さて、近年、里親（制度・養育）の研究は、社会福祉学のみならず、家族社会学、臨床心理学などの分野においてもみられる。しかしながら、これまで、社会福祉学の立場から、戦後日本の里親制度の歴史を政策面から分析した研究は少ない。その中で、本書は里親制度の長期的な変容過程とその政策的要因および里親の位置づけを分析した。また、本書は制度・政策の変遷を検討するとともに、里親の語りから、里親養育の実態に迫ったことにより、里親養育の実態と制度の乖離を明らかにしようとした。

しかしながら、本書にはいくつかの課題が残されている。

第一に本研究では里親制度の創設から今日までを通して史的展開を統括的に検討したが、里親制度創設期については、児童福祉法成立時にＧＨＱがどの程度関与し、具体的にどのような指示があったのかの詳細は、データ不足であり、明らかにできなかった。今後の検討が必要である。また、それぞれの時代についても、史的展開を検討したが、分析した資料は限られており、政策側の意図をさらに検討する余地が残されている。資料発掘とその分析によって、さらに新しい知見を提示していくことが今後の課題である。

第二に里親の当事者団体である全国里親会は、各時代に提言をまとめ発表していること、それらの提言は一部政策に取り込まれていったことは確認できた。しかし、当事者団体としての役割や意義はどのように変遷してきたのか、政策主体にどのように関与してきたのかについては、検討の余地が残されている。この点についても、あらたな資料発掘により、さらに検討していくことも今後の課題である。

第三にインタビュー協力者の範囲が狭いことである。本研究では、里親制度のあり方を総体的に明らかにするために、里親制度の担い手である里親の生活実態の把握から、里親制度を捉え直す必要があると考え、里親と養親へのインタビューを行い、その内容の質的分析を行った。里親の中でも親族里親についてはサンプリングできなかったので、親族里親の実態についても把握する余地が残されている。また、「新養育ビジョン」では、一時保護里親や専従里親を提案しているが、その前に、なぜ現在の専門里親が十分に活用されていないのかを検証し、そのうえで、あらたに提案されている専門里親類型への可能性を検討することも必要であると考えられる。

さらに、里親を措置解除された子どもたちのその後を追跡調査してもらいたいという里親の発言もある。成人となった元委託児童の追跡調査研究はいくつかあるが、里親養育について元委託児童の視点から改めて検討する必要が指摘できる。以上のように、多面的に里親制度のあり方を検討するためには、親族里親や専門里親、元委託児童など、インタビュー協力者の拡大が必要と考えられる。

本書が「歴史のなかの里親制度、社会のなかの里親」を考えるうえで、参考になり得るものであることを期待するものである。

注

1　この篤志家について、厚生省の山本（1988）は、里親制度創設の初期の頃を振り返って、「ある程度田畑を持っており、父は働き、母は専業主婦」といった特別の篤志家像があったと述懐している。

2　厚生省の中山（1955: 197）は公費の交付を辞退するようなゆとりのある経済状態の家庭像を描いている。

3　全国里親委託等推進委員会（2015）の調査では、「ＮＰＯ法人キーアセット（川崎）」と「ＮＰＯ法人静岡市里親家庭支援センター」という二つの民間里親支援機関を調査している。その結果、「二つの機関とも里親希望者が希望を表明し、関わりが可能となった時点から、時間と労力をかけて丁寧に関わりを持つことで、信頼関係を構築していく」、「そしてその丁寧な関わりをその後の支援まで継続して行う」（全国里親委託等推進委員会　2014: 97）という先進的な取り組みをしている。

4　前掲（2015）の調査では、「ＮＰＯ法人キーアセット（川崎）」では、年に四回以上、「真実告知」など具体的にテーマを絞って、里親などの相互交流の場を設けている。他にも「里父の語る会」「実親との交流がある子どもを委託されている里親家庭の語る会」などの設定を行っており、具体的にどうしたらいいかをお互いに話し合い、考える場としている（全国里親委託等推進委員会　2015: 101）。

5　前掲（2015）の調査では、児童相談所における里親制度担当正職員の在職年数の平均は、一〜三年が最も多く五六・四％、次に一年未満が一九・一％であった。在職年数が三年以下の職員が七五・五％を占めている（全国里親委託等推進委員会 2014: 115）。

6　全国里親委託等推進委員会（2014）は、里親支援専門相談員へのグループインタビューを行い、里親支援専門相談員の現状と課題を検討している。

あとがき

本書は二〇一二年に名古屋市立大学大学院人間文化研究科から博士号を授与された博士論文「里親制度に関する研究――史的展開と里親の認識」を大幅に加除修正したものである。

この研究を振り返り、社会的養護への認識を関係者の間で一致させることの難しさを感じている。歴史的に、社会的養護については、政策主体が明確な理念や方向性を示さず、社会的養護の認識が里親・実親・施設・児童相談所などの関係者間で差異があり、共有されてこなかった。現在においても、里親制度への認識は、関係者によって異なる点がみられる。本研究では取りあげていないが、委託児童自身の認識も異なるものがあるかもしれない。さらに、地域社会の里親制度への認識も不十分である。里親制度は社会的養護であるという認識が根付き、それぞれの主体間の認識の差異が小さくなっていけば、現在より里親制度は活用される制度になると考えている。

筆者が里親というテーマに出会ったきっかけは、看護師の臨床経験を経て学び直しをするために入学した中部学院大学人間福祉学部一年生の時に、児童虐待問題をテーマにした窪田暁子先生の四年生のゼミに参加させていただいたことにさかのぼる。窪田先生は、文献やゲストスピーカーや研究会・学会の参加など、さまざまな方法で児童虐待について考える機会を与えてくださった。ちょうどその頃、児童虐待問題について調べていく中で、初めて、里親制度があることを知った。

その後も児童福祉分野への関心が強まり、児童相談所と児童養護施設で実習を行うことができた。児童養護施設の実習では十数名の幼児さんたちと生活を共にしたが、幼児を対象とした集団養護に疑問を抱き、乳幼児の社会的養護の環境について関心をもつようになった。そこで社会的養護下の乳幼児の愛着に環境移行が及ぼす影響をテーマに卒業論文を提出した。このように、児童虐待問題への関心と、乳幼児の発達と環境への関心の中で里親というテーマに出会ったことになる。

大学院では社会的養護下にある乳幼児の発達を保障できる養育環境として里親養育について研究したいと考えるようになった。しかし、大学院博士前期課程入学後、指導教授であった滝村雅人先生から、まずは社会的養護の制度・政策と歴史をきちんと押さえることの必要性を教えられ、筆者が疑問を抱くような実態はどのような制度・政策の元になされてきたのかを歴史的に明らかにしたいと考えるようになった。こうして、里親制度の変遷を歴史的に明らかにしようとする研究に着手することになった。

さて、博士論文の完成までの道のり、さらに本書出版までの道のりを振り返ったとき、多くの人たちに支えられてきたことが思い起こされる。ここで、研究の過程でお世話になった方々への感謝の気持ちを申し上げたい。

まず、調査研究において、里親会の方々をはじめ児童相談所や施設の職員の方々にもご協力いただいたことに心から感謝申し上げたい。突然のインタビューの依頼に対しても、快くお引き受けいただいた。里親の方々の「光の当たらないところに光を当ててくれるから」と、調査にご協力くださった思いに多少なりとも報いることができたものと安堵している。

名古屋市立大学大学院人間文化研究科「ジェンダー・人権・福祉」分野の先生方には、博士論文執筆にあたって、多くの厳しくも暖かい助言をいただいた。まず、第一にお礼申し上げたいのは、滝村雅人先生である。滝村先生には、博士前期課程・後期課程を通しての主指導教授として多くのご指導をいただき、博士論文の主査を務めていただいた。毎回筆者の話をお聞きいただき、丁寧にご指導してくださったことに心より感謝申しあげる。初めての学会発表の時には、学部のゼミ生を引き連れて発表を聞きに来てくださった。とても心強く感じたことが今でも思い起こされる。しかし、二〇一五年一二月に滝村先生が急逝され、本書の刊行のご報告ができないことが大変残念である。石川洋明先生には、副指導教員を務めていただいた。石川先生のご指摘はいつも厳しかった故に、学ぶことも多かった。石川先生も二〇一四年六月に早逝されるまで、体調が万全ではない中で、博士論文の公開セミナーで貴重なご意見をいただいたこともありがたい思い出である。安藤究先生には博士論文の副査を務めていただいた。家族社会学がご専門で筆者とは専門は異なるが、家族問題を取り扱う視点から、何度か研究への貴重な示唆や助言をいただいた。具体的な研究内容のご提案までしてくださり、優しさがにじみ出るご指導であった。

関西大学（当時：大阪市立大学大学院）の山縣文治先生は、博士論文の学外副査を引き受けてくださった。大阪市立大学を訪れ、研究の意義や構成など具体的なご指導をいただいたことが思い起こされる。その後も、折に触れて励ましのお言葉をいただき感謝申し上げたい。名古屋学院大学の谷口篤先生には、協同研究もさせていただく中で、研究全般について学ばせていただき、それが博士論文の執筆にも生かすことができたと感じている。また、博士論文の質的分析の検証にご協力いただいたことに大変感謝している。

中部学院大学の片桐多恵子先生と窪田暁子先生は名古屋市立大学大学院へ進学後も、励ましのお言葉をかけてくださった。窪田先生は二〇一四年四月、ご逝去され、本書刊行のご報告ができないことは、まことに残念である。学部時代から異色な社会人学生を暖かく見守ってくださった片桐先生と窪田先生に深く感謝申し上げたい。同じく学部時代、薹が立っていながら研究を志し、将来のことをご相談申し上げた先生方にも感謝申し上げる。

名古屋市立大学大学院において、特に博士後期課程在籍中（修了後も）吉田幸恵さん、岡久美子さん、古山萌衣さん、水野和代さんをはじめ滝村ゼミの皆さんには大変お世話になり、心から感謝申し上げたい。研究面では自主ゼミを通じて、切磋琢磨し合うことができたと思う。時には、滝村先生を交えて食事会や旅行などに出かけ、リフレッシュして、また研究や仕事に励むことができた。

また、博士論文執筆中に在職していた岡崎女子短期大学の先生方、事務局の方々には、いろいろと助けていただき、執筆に励むことができた。

そして、長きにわたり、一つのテーマに向き合うことができたのは、学部時代に実習先で生活を共にした児童養護施設の幼児さんたちのおかげである。彼らの一生懸命に環境に適応していこうとする姿に心打たれ、この子らに適切な養育環境を与えることが社会的養護の役割であることを痛感した。子どもたちの言動がいまでも胸に突き刺さり、里親制度をテーマにしてきた原動力になっている。

出版に関しては、九州大学の田中友佳子先生が、筆者の背中を押してくださったことによるところが大きい。諸般の事情から、研究活動を休止していた筆者であったが、「社会的養育を考える九大研究会」に招いてくださり、研究意欲を呼び起こしてくださったことにも心より感謝申し上げたい。この研究会でご一緒した千葉県里親家庭センターの木ノ内博道氏には、『里親だより』の執筆の機会をつくってくださったことにも感謝申し上げる。

勁草書房の橋本晶子さんをはじめとする編集部の方々には大変お世話になった。橋本さんには、丁寧な編集作業とご助言をいただいたことに、心から御礼申し上げる。

なお、研究の一部（第一章、第二章、第七章、第八章）の遂行に当たって、平成二一、二二年度日本学術振興会科学研究費補助金（研究活動スタート支援・課題名「里親・委託児童・実親の生活問題の構造とサポート体制に関する研究」課題番号：21830168）の助成を受けた。

最後に、筆者が社会人として再び大学や大学院に進学することに対して理解し続けてくれた家族と、現在、家族としてサポートしてくれる谷口篤へ心から感謝したい。本当にありがとう。

二〇一九年一〇月

貴田美鈴

悪夢の医療史　人体実験・軍事技術・先端生命科学
ラフルーア・ベーメ・島薗編著　中村圭志・秋山淑子訳　A5判　三五〇〇円

流通する「人体」　献体・献血・臓器提供の歴史
香西豊子　A5判　三五〇〇円

社会福祉学の〈科学〉性　ソーシャルワーカーは専門職か?
三島亜紀子　A5判†　三八〇〇円

社会福祉学は「社会」をどう捉えてきたのか
ソーシャルワークのグローバル定義における専門職像
三島亜紀子　A5判　三〇〇〇円

児童自立支援施設の歴史と実践
子育ち・子育てを志向する共生理念
武千晴　A5判　一八〇〇〇円

はじき出された子どもたち
社会的養護児童と「家庭」概念の歴史社会学
土屋敦　A5判　四〇〇〇円

植民地朝鮮の児童保護史
植民地政策の展開と子育ての変容
田中友佳子　A5判　六〇〇〇円

孤児と救済のエポック
十六〜二〇世紀にみる子ども・家族規範の多層性
土屋敦・野々村淑子編著　A5判　四二〇〇円

＊表示価格は二〇一九年一〇月現在。消費税は含まれておりません。
†はオンデマンド版です

著者略歴
1959 年　岐阜県生まれ。
2005 年　中部学院大学人間福祉学部卒業。社会福祉士、精神保健福祉士。
2012 年　名古屋市立大学大学院人間文化研究科博士後期課程修了。
博士（人間文化）。
岡崎女子短期大学准教授を経て、
現　在　名古屋市立大学人文社会学部非常勤講師。
専門は社会福祉学、子ども家庭福祉論、社会的養護。
主　著　『児童家庭福祉の成立と課題』（共著）勁草書房、2013 年。
『社会的養護内容』（共著）ミネルヴァ書房、2014 年。

里親制度の史的展開と課題
社会的養護における位置づけと養育実態

2019 年 10 月 20 日　第 1 版第 1 刷発行

著　者　貴《き》田《だ》美《み》鈴《すず》
発行者　井　村　寿　人

発行所　株式会社　勁《けい》草《そう》書　房
112-0005　東京都文京区水道 2-1-1　振替　00150-2-175253
（編集）電話 03-3815-5277／FAX 03-3814-6968
（営業）電話 03-3814-6861／FAX 03-3814-6854
理想社・牧製本

ISBN978-4-326-60322-0　Printed in Japan

事項索引

た行

な行

は行

ま行

や行

人名索引

参 考 文 献

秋元美世・芝野松次郎・森本佳樹・ほか［編］（2003）『現代社会福祉辞典』有斐閣.

網野智（1948a）「里親制度の運営について　吾が國における里親制度（その1）その歴史的變遷」『社會事業』31（11–12），22–29.

網野智（1948b）「里親制度の運営について（その2）」『社會事業』31（11–12），30–36.

網野智（1950）「第5　里親制度」川島三郎［編］『兒童福祉の諸問題』（再録：(2002)『現代日本児童文献選集第35巻』日本図書センター），167–182.

網野武博・柏女霊峰・宮本和・ほか（1998）「里親制度及びその運用に関する研究」『日本子ども家庭総合研究所紀要』35，181–208.

網野武博・ほか（2003）『資料でみる新しい里親制度』全国里親会.

安藤藍（2017）『里親であることの葛藤と対処―家族的文脈と福祉的文脈の交差―』ミネルヴァ書房.

安藤藍（2018）「里親制度の規定する『家族』・『家庭』像の変遷」『家計経済研究』113，71–83.

荒牧重人（2017）「子どもの権利条約第4・5回日本政府報告の検討と報告制度の効果的活用」『山梨学院ロー・ジャーナル』12，1–25.

有村大士・木ノ内博道・庄司順一・ほか（2009）「地域の里親会活動の現状―調査結果から見えてくること」『里親と子ども』4，22–25，明石書店.

朝日新聞社（1987）「里親に片親もOK，資質向上へ再認定も厚生省が制度改正」『朝日新聞』11月6日.

朝日新聞社（1988）「新制度で里親はどうなる　必要性高まる一方　岐阜の研修会から」『朝日新聞』7月20日.

朝日新聞社（1995）「子どもたち，懸命に生きる　里親の申し出も次々　阪神大震災」『朝日新聞』1月25日.

朝日新聞社（1995）「短期里親に1630家庭　阪神大震災」『朝日新聞』1月30

日.
浅井春夫（2018）「『新しい社会的養育ビジョン』をどう読むか」浅井春夫・黒田邦夫編『〈施設養護か里親制度か〉の対立軸を超えて―「新しい社会的養育ビジョン」とこれからの社会的養護を展望する』明石書店，12–36.

浅居喜代二・白澤政和・和多田淳三（1983）「里親開拓の可能性について」『大阪府立大學紀要』31，145–162.

芦立光之（1954）「里親・里子の問題」『社会事業』37（4），19–20.

ベンダー，ロレッタ（1950）「家庭生活に優るものはない」（再録：(1999)『教育と保護の心理学』クレス出版）.

Bowlby, J.（1951）*Maternal Care & Mental Health*. World Health Organization, Geneva（＝1962，黒田実郎訳『乳幼児の精神衛生』岩崎書店）.

Bowlby, J.（1969）*Attachment and Loss*: Vol.1; *Attachment*. Basic Books.（＝1976，黒田実郎・ほか訳『母子関係の理論Ⅰ；愛情行動』岩崎学術出版社）.

Bowlby, J.（1973）*Attachment and Loss: Vol.2; Separation*. Basic Books.（＝1977，黒田実郎・ほか訳『母子関係の理論Ⅱ；分離不安』岩崎学術出版社）.

Bowlby, J.（1980）*Attachment and Loss*: *Vol.3; Loss, sadness and depression*. Basic Books.（＝1981，黒田実郎・ほか訳『母子関係の理論Ⅲ；愛情喪失』岩崎学術出版社）.

Colton, M. & Williams, M.（1997）*The World of Foster Care : An International Sourcebook on Foster Care Systems*（＝2008，庄司順一監訳『世界のフォスターケア―21の国と地域における里親制度』明石書店）.

Creswell, J. W.（2003）*Research Design Qualitative, Quantitative, and Mixed Methods Approaches*（＝2007，操華子・森岡崇訳『研究デザイン―質的・量的・そしてミックス法』日本看護協会）.

Creswell, J. W. & Plano Clark, V. L.（2007）*Designing and Conducting Mixed Methods Research*（＝2010，大谷順子訳『人間科学のための混合研究法　質的・量的アプローチをつなぐ』北大路書房）.

Denzin, N. K. & Lincoln, Y. S.（2000）*Handbook of Qualitative Research, second edition*.（＝2006，平山満義監訳『質的研究ハンドブック２巻』北大路書房）.

海老名正吾（1954）「児童福祉の目はどこへ向けられるか―里親の問題にふれて」『社會事業』37（4），11–13.

Flick, U.（2007）*Qualitative Sozialforschung*. Rowohlt Taschenbuch Verlag GmbH, Reinbek bei Hamburg（＝2011，小田博志・山本則子・春日常・宮地尚子訳『新版　質的研究入門―〈人間の科学〉のための方法論』春秋社）.

藤林武史（2018）「乳幼児の家庭養育原則と新しい社会的養育ビジョン」『世界の児童と母性』83，12–16.

福地成・前垣よし乃・氏家武（2005）「事例検討による里親支援・里親制度に関する一考察」『子どもの心とからだ』14（2），125–132.

福丸由佳（2011）「里親に向けた心理教育的介入プログラムCARE（Child-Adult Relationship Enhancement）の実践」『白梅学園大学・短期大学紀要』47，1–13.

福島一雄・菅原昭・戸巻芙美夫・ほか［編］（1996）『養護施設の半世紀と新たな飛翔―第50回全国養護施設長研究協議会記念誌―』全国社会福祉協議会・全国養護施設協議会.

福祉新聞社（2017）「児童養護施設に驚きと衝撃　厚労省の『新ビジョン』を協議会長が批判」『福祉新聞』10月23日.

古川孝順（2005）『社会福祉原論［第2版］』誠信書房.

古川孝順・岡本民夫・宮田和明・ほか［編著］（2007）『エンサイクロペディア社会福祉学』中央法規出版.

古川隆幸（2007）「なぜ日本の里親制度は普及しないのか」『佐賀女子短期大学研究紀要』41，77–88.

外務省ホームページ（https://www.mofa.go.jp/mofaj/gaiko/jido/index.html, 2019.1.12）

Goodman, R.（2000）*Children of the Japanese State: The changing Role of Child Protection Institution in Contemporary Japan*, Oxford University Press.（＝2006，津崎哲雄訳『日本の児童養護―児童養護学への招待―』明石書店）.

花村春樹・豊福義彦・二階堂ひさ子（1986）「里親家族に関する研究」（第2報）『和泉短期大学研究紀要』8，1–17.

花村春樹・豊福義彦・二階堂ひさ子（1988）「里親家族に関する調査研究（第

3 報）―栃木県・大田原市及び塩谷郡氏家町における世帯訪問調査事例報告―」『和泉短期大学研究紀要』10，1-16.
花村春樹・豊福義彦・二階堂ひさ子（1991）「里親家族に関する研究」（第 4 報）『和泉短期大学研究紀要』13，41-57.
花村春樹・豊福義彦・二階堂ひさ子（1992）「里親家族に関する研究」（第 5 報）『和泉短期大学研究紀要』14，35-45.
畠中宗一（1989）「わが国における里親制度の現状と課題」『中国短期大学紀要』20，99-109.
波多野里望（2005）『逐条解説　児童の権利条約［改訂版］』有斐閣.
林浩康（2012）「近年における社会的養護施策の動向」『新しい家族』55，104-105.
林浩康（2013）「社会的養護における家庭養護とは何か」『新しい家族』56，4-10.
判例検索システム（http://www.courts.go.jp/search/jtsp0010，2011.5.3）
引土達雄・水木理恵・前川暁子・ほか（2017）「医療機関による支援に関する里親へのニーズ調査」『小児の精神と神経』56（4），361-374.
平田美智子（2006）「アタッチメントに配慮した里親支援」『和泉短期大学研究紀要』27，25-34.
堀場純矢（2003）「里親制度の現状と今後の課題―専門里親・親族里親を中心に」『社会福祉士』10，150-157.
深谷昌志・深谷和子・青葉紘宇（2013）『社会的養護における里親問題への実証的研究』福村出版.
伊福部敬子（1951a）「一日里親の報告――養護理論確立への助言」『社会事業』34（6・7），25-31.
伊福部敬子（1951b）「里親委託問題二・三」『社會事業』34（9），29-33.
飯原久弥（1956）「里親制度の現状と問題点」『社會事業』39（10），60-64.
池田由子（1981）「乳児院収容児の長期予後調査的研究―1―里子・養子になった子どもたちの予後について」『精神衛生研究』28，1-13.
池末茂樹（1950）「里親問題に対する一考察」『社會事業』33（1），53-58.
石井哲夫（1956）「里子村の診断」『社會事業』39（1），37-41.
伊藤嘉余子（2004）「日本における里親支援のあり方に関する研究　英国の里親支援体制との比較からの検証」『研究紀要　福島学院大学』36，51-60.

伊藤嘉余子（2015）「里親の成熟プロセスに影響を及ぼす里親支援」『子ども家庭福祉』14，13-23.
伊藤嘉余子編著（2017）『社会的養護の子どもと措置変更』明石書店.
伊藤嘉余子・髙田誠・森戸和弥（2014）「児童福祉施設と里親とのパートナーシップ構築に向けての課題：児童養護施設・乳児院職員のインタビュー調査結果からの考察」『社会問題研究』63，27-38.
伊藤友宣（1972）『親とはなにか』中央公論社.
逸見勝亮（1994）「第二次世界大戦後の日本における浮浪児・戦争孤児の歴史」『日本の教育史学』37（0），99-115，北海道大学.
岩本真佐子（2007）「社会的養護の今後のあり方に関する研究―「里親研修」を中心に」『関西福祉大学研究紀要』10，29-34.
岩永公成（2002）「占領初期の PHW の児童福祉政策構想―厚生省児童局の設置過程を通して―」『社会福祉学』42（2），1-10.
岩永公成（2006）「児童相談所の組織構成の成立過程―三部制の導入をめぐって」大原社会問題研究所雑誌，573，61-73.
岩波成行（2006）「里親制度の活用に向けて―中絶される生命を生かすために」『立法と調査』10，87-89.
和泉広恵（2002）「限界から生まれる家族の語り―3 つの養育家庭を事例として―」奥村隆［編］「親密圏の現代的変容―家族関係を中心にして―」『千葉大学社会文化研究科研究プロジェクト報告書』3-19.
和泉広恵（2006）『里親とはなにか―家族する時代の社会学』勁草書房.
和泉広恵（2016）「第 3 章「家族」のリスクと里親養育――「普通の家庭」というフィクション」野辺陽子・松木洋人・日比野由利・和泉広恵・土屋敦『〈ハイブリッドな親子〉の社会学―血縁・家族へのこだわりを解きほぐす』青弓社，106-141.
和泉広恵（2018）「日本における里親養育および里親制度に関する研究の動向―2010 年以降を中心に―」『家族研究年報』42，35-46.
児童福祉法研究会［編］（1978）『児童福祉法成立資料集成　上巻』ドメス出版.
児童福祉法研究会［編］（1979）『児童福祉法成立資料集成　下巻』ドメス出版.
梶原敦（2005）「今回の児童福祉法改正について行政の立場から―児童虐待防止策について」『新しい家族』47，2-25.
亀島信也・山崎順子・ほか（1996）「養育里親委託児童調査報告書」日本社会

事業大学社会事業研究所.
神崎清（1952）「警察官の証言について―里親制度と人身売買」『社會事業』35（7），4-11.
金城芳子（1948）「東京都に於ける里子制の変遷と現状」『社會事業』31（8），3-9.
金山佐喜子・金山元春（2008）「里親養育の臨床心理学的考察を里親はどうみるか」『家庭教育研究所紀要』30，131-138.
家庭養護促進協会（1964）『家庭養護の諸問題』日本生命済生会社会事業局（再録：網野武博・柏女霊峰・新保幸男［編］（2008）『児童養護第12巻 家庭養護の諸問題―創立三周年記念論文集―』日本図書センター）.
家庭養護促進協会（1995）「養親希望者の実態調査」.
家庭養護促進協会（1998）「養親希望者に対する意識調査」.
家庭養護促進協会（2002）「非血縁親子関係調査―その形成における要因の測定研究―」.
家庭養護促進協会神戸事務所（2004）『里親が知っておきたい36の知識：法律から子育ての悩みまで』エピック.
加登田恵子（2009）「〈児童福祉法体制〉受容のプロセス―舵子事件をめぐって―」『山口県立大学学術情報』2，39-70.
加藤永一（1961）「里親の権利義務―その法律構成―」東北大学法学会.
川松亮（2017）「児童福祉法改正の意義と課題」『子どもの権利研究』28，54-67.
姜恩和（2013）「戦後の家庭的養護の歴史的展開に関する考察―家庭養育雇用慣行及び同居児童の届出を通して―」『東京社会福祉史研究』7，東京社会福祉史研究会.
経済企画庁（1995）『国民生活白書（平成7年版）要旨』（http://warp.da.ndl.go.jp/info:ndljp/pid/9990748/www5.cao.go.jp/seikatsu/whitepaper/h7/seikatsu-j-j.html）.
貴田（左高）美鈴（2007）「里親制度における政策主体の意図―1960年代から1980年代の社会福祉の政策展開に着目して」『名古屋市立大学大学院人間文化研究』8，83-97.
貴田美鈴（2008）「2002年の里親制度の改定に影響を及ぼした社会的要因―子どもの権利条約批准と児童虐待の社会問題化」『名古屋市立大学大学院人

間文化研究』10，77-89.

貴田美鈴（2009）「里親に関する研究の展望と課題—1998 年～2008 年までの国内文献から—」『名古屋市立大学大学院人間文化研究』12，85-100.

貴田美鈴（2011）「児童福祉法成立期の里親委託の位置づけ」『岡崎女子短期大学研究紀要』44，7-16.

菊池緑（2004）「里親委託児童に関するアンケート調査結果（1）実親家族との交流について」『新しい家族』45，68-89.

菊池緑（2007a）「日本で里親制度が利用されない理由とは？—国際比較研究を通じて言えること—」子どもの虐待とネグレクト 9（2），147-155.

菊池緑（2007b）「編集後記」『新しい家族』50.

木村容子（2005）「被虐待児の養育を担う専門里親の潜在的ニーズ—里親のニーズに関するアンケート調査から—」『関西学院大学社会学部紀要』98，93-105.

木村容子・芝野松次郎（2006）「里親の里子養育に対する支援ニーズ『専門里親潜在性』の分析に基づく専門里親の研修と支援のあり方についての検討」『社会福祉学』47（2），16-30.

木村容子（2007）「子どもの福祉の視点に立つ里親制度のあり方に関する検討」『京都光華女子大学研究紀要』45，329-248.

木ノ内博道（2009）「地域里親会の現状と課題」『里親と子ども』4，7-12，明石書店.

小堀哲郎（2005）「養子縁組・生殖医療・ボランタリズム—里親制度をめぐるいくつかの課題」『秋草学園短期大学紀要』22，37-50.

子どもの村福岡編（2011）『国連子どもの代替養育に関するガイドライン—SOS 子どもの村と福岡の取り組み』福村出版.

国会会議録検索システム（http://kokkai.ndl.go.jp/）

許斐有（1991）「児童福祉における「子どもの権利」再考—子どもの権利条約の視点から」『社会福祉研究』52，49-55.

古澤賴雄（2005）「非血縁家族を構築する人たちについての文化心理学的考察：その人たちへの社会的スティグマをめぐって」『東京女子大学比較文化研究所紀要』66，13-25.

厚生省（1997）「平成 9 年度児童養護施設入所児童等調査」.

厚生省児童家庭局［編］（1978）『児童福祉三十年の歩み』日本児童問題調査会.

厚生省児童家庭局［編］（1998）『児童福祉五十年の歩み』厚生省児童家庭局.
厚生省児童局［編］（1954）「養護施設運営要領」（再録：網野武博・柏女霊峰・新保幸男［編］（2007）『児童養護　第7巻』日本図書センター).
厚生省児童局［編］（1963）『児童福祉白書』日本児童福祉協会.
厚生省児童局［編］（1959）『児童福祉十年の歩み』日本児童問題調査会.
厚生省（1996）「中央児童福祉審議会基本問題部会　中間報告書について」.
厚生労働省「福祉行政報告例」各年度
厚生労働省（2002）「平成14年度児童養護施設入所児童等調査」.
厚生労働省（2003a）「児童虐待の防止等に関する専門委員会」報告書.
厚生労働省（2003b）「社会的養護のあり方に関する専門委員会報告書」『社会福祉関係資料施策資料集』月刊福祉増刊号（22).
厚生労働省（2007a）「今後目指すべき児童の社会的養護体制に関する構想検討会報告書」.
厚生労働省（2007b）「社会的養護体制の充実を図るための方策について」.
厚生労働省（2011a）「里親委託ガイドライン」.
厚生労働省（2011b）「社会的養護の課題と将来像」.
厚生労働省（2013）「児童養護施設入所児等調査結果」.
厚生労働省（2016）「社会的養護の現状について（参考資料)」.
厚生労働省（2019）「社会的養育の推進に向けて」.
厚生労働省（1956年版～2017年版）「厚生白書」•「厚生労働白書」.（https://www.mhlw.go.jp/toukei_hakusho/hakusho/).
厚生労働省法令等データベースサービス（http://wwwhourei.mhlw.go.jp/hourei/index.html).
窪田暁子（1986）「1950年代の施設養護論（一）―ホスピタリズム論とその影響―『人文学法』187，東京都立大学人文学部.
黒田邦夫（2018）「日本の児童養護が培ってきたものを土台とした方向性を提起する」浅井春夫・黒田邦夫編『〈施設養護か里親制度か〉の対立軸を超えて―「新しい社会的養育ビジョン」とこれからの社会的養護を展望する』明石書店，213-236.
黒木利克（1963）『児童福祉事業概論』全国社会福祉協議会.
小山修・澁谷昌史・庄司順一・ほか（2007）「里親への研修実態に関する研究―新規登録里親研修を中心に」『日本子ども家庭総合研究所紀要』43，247

-256.
真鍋顕久（2007）「里親委託のアセスメントツールについて―フローダイヤグラムとライフロードマップ」『名古屋女子大学紀要』53，175-180.
益田早苗（1999）「わが国の里親研究の動向と今後の課題」『青森県立保健大学紀要』1（1），91-97.
益田早苗・浅田豊（2000）「日本の要保護児童の現状からみた里親制度の位置付けと役割に関する一考察」『青森県立保健大学紀要』2（1），133-143.
益田早苗・浅田豊（2001）「現代日本の里親意識と児童養育・支援の今日的課題」『青森保健大学紀要』3（2），177-190.
松原康雄（2017）「児童福祉法改正に至る議論と法改正の意義，今後の課題」『世界の児童と母性』82，2-5.
松橋秀之（2018）「新しい養育ビジョンと現場の思い」『社会福祉研究』131，106-107.
松本なるみ（2006）「社会的養護における子どもの最善の利益とは―子どもの養育に必要な要因の検討を手がかりに」『鳴門教育大学研究紀要』21，102-111.
松本園子（1985）「社会的養護の方法としての里親制度の検討（1）現行里親制度の発足の事情と問題点」，『淑徳短期大学研究紀要』24，81-93.
松本武子（1971）「里親制度の運用に関する比較研究」『日本女子大学紀要文学部』21，116-143.
松本武子（1972）『児童福祉の実証的研究』誠信書房.
松本武子（1974）「北海道の里親制度―くるみ里親会と芭露部落」『社会福祉』（17），2-18，日本女子大学社会福祉学科.
松本武子（1980）『児童相談所と里親制度』相川書房.
松本武子（1986）「里親制度に関する調査研究」『聖徳大学研究紀要』125-144.
松本武子（1991）『里親制度の実証的研究』健帛社.
松本武子・渥美節夫・ほか［編著］（1977）『里親制度：その実践と展望』相川書房.
松本佑子・秋山修子（2007）「子どもにとっての里親制度促進に関する一考察」『児童学研究』（聖徳大学）9，9-16.
松島正儀（1950a）「里親制度の現状分析（その一）」『社會事業』33（3），9-15.

松島正儀（1950b）「里親制度の現状分析（その二）」『社會事業』33（4），4-9.
御園生直美（2001）「里親の親意識の形成過程」『白百合女子大学発達臨床センター紀要』5，37-48.
御園生直美（2002）「里親養育についての考察―里親養育の特徴とその親意識について」奥村隆［編］「親密圏の現代的変容―家族関係を中心にして―」『千葉大学社会文化研究科研究プロジェクト報告書』41，20-36.
御園生直美（2007）「里親養育における家族関係の形成・社会的養護と家庭環境」『家庭教育研究所紀要』29，84-93，小平記念日立教育振興財団日立家庭教育研究所.
三谷はるよ（2013）「里親の危機対処過程――社会関係の影響に注目して――」『家族社会学研究』25（2），109-120.
三輪清子（2018）「「里親の不足」の意味するもの―なぜ「里親は足りない」のか」『福祉社会学研究』15，93-113.
宮島清（2006）「里親委託・養子縁組の歴史・現状・これから―子どものための家庭養護を構築するために」『日本社会事業大学社会事業研究所年報』42，1-81.
宮島清（2007）「家庭養護の歴史・現状・これから―子どものための里親委託と養子縁組のために」山縣文治・林浩康［編著］『社会的養護の現状と近未来』明石書店.
宮島清（2017）「里親支援体制の構築とソーシャルワーク」『ソーシャルワーク研究』43（1），34-42.
宮田和明（2002）「高度経済成長期の社会福祉政策」『国民生活と社会福祉政策』かもがわ出版.
三吉明（1959）「わが国における里親委託児童の問題―特に千葉県安房郡漁家里子の実態を中心として」42（3），56-74.
三吉明［編著］（1963）『里親制度の研究』日本児童福祉協会.
森和子（2001）「養子縁組里親・里子の親子関係形成への援助に関する事例研究―児童相談所の里親委託における援助システムの構築に向けて」『生活社会科学研究』8，57-71.
森和子（2005）「養親子における「真実告知」に関する一考察―養子は自分の境遇をどのように理解していくのか」『文京学院大学人間学部研究紀要』7（1），61-88.

森和子（2007）「養子になった我が子に伝えたいこと―生い立ちの理解を助ける海外の絵本分析を通して」『文京学院大学人間学部研究紀要』9（1），109–129.

森和子（2008）「家族として生活することの意義についての一考察―里子と親子関係を築けなかった経験をもつ里親の語りから」『文京学院大学人間学部研究紀要』10（1），49–68.

森和子（2009）「生みの親と育ての親をもつ養子のアイデンティティ形成に関する一考察―出自を告知されずに成人した養子の事例分析」『文京学院大学人間学部研究紀要』11（1），111–129.

森和子（2010）「養子の発達段階別課題」『里親と子ども』5，93–100，明石書店.

森本美絵（2007）「里子の養育過程における課題と社会的支援―近畿地区里親の養育に関するアンケート調査をとおして」『名古屋短期大学研究紀要』45，163–173.

森本美絵・野澤正子（2006）「里子Ａの成長過程分析と社会的支援の必要性―里親家庭Ｃへの継続的なインタビューを通して」『社会福祉学』47（1），32–45.

森本美絵・野澤正子（2012）「ある委託児童（里子）の成長過程の具体像と里親教育への社会的支援の在り方―継続的なインタビューによる里母の語りをとおして―」『京都橘大学研究紀要』38，77–99.

森望（2000）「里親制度と社会的養護のあり方をめぐって」『新しい家族』37，33–45.

本山美八郎（2003）「里親制度の改正と課題」『宝仙学園短期大学紀要』28，9–16.

本山美八郎（2008）「社会的養護の充実―里親制度を中心に」『柏樹論叢』6，109–141.

宗内美映子（1988）「父子家庭――（父親ガンバレ）」『児童心理』42（1），金子書房，84–87.

村田和木（2005）『「家族」をつくる　養育里親という生きかた』中央公論新社.

武藤素明（2016）「児童福祉法改正と社会的養護の課題」『子どもと福祉』9，70–75.

永井健二（1957）「里親・職親制度の問題点」『社會事業』40（5），66–69.

長島晴雄（1964）「愛の手運動と新聞」家庭養護促進協会『家庭養護の諸問題』日本生命済生会社会事務局（再録：網野武博・柏女霊峰・新保幸男［編］（2008）『第 12 巻　家庭養護の諸問題―創立三周年記念論文集』日本図書センター）.

中垣昌美［編］（1995）『社会福祉対象論』さんえい出版.

中垣昌美（2000）『新訂　社会福祉学の基礎』さんえい出版.

中川良延（2004）「日本の里親制度―そこにどんな問題があるか，解決の方向を探る―」湯沢雍彦［編著］『里親制度の国際比較』ミネルヴァ書房，303–324.

中川良延（2007）「養子縁組あっせん事業の届出制度の現状と課題―関係官庁のインタビュー調査の分析と考察」『新しい家族』50，31–39.

中川良延（2010）「子どもの福祉の養子縁組とは―養子縁組制度の現状と課題」『里親と子ども』5，57–62，明石書店.

中山茂（1955）「Ⅳ児童保護の内容」『児童保護』新評論社，

直井道子（2010）「総論　戦後日本の社会変化と福祉の変化」直井道子・平岡公一［編］『講座社会学Ⅱ福祉』東京大学出版会.

日本弁護士連合会ホームページ（子どもの権利条約報告書審査）
（https://www.nichibenren.or.jp/activity/international/library/human_rights/child_report-1st.html，2019.4.30）.

日本経済新聞社（2018）「施設や里親家庭で虐待増加 15～16 年度，厚労省まとめ」『日本経済新聞』9 月 5 日（https://www.nikkei.com/article/DGXMZO35007980V00C18A9CR8000/）.

日本社会民族学協会編著（1960）『日本社会民族辞典第 2 巻』p. 504.

日本財団（2018）「『里親』意向に関する意識・実態調査」.

二宮周平（2007）『家族と法―個人化と多様化の中で』岩波新書.

丹羽正子（2003）「戦後の児童問題に関する一考察―里親制度―」『愛知新城大谷短期大学研究紀要』2，35–47.

野辺陽子（2018）『養子縁組の社会学〈日本人〉にとって〈血縁〉とはなにか』新曜社.

野上芳彦（1963）「古くからある里親の村」三吉明［編著］『里親制度の研究』日本児童福祉協会.

野澤正子（1980）「養護と養護問題」『社會問題研究』30（2・3・4），199–214.

野澤正子（1991）『児童養護論』ミネルヴァ書房.
野澤正子（1996）「1950 年代のホスピタリズム論争の意味するもの—母子関係論の受容の方法をめぐる一考察—」『社會問題研究』45（2），35–58.
野澤正子（2000）「21 世紀に向けた子ども家庭福祉の課題」『世界の児童と母性』48，58–61.
小笠原平八郎（1967）『里親保護—その研究と実践』川島書店.
岡村重夫（1964）「養護理論の反省と問題点」家庭養護促進協会『家庭養護の諸問題』日本生命済生会社会事業局（再録：網野武博・柏女霊峰・新保幸男［編］（2008）『児童養護第 12 巻　家庭養護の諸問題—創立三周年記念論文集—』日本図書センター）.
大久保満彦（1953）「里親・里子の諸問題」『社會事業』36（9），40–48.
大久保満彦（1954）「里親と児童」『社會事業』37（4），21–33.
太田素子（2007）『子宝と子返し—近世農村の家族生活と子育て』藤原書店.
大谷まこと（2004）「里親委託における子どもの権利保護—カナダ BC 州との対比において」『東洋大学大学院紀要』41，295–307.
大谷嘉朗（1991）「社会的養護」社会福祉協議会［編］（1991）『社会福祉辞典』.
臨時行政調査会（1981）「行政改革に関する第一次答申」.
臨時行政調査会（1983）「行政改革に関する第五次答申（最終答申）」.
坂井摂子（2010）「里親養育に関する意識の変遷」『現代社会文化研究』47，35–52，新潟大学大学院.
左高美鈴（2007）「児童養護における里親制度の対象と役割—社会的要因との関連から—」名古屋市立大学大学院人間文化研究科 2006 年度修士論文.
左高美鈴（2007）「児童相談所における里親制度運営に関する一考察—全国と岐阜県の里親委託・支援状況に着目して」『名古屋市立大学大学院人間文化研究』7，93–109.
西條剛央（2003）「「構造構成的質的心理学」の構築—モデル構成的現場心理学の発展的継承」『質的心理学研究』2，164–186.
才村純（2005）『子ども虐待ソーシャルワーク論』有斐閣.
酒井流美（2005）「養育里親認定アセスメントに関する一考察」『福祉社会研究』6，61–73.
酒井平（1948）「里子村調査報告」『社會事業』31（8），12–20.
坂本洋子（2003）『ぶどうの木 10 人の“わが子”とすごした里親 18 年の記録』

幻冬舎.
坂本洋子（2004）『丘の上の家』幻冬舎.
坂本洋子（2008）［編］『わたしたち里親家族！：あなたに会えてよかった』明石書店.
坂田周一（2000）『社会福祉政策』有斐閣.
坂田堯［編］（1986）『全乳協 30 年史―乳児院 30 年のあゆみ―』全国社会福祉協議会・乳児福祉協議会.
真田是（2002）「第１章　戦後社会福祉の政策展開と展望（一）：政策批判の視点から」三浦文夫・ほか［編］『講座・戦後社会福祉の総括と二一世紀への展望　Ⅲ政策と制度』ドメス出版，21–42.
櫻井奈津子（1999）「里親への支援のあり方に関する研究―里親制度の活性化を求めて」『和泉短期大学研究紀要』21，11–20.
櫻井奈津子（2017）「『新しい社会的養育ビジョン』に寄せて」『新しい家族』60，41.
「里親と子ども」編集委員会（2006–2015）『里親と子ども』vol.1–vol.10，明石書店.
佐藤郁哉（2008a）『質的データ分析法』新曜社.
佐藤郁哉（2008b）『実践　質的データ分析入門』新曜社.
佐藤みゆき・松澤佳奈（2017）「S 市における重層的里親支援～養育里親へのインタビュー調査から～」『名寄市立大学社会福祉学科研究紀要』6，65–79.
瀬下裕紀子（2000）「里親政策の現状と課題」『暁星論叢』47，39–70.
瀬下裕紀子（2001）「里親政策の現状と課題（2）」『暁星論叢』49，45–66.
芝野松次郎（1984）『成人里子の生活と意識―里親家庭における親と子の追跡調査報告』家庭養護促進協会神戸事務所.
芝野松次郎・ほか（1988）『新しい里親像を求める：里親家庭における里父母の生活意識調査報告』家庭養護促進協会神戸事務所.
嶋崎惠子（2004）「里親養育における子どもの受け入れプロセス―里母と子どもの相互作用の視点から」『お茶の水女子大学心理臨床相談センター紀要』6，79–92.
澁谷昌史・才村純・庄司順一・ほか（2005）「専門里親及び親族里親の実態と課題に関する研究」『日本子ども家庭総合研究所紀要』41，43–61.

清水寛（1973）「「精神薄弱」児者福祉の現状と課題」『ジュリスト』537，233-254，有斐閣，
汐見稔幸［編］（2001）『里親を知っていますか？』岩波書店.
庄司順一（2003）『フォスターケア里親制度と里親養育』明石書店.
庄司順一（2008）「里親制度の現状と課題―里親制度を発展させるために―」『子どもの虐待とネグレクト』9（2），162-170.
庄司順一（2010）「児童福祉法改正と養子縁組制度の動向」『里親と子ども』5，63-68，明石書店.
庄司順一・益田早苗・谷口和加子・ほか（1999a）「里親の意識および養育の現状」『養子・里親斡旋問題の再検討と改革の提言』養子と里親を考える会（代表湯沢雍彦）.
庄司順一・谷口和加子・安藤朗子・ほか（1999b）児童福祉施設等におけるケアのあり方とマンパワーに関する研究―里親への支援のあり方に関する研究」『日本子ども家庭総合研究所紀要』35，35-39.
庄司順一・谷口和加子・安藤朗子・ほか（2000）児童福祉施設等におけるケアのあり方とマンパワーに関する研究（3）里親への支援のあり方に関する研究（2）」『日本子ども家庭総合研究所紀要』36，59-71.
庄司順一・山本真美・高橋重宏・ほか（2001）「里親制度の現状と課題（1）欧米における里親養育研究の動向 1990～1999」『日本子ども家庭総合研究所紀要』37，79-95.
庄司順一・小山修・安藤朗子・ほか（2002）「里親制度の現状と課題　欧米における里親養育研究の動向（2）」『日本子ども家庭総合研究所紀要』38，125-149.
庄司順一・谷口純世・高瀬礼子・ほか（2004）「児童福祉施設による里親支援のあり方の調査研究」全国社会福祉協議会.
庄司順一・津崎哲雄・河原畑優子・ほか（2008）「社会的養護体制に関する諸外国比較に関する調査研究」子ども未来財団.
園井ゆり（2010）「里親養育の必要性と新しい家族としての養育家族」『活水論文集』（活水女子大学）53，19-40.
Strauss, A. & Corbin, J.（1998）*Basics of Qualitative Research-Techniques and Procedures for Developing Grounded Theory,2nd.*: Sage Publications.（＝2004，操華子・森岡崇訳『質的研究の基礎―グラウン

デッド・セオリー開発の技法と手順　第2版』医学書院).
杉山隆一（2018）「『新しい社会的養育ビジョン』の波紋ととまどい」『保育問題研究』291，116-120.
鈴木政夫（1974）「養護施設，精薄児施設，情緒障害児短期治療施設―現状を変革するための課題」『ジュリスト』572，132-138，有斐閣.
鈴木道太（1950a）「宮城県に於ける里親制度」『社會事業』33（9），43-48.
鈴木道太（1950b）「宮城県に於ける里親制度」『社會事業』33（10），51-56.
鈴木佳男（1966）『養子と里子』国土社.
高田正巳（1951）『児童福祉法の解説と運用』時事通信社.
高橋重宏（1994）「児童福祉施策の転換と新しい理念―子どもと親（家庭）のウェルビーイングを促進するための児童福祉家庭サービスの構築―」『社会福祉研究』60，124-132，鉄道弘済会.
田垣正晋（2008）『これからはじめる医療・福祉の質的研究入門』中央法規.
高野栄次郎（1954）「これからの施設と里親の在り方」『社会事業』37（4），13-16.
高島進（1974）「革新自治体における福祉政策の視点」『ジュリスト』572，377-384，有斐閣.
武井優（2000）『他人が子どもを育てるとき里親と暮らした50人の今』かもがわ出版.
滝村雅人（1996）「児童福祉理念の変化―意見具申・答申を中心に」『名古屋市立保育短期大学紀要』35，113-124.
滝村雅人（2003）『対象論的視点による障害者福祉制度』さんえい出版.
田中久子（2008）「社会的養護としての里親制度の役割と限界―里親制度と養子縁組制度の比較を通じて」『獨協ロー・ジャーナル』3, 89-124.
谷川貞夫（1953）「ホスピタリスムスの研究―その究明過程における諸契機について―」『社会事業』36（9），5-52.
谷川貞夫（1954）「ホスピタリスムスの研究（二）―その予防及び治療対策への考察―」『社会事業』37（9），1-64.
丹野喜久子（1997）「幻の1950年児童福祉法全面改正」『新しい家族』30，60-76.
樽川典子（1994）「里親たちの親子関係序論―親子関係の解釈装置」『社会学ジャーナル』19，133-144.

辰己隆（2008）「児童養護における里親」『聖和大学論集』36，105-112.
寺脇隆夫（1976）「児童福祉法の成立と『児童の権利』—法成立過程研究の視点から—」『社会福祉研究』19，15-22.
寺脇隆夫［編］（1996）『続　児童福祉法成立資料集成』ドメス出版.
富安京子（1985）「父子家庭16万世帯の生活白書」『文藝春秋』63（12），312-323.
豊福義彦・二階堂ひさ子・花村春樹（1993）「里親家族の訪問調査報告（その1）—里親制度に関する意識の研究—」『和泉短期大学研究紀要』15，113-125.
豊福義彦（1981）「里親」大谷嘉朗・斎藤安弘・浜野一郎［編］『新版　施設養護の理論と実際』ミネルヴァ書房，231-241.
土屋敦（2014）『はじき出された子どもたち—社会的養護児童と「家庭」概念の歴史社会学』勁草書房.
津崎哲雄（2005）「わが国における里親制度の基本問題—宇都宮里子傷害致死事件に学ぶ」『福祉社会研究』4（5），1-19.
津崎哲雄（2009a）「この最後の者にも：社会的養護施策と被措置児童等虐待防止—里親制度への意味合い」『子どもの虐待とネグレクト』11（2），154-163.
津崎哲雄（2009b）『この国の子どもたち　要保護児童社会的養護の日本的構築—大人の既得権益と子どもの福祉—』日本加除出版.
打土井歳幸（2006）「地域で養育家庭（里親）を支える—八王子市の「里親ホッとサロン」の取り組み」『子ども家庭福祉学』5，103-109.
右田紀久恵（1958）「養子制度と里親制度　特にその親権を中心として」『大阪市立大学家政学部紀要』6，167-196.
右田紀久恵（1964）「里親の監護教育権能について」『社會問題研究』14（2），1-18.
右田紀久恵・ほか（1978）『里親開拓のための「城東区民の児童福祉（特に里親制度）に関する」意識調査』家庭養護促進協会・大阪市城東区社会福祉協議会.
上野千鶴子（1994）『近代家族の成立と終焉』岩波書店.
梅澤彩（2004）「里親制度の現状とその現代的課題—里親委託の促進と適切なマッチングの実現に向けて」『国際公共政策研究』9（1），87-102.

浦辺史（1973）「児童福祉」『ジュリスト』537，222-227，有斐閣.
和田直熙（2018）「『新しい養育ビジョン』を読んで―児童養護施設は何であったのか―」『児童養護』48（4），2-3.
山上有紀（2010）「養子縁組希望の里親に求められること」『里親と子ども』5，83-86.
山縣文治（2006）「子ども家庭福祉分野の政策展開と今後の課題」『社会福祉学』47（2），54-58.
山縣文治（2007）「子ども家庭福祉の基本的視座と実際」『社会福祉研究』100，85-92.
山縣文治（2008）「子どもの権利擁護・権利保障と児童福祉施設―専門職の視点から」『月刊福祉』91（1），26-29.
山縣文治［編著］（2010）「序論　親と子の福祉の向上に資する子ども家庭福祉研究と実践のために」『リーディングス　日本の社会福祉　第8巻　子ども家庭福祉』3-31，日本図書センター.
山縣文治（2011）「社会的養護の現状と国連ガイドラインの影響および課題」子どもの村福岡［編］『国連子どもの代替養育に関するガイドライン―SOS子どもの村と福岡の取り組み』福村出版，131-154.
山縣文治・柏女霊峰［編］（2008）『社会福祉用語辞典』第6版，ミネルヴァ書房.
山縣文治・林浩康［編著］（2007）『社会的養護の現状と近未来』明石書店.
山口春子（1985）「戦後混乱期の養護施設」『人文学報』179，231-250.
山口敬子（2007）「要養護児童のアタッチメント形成と里親委託制度」『福祉社会研究』8，65-79.
山本真知子（2013）「里親家庭における里親の実子の意識」『社会福祉学』53（4），69-81.
山本正憲（1952a）「養子と里子―民法と兒童福祉法との交錯―」『神戸法学雑誌』2（1），52-86.
山本正憲（1952b）「里子の實態及び性格―勞働里子と養子里子―」『神戸法学雑誌』2（3），532-563.
山本保（1988）「『家庭養育運営要綱』の改正―40年ぶりの里親制度改正・『里親を育てる』に―」『新しい家族』12，49-61.
山藤宏子・中村容子・川名はつ子（2015）「里親にとって措置解除とは何か―

里子の受託，養育，解除における里親のニーズの把握と支援―」『子ども家庭福祉学』15，37-49.
柳田國男（1946）「オヤと労働」『家閑談』鎌倉書房（再録：柳田國男（1999）『柳田國男集第十七巻』筑摩書房）.
柳田國男（1948）「史學と世相解説」『國史と民俗學』六人社（再録：柳田國男（1963）『定本柳田國男集第二十四巻』筑摩書房）.
吉田久一（2004）『新・社会事業の歴史』勁草書房.
吉田菜穂子（2008）「里親による里親・里子支援の現状―里親のセルフヘルプ・グループ活動を通して」『純心福祉文化研究』6，49-62.
吉田恒雄（2005）「児童福祉法改正と里親制度」『新しい家族』46，50-67.
吉田恒雄（2016）「平成28年児童福祉法改正等の改正について―里親委託，養子縁組を中心に」『新しい家族』59，114-116.
吉田幸恵（2018）『社会的養護の歴史的変遷』ミネルヴァ書房.
吉澤英子（1987）「わが国における里親制度の現状と問題点」『東洋大学社会学部紀要』24（2），157-193.
萬屋育子（2010）「愛知県の児童相談所における里親委託（養子縁組）の取り組み」『里親と子ども』5，69-77，明石書店.
養子と里親を考える会（2007）「里親制度および要保護児童の養子縁組に関する提言」.
養子と里親を考える会有志（2007）「貴委員会におけるいくつかの論点について」.
湯沢雍彦［編著］（2004）『里親制度の国際比較』ミネルヴァ書房.
湯沢雍彦（2005）『里親入門―制度・支援の正しい理解と発展のために』ミネルヴァ書房.
湯沢雍彦・岩崎美枝子・菊池緑・ほか（2003）「被虐待児受託里親支援に関する調査研究」養子と里親を考える会.
湯沢雍彦・宮本みち子（2008）『データで読む家族問題』日本放送出版協会.
渡邊守（2018）「新しい社会的養育ビジョンとフォスタリング機関事業の今後」『社会福祉研究』131，2-9.
渡邊茂雄・ほか（1998）『養育家庭での生活体験に関するアンケート調査報告書』東京都養育家庭センター協議会.
ウィリアムス飯久保蔦枝（2003）「里親制度について―日英の法制・家族のあ

り方の比較から」『東京家政学院大学紀要』43，77-84.
全国里親委託等推進委員会（2014）『里親支援専門相談員及び里親支援機関の活動，里親サロン活動における調査報告』財団法人全国里親会.
全国里親委託等推進委員会（2015）『平成26年度調査報告書』財団法人全国里親会.
全国里親委託等推進委員会（2016）『平成27年度調査報告書』財団法人全国里親会.
全国里親会（2002a）「里親活動振興事業検討会報告書」.
全国里親会（2002b）『里親関係資料』.
全国里親会（2003a）「里親委託促進のあり方―里親委託促進のあり方に関する研究委員会報告書」.
全国里親会（2003b）「里親制度の拡充・整備に関する研究会報告書」.
全国里親会里親推進事業検討委員会（1999）「里親事業推進のための提言」.
全国里親会専門里親モデル実施調査委員会（2002）「専門里親モデル実施調査研究報告書」.
全国社会福祉協議会・全国養護施設協議会［編］（1977）『「養護施設30年」資料編』全社協養護施設協議会.
全国社会福祉協議会・全国養護施設協議会［編］（1996）『養護施設の半世紀と新たな飛翔―第50回全国養護施設長研究協議会記念誌―』.
全国養護施設協議会制度検討特別委員会［編］（1995）「養護施設の近未来像報告書」.
全国養護施設協議会（1991）「平成二年度制度検討特別委員会報告」.
全国児童養護施設協議会制度検討特別委員会小委員会（2000）「児童養護施設近未来像IIの論点」.
全国児童養護施設協議会制度検討特別委員会小委員会（2003）「子どもを未来とするために―児童養護施設の近未来―」.

議事録
参議院厚生委員会 15 号（1947 年 9 月 19 日）.
衆議院厚生委員会 20 号（1947 年 10 月 6 日）.
衆議院厚生委員会 32 号（1950 年 4 月 26 日）.
参議院厚生委員会 8 号（1952 年 2 月 21 日）.
参議院本会議 3 号（1953 年 12 月 2 日）.
参議院厚生委員会 2 号（1953 年 12 月 4 日）.
全国児童福祉主管課長会議（1999 年 3 月 8 日）.
衆議院厚生労働委員会 16 号（2008 年 5 月 23 日）.
第 5 回中央児童福祉審議会基本問題部会（1996 年 6 月 12 日）.
第 2 回社会保障審議会児童部会（2002 年 2 月 13 日）.
第 1 回社会保障審議会児童部会　社会的養護のあり方に関する専門委員会（2003 年 5 月 23 日）.
第 5 回社会保障審議会児童部会　社会的養護のあり方に関する専門委員会（2003 年 9 月 19 日）.
第 11 回社会保障審議会　社会的養護専門委員会（2011 年 4 月 8 日）.
厚生労働委員会第 18 号（2016 年 5 月 18 日）.

巻末資料

資料1　戦後の里親制度・社会的養護の動向年表

年	里親制度・社会的養護政策・児童福祉政策	民間団体活動・研究等	その他の制度・政策，一般情勢
1945 （昭和20）	9月　戦災孤児等保護対策要綱実施		8月　ポツダム宣言受諾，第二次世界大戦終戦 10月　連合軍総司令部公衆衛生福祉局（GHQ/PHW）設置 10月　社会局設置 12月　GHQより救済並びに福祉計画の件覚書
1946 （昭和21）	4月　浮浪児その他児童保護等の応急措置実施 9月　主要地方浮浪児等保護要綱実施		9月　旧生活保護法公布 9月　民生委員令公布 11月　日本国憲法公布，施行（昭和22年5月3日）
1947 （昭和22）	3月　厚生省に児童局新設 5月　第一回児童福祉週間実施（以後毎年実施） 5月　第一回全国児童福祉大会開催（以後毎年実施） 12月　児童福祉法公布		
1948 （昭和23）	2月　全国孤児一斉調査実施 7月　こどもの日制定 9月　浮浪児緊急対策要綱決定（閣議） 10月　家庭養育運営要綱実施（里親） 12月　児童福祉施設最低基準公布施行		7月　優生保護法公布 7月　少年法公布 7月　民生委員法公布・施行 12月　国際連合「世界人権宣言」
1949 （昭和24）	5月　親元をはなれ他人の家庭に養育または雇用されている児童に対する保護対策		12月　身体障害者福祉法公布

	実施 11月　国際連合技術顧問アリス・ケイ・キャロル女史来日		
1950 （昭和25）	6月　全国要保護児童調査実施 10月　第1回里親デー実施	11月　全国養護施設協議会結成	5月　精神衛生法公布施行 5月　生活保護法公布施行 6月　朝鮮戦争が始まる
1951 （昭和26）	5月　児童憲章制定宣言 11月　保護受託者制度の新設	・ボウルビィ『Maternal care and mental health』を出版 ・厚生省児童家庭局『家庭生活に優るものはない』（ロレッタ・ベンダー著）を訳出 11月　全国乳児院協会結成	3月　社会福祉事業法公布 5月　世界保健機関に日本加盟 9月　サンフランシスコ講和条約，日米安保条約調印 10月　福祉事務所発足 12月　歳末たすけあい募金開始
1952 （昭和27）	2月　いわゆる人身売買事件対策要綱を中央青少年問題対策協議会において決定		4月　日本との平和条約発効
1953 （昭和28）	6月　要保護児童調査実施		
1954 （昭和29）	2月　第1回里親および職親を求める運動実施（以後毎年開催）	11月　全国里親連合会結成	
1955 （昭和30）	12月　里親制度実態調査実施	4月　社会福祉法人全国社会福祉連合会を全国社会福祉協議会に改称	6月　森永ヒ素ミルク事件発生
1956 （昭和31）	3月　第1回「この子たちを探そう運動」実施	「洛南里子村の実態調査」（同志社大学法学部）	5月　売春防止法公布 7月　経済白書「もはや戦後ではない」 12月　国連総会日本加盟を可決

資料１　戦後の里親制度・社会的養護の動向年表

年	里親制度・社会的養護政策・児童福祉政策	民間団体活動・研究等	その他の制度・政策，一般情勢
1957 (昭和32)	3月　児童相談所執務必携作成	5月　全国社会福祉大会で「里親信条」制定 ・「群馬全県下の里親，職親調査」明治学院大学	8月　朝日訴訟はじまる 12月「新長期経済計画」策定
1858 (昭和33)			12月　国民健康保険法公布
1959 (昭和34)			4月　国民年金法公布 11月　児童権利宣言（国連総会決議） サリドマイドによる薬害発生
1960 (昭和35)	8月　中央児童福祉審議会「児童福祉行政の刷新強化に関する意見」提出	12月「家庭養護寮促進協会」発足	3月　精神薄弱者福祉法公布 7月　身体障害者雇用促進法公布施行
1961 (昭和36)	11月　児童扶養手当法公布		4月　国民皆保険実現 12月「国民所得倍増計画」閣議決定
1962 (昭和37)	7月　中央児童福祉審議会「児童福祉施設最低基準の改善に関する意見」具申	6月　神戸で「愛の手運動」始まる ・ボウルビィ WHO 論文『乳幼児の精神衛生』として翻訳出版	
1963 (昭和38)	5月　初の「児童白書」発表	11月　三吉明編『里親制度の研究』	7月　老人福祉法公布
1964 (昭和39)	4月　家庭児童相談室設置運営要綱施行 7月　厚生省児童局を児童家庭局に改称	5月　大阪で「愛の手運動」始まる 12月　社団法人「家庭養護促進協会」設立	4月　OECD（経済協力開発機構）に加盟 7月　母子福祉法公布施行 7月　重度精神薄弱児扶養手当法公布 10月　東京オリンピックの開催
1965 (昭和40)		・全乳協の機関誌「乳児保育」発刊	8月　母子保健法公布 11月　いざなぎ景気始まる

1966 （昭和41）		1月　全国里親連合会が社団法人に認可 ・児童福祉施設危機突破全国大会が開催	
1967 （昭和42）	10月　里親委託児童について所得税法の扶養控除を適用. ・乳児院・養護施設の閉差是正措置を都道府県知事宛に通知する. ・「東京都における里親・保護受託者制度の改善について」意見具申 ・中央児童福祉審議会「養護施設等における幼児処遇の改善について」意見具申		8月　公害対策基本法制定
1968 （昭和43）	・里親委託児童について地方税の扶養控除を適用 ・中央児童福祉審議会「当面推進すべき年少幼児及び乳児対策」意見具申 ・児童収容施設の暫定定員制を打ち出す		・「経済大国」になる
1969 （昭和44）	・優良功労里親60人に対し厚生大臣感謝状を贈呈する ・児童福祉施設の充足率低下に対し施設の統廃合を示唆	・「乳児院のあり方，特にその対象・措置基準について」報告書	
1970 （昭和45）	7月　養護児童実態調査実施 10月　身体障害児（者）実態調査実施		10月　社会福祉施設緊急整備五ヵ年計画策定
1971 （昭和46）	・暫定定員制を始める（開差20%）. ・開差是正は17%へ	・「児童収容施設特に養護施設における児童処遇のあり方について」（意見具申）東京都児童福祉審議会 ・児童収容施設暫定定員制撤廃要求・児童	・コインロッカーベイビー事件頻発 ・社会福祉施設緊急整備5カ年計画策定 5月　児童手当法公布

資料1　戦後の里親制度・社会的養護の動向年表

年	里親制度・社会的養護政策・児童福祉政策	民間団体活動・研究等	その他の制度・政策，一般情勢
		福祉緊急全国代表者会議が開催される． 3月　全国里親連合会は財団法人全国里親会に変更	
1972 （昭和47）	財団法人全国里親会を通じて里親促進事業を展開 ・東京都児童福祉審議会（意見具申）「東京都における里親制度のあり方」	7月　全国里親会機関誌「里親だより」創刊	
1973 （昭和48）	4月　東京都で養育家庭制度実施 11月　中央児童福祉審議会「今後推進すべき児童福祉対策について」中間答申	・「乳児院のあり方に関する研究」（厚生科学研究）	・第1次オイルショック，低経済成長へと軌道修正 ・福祉元年 4月　宮城県で医師による赤ちゃん斡旋事件が発覚
1974 （昭和49）	9月　短期里親制度実施		・低成長時代に入る「福祉見直し」 12月　雇用保険法公布
1975 （昭和50）			12月　国際連合「障害者の権利宣言」採択 ・国際婦人年
1976 （昭和51）			
1977 （昭和52）	・養護児童等実施調査実施		
1978 （昭和53）			・第2次オイルショック
1979 （昭和54）			8月「新経済社会7ヵ年計画」閣議決定 ・国際児童年

1980（昭和55）			3月　TBS，ベビーホテル問題放送開始
1981（昭和56）	1月　「ベビーホテル調査結果概要」発表 2月　ベビーホテルの事故多発化に当たり，都道府県に一斉点検を指示 12月　中央児童福祉審議会「今後のわが国児童家庭福祉の方向について」意見具申		1月　国際障害者年「完全参加と平等」 3月　第二次臨時行政調査会発足 6月　母子福祉法を改正し母子及び寡婦福祉法公布 ・財政再建元年
1982（昭和57）		6月　養子と里親を考える会誌『新しい家族』創刊 11月　養子と里親を考える会が発足	・「老人保健法」（老人医療費の無料化廃止）
1983（昭和58）			・第二次臨調最終答申 ・民法改正により特別養子縁組制度創設 ・サラ金孤児が養護施設に措置されるケースが問題化
1984（昭和59）		・「成人里子の生活と意識」（家庭養護促進協会神戸事務所）	
1985（昭和60）			
1986（昭和61）			
1987（昭和62）	5月　里親等家庭養育運営要綱の改訂		5月　社会福祉士及び介護福祉士法公布 ・民法改正（特別養子制度新設）

資料1　戦後の里親制度・社会的養護の動向年表

年	里親制度・社会的養護政策・児童福祉政策	民間団体活動・研究等	その他の制度・政策，一般情勢
1988 （昭和63）	『里親になる—制度の解説と養育の手引き』（厚生省児童家庭局育成課）	・家庭養護促進協会『新しい里親像を求める：里親家庭における里父母の生活意識調査』	
1989 （昭和64） （平成元年）	・乳児院に被虐待児がしだいに増加する	・全国児童相談所長会が児童虐待についての初の全国実態調査	11月　国連「児童の権利に関する条約」採択
1990 （平成2年）		・「制度検討特別委員会中間報告」（全国養護施設協議会） ・大阪児童虐待防止センター開設	・合計特殊出生率1.57ショック ・福祉関係八法改正
1991 （平成3年）	・養護施設の全国平均の充足率が83%を割る	・「あらたな「児童家庭福祉」の推進をめざして」（児童家庭福祉懇談会　全社協） ・東京に「子どもの虐待防止センター開設	5月　育児休業法公布
1992 （平成4年）	12月　養護児童等実態調査実施	・「全国養護施設入所の被虐待児調査」（全養協・子どもの虐待防止センター）	・離婚，過去最高18万組へ
1993 （平成5年）	「21プラン研究会」報告書（厚生省児童家庭局長の私的懇談会）		12月　障害者基本法に改正
1994 （平成6年）	2月　中央児童福祉審議会「児童の健全育成に関する意見」 8月　国際家族年記念第40回里親大会開催 12月　「今の子育ての支援のための施策の基本的方向（エンゼルプラン）」策定 12月　厚生省「緊急保育対策5カ年事業の概要」策定	・「全国養護施設に入所してきた被虐待児とその親に関する研究」報告（全養協と子どもの虐待防止センター） ・「これからの夜間における保育ニーズへの対応を考える中間報告」（全国社会福祉協議会・全国保育協議会　夜間保育事業に関する検討会）	4月「児童の権利に関する条約」批准 ・国際家族年

1995 （平成7年）		・「養護施設の近未来像報告書」（全養協制度検討特別委員会） ・「児童福祉施設再編への提言～児童福祉施設のあり方委員会報告」（全社協，児童福祉施設のあり方委員会） ・子どもの虐待防止研究会発足 ・「養親希望者の実態調査」（家庭養護進協会）	1月　阪神・淡路大震災発生 5月　精神保健福祉法に改正 11月　育児・介護休業法へ改正 ・国際家族年
1996 （平成8年）	・「少子社会にふさわしい児童自立支援システムについて」（中間報告）	・「乳児院ホーム構想」 ・「養育里親委託児童調査報告書」（日本社会事業大学社会事業研究所）	9月　優生保護法から母体保護法へ改正
1997 （平成9年）	6月　児童福祉法第50次改正	・アン基金プロジェクト発足 ・「里親制度及びその運用に関する研究」（網野武博他）	・社会福祉の基礎構造改革について（主要な論点）社会福祉事業等の在り方に関する検討会
1998 （平成10年）	・保育所が措置制度から選択制度へと変更 ・乳児院へ家庭支援専門相談員（嘱託非常勤）導入	・養育家庭での生活体験に関するアンケート調査（東京都養育家庭センター協議会） ・養親希望者に対する意識調査（家庭養護進協会）	9月　知的障害者福祉法に改正
1999 （平成11年）	12月「重点的に推進すべき少子化対策の具体的実施計画について（新エンゼルプラン）」策定	・「養子・里親斡旋問題の再検討と改革の提言」養子と里親を考える会	5月　児童買春・児童ポルノ禁止法公布 ・保育所入所待機児童，全国で，3万2,933人
2000 （平成12年）	5月　児童虐待の防止等に関する法律公布		・社会福祉基礎構造改革の実施

資料1　戦後の里親制度・社会的養護の動向年表

年	里親制度・社会的養護政策・児童福祉政策	民間団体活動・研究等	その他の制度・政策，一般情勢
2001 （平成13年）		10月「児童養護施設近未来像Ⅱの論点」（全養協制度検討特別委員会小委員会） 11月　公益財団の認可，公益財団法人全国里親会	1月　厚生省から厚生労働省に改組，児童家庭局が雇用均等・児童家庭局に改組 4月　配偶者からの暴力の防止及び被害者の保護等に関する法律公布
2002 （平成14年）	9月　里親の認定等に関する省令（厚労令第115号） 里親が行う養育に関する最低基準（厚労令第116号） 専門里親・親族里親等を新設，レスパイトケア事業の新設	•「非血縁親子関係調査―その形成における要因の測定研究―」（家庭養護促進協会） •「里親活動振興事業検討会報告書」（全国里親会）	
2003 （平成15年）		3月　全国里親会「里親制度の拡充・整備に関する研究会報告書 3月　全国里親会「里親委託促進のあり方に関する研究委員会報告書」 4月　全国児童養護施設協議会「子どもを未来とするために―児童養護施設の近未来」報告書 12月　アン基金プロジェクトNPO法人化	
2004 （平成16年）	12月　児童福祉法の一部を改正する法律（法律第135号） 6月「子ども・子育て応援プラン」策定	•「児童福祉施設による里親支援のあり方の調査研究事業報告書」（社会福祉協議会）	12月　発達障害者支援法公布
2005 （平成17年）			11月　障害者自立支援法公布
2006 （平成18年）	4月　児童相談所に「里親委託推進員」を配置し，「里親委託推進委員会」設置		

	4月「今後の児童家庭相談体制のあり方に関する研究会報告書」		
2007 (平成19年)	6月　児童虐待の防止に関する法律の改正 8月「今後目指すべき児童の社会的養護体制に関する構想検討会」中間とりまとめ 11月「社会的養護体制の充実を図るための方策について」		
2008 (平成20年)	12月　児童福祉法等の一部を改正する法律（法律第85号）	・「子ども家庭福祉・社会的養護に関する制度のあり方検討特別委員会」報告書（全国児童養護施設協議会）	
2009 (平成21年)	7月　養護施設入所児等調査結果の概要（2008年2月1日現在）		11月　国連総会「国連児童の代替的養護に関する指針」を採択
2010 (平成22年)	1月「子ども・子育てビジョン」が閣議決定		
2011 (平成23年)	1月「児童虐待防止のための親権の在り方」報告書 1月「児童の権利利益を擁護するための方策について」 7月「社会的養護の課題と将来像」報告書		3月　東日本大震災発生 6月　障害者虐待防止法公布
2012 (平成24年)	3月「里親及びファミリーホーム養育指針」策定		
2013 (平成25年)			

年	里親制度・社会的養護政策・児童福祉政策	民間団体活動・研究等	その他の制度・政策，一般情勢
2014（平成26年）			4月　母子及び寡婦福祉法が母子及び父子並びに寡婦福祉法に改正
2015（平成27年）	1月　児童養護施設入所児童等調査の結果（2013年2月1日現在） 3月　少子化社会対策大綱（内閣府）を策定		
2016（平成28年）	3月「新たな子ども家庭福祉のあり方に関する専門委員会」報告 6月　児童福祉法等の一部を改正する法律公布		
2017（平成29年）	8月「新しい社会的養育ビジョン」発表		

資料２　里親制度に関する法令・通知年表

年	月	法令・通知	文書番号	宛　先	概　　要
1947	12	児童福祉法	法律 164		第 27 条 1 項 3 号　里親（保護者のない児童又は保護者に監護させることが不適当であると認められる児童を養育することを希望するものであって，都道府県知事が適当と認めるものをいう.）と定義されている．第 27 条で都道府県知事へのとるべき措置を規定している．
1948	3	児童福祉法施行令	政令 74		都道府県知事は，里親の認定をするには，都道府県児童福祉審議会の意見を聞かなければならない（第 9 条の 3）．都道府県知事は児童を里親に委託する措置をとった場合には児童福祉司，精神薄弱児童福祉司又は社会福祉主事のうち一人を指定して里親家庭を訪問して，必要な指導をさせなければならない（第 9 条の 4）．
		児童福祉法施行に関する件	発児 20	都道府県知事	里親制度の運営については，地方により相当の相違があると考えられるので，地方児童福祉委員会の意見を十分徴し地方の実情に即応するよう措置すること．児童を里親に委託したときは，都道府県知事は，児童相談所等を通じ，法第 29 条又は第 30 条の規定を活用し，厳重にこれを監督し，児童の労働力の搾取とみられるような行為がないようにすること．児童を他人に委託するときは，この法律による里親の制度を利用し，里親に委託するように宣伝指導に努めること．
		児童福祉法施行規則	省令 11		里親等希望者の申出（第 30 条）．里親登録名簿への登録（第 31 条）．
	10	里親等家庭養育の運営に関して	発児 50	都道府県知事	児童の里親委託の権限を児童相談所長に委任し，また，養子縁組についても児童相談所長が相談と斡旋の機能を果たすこととした．別紙「家庭養育運営要綱」のとおり運営方針を決めたので準拠して運営されたい．
1949	1	昼間里親の運営に関して	発児 2	都道府県知事	昼間里親も児童福祉法にいう里親の一種として運営すること． 昼間里親は保育所がないかあるいは保育所に通う可能距離外にある地区の乳児又は幼児等の福祉のために利用されることが特に必要と思われる．
	5	親元を離れ他人の家庭に養育され又雇用されている児	発児 45	都道府県知事	親元を離れ他人の家庭に養育され又は雇用されている児童について全国的な保護対策を保護対策実施要項により決定する．家庭養育雇用慣行の態様と実情の把握に努める．児童の福祉が保証される措置をとるように指導に努める．児童の就学を奨励すること．児童が就職するときは

年	月	法令・通知	文書番号	宛　先	概　　　要
		童の保護について			必ず公共職業安定所を利用すること．仲介業者の排除根絶に努める．児童福祉法のいう里親制度の普及徹底を図る．
	6	児童福祉法の一部を改正する法律（第3次改正）	法律211		人身売買防止のため，「営利を目的として児童のあっ旋する行為」の禁止規定（第34条第1項8号）と同居児童の届け出制度（第30条）を設けている．
		里親登録に関する疑義について	児発465	京都府知事	児童の両親が共に死亡して祖父母がその児童を扶養する場合は，民法877条第1項によって直系血族間においては扶養の義務があることを明確にしているので里親として登録することはできない．祖父母が孫を預かって育てるにあたっては経済的困窮がある場合には生活保護法による保護を受けるのが妥当である．子どもが，生活保護を受けている三親等内の伯父，伯母（叔父，叔母）に預けられている場合は，里親に切り換えてもよいがその場合は児童に対して支払われていた生活保護法による生活扶助費は停止され，児童福祉法の里親の委託費が交付されることになる．
		農家の里親に委託された児童を保有米の対象人口に算入することについて	児発523	都道府県知事	里親に委託された児童は，里親の世帯に入り里親の家族の人と同様な取り扱いを受けるのが適当であり，従って保有米の対象人口に加えることができる．
	7	里親制度の運用に関する疑義及びこれが解答について	児発626	都道府県知事	1　三親等以外の親族にして現に児童を預かつていて生活保護法にかかっている場合里親として差し支えないか． この場合里親として適格であるか否かを十分調査して，里親としての資格を備えていれば里親に切り換えてよい．なお，里親にした場合は，従来交付していた児童に対する生活保護法による生活扶助費は，当然停止されるべきであり，それに代わって児童福祉法の里親の委託費が交付されることになる． 2　両親共に死亡して祖父母以外にはこれを扶養する者がなく，而もこの子供を扶養することによって経済的援助を受けなければならぬ場合，これを里親とすることはできるか． 児童の両親共に死亡して祖父母がこれを扶養する場合は，民法第八百七十七条第一項によっ

					て直系血族間に於いては当然扶養の義務があることを明確にしており，祖父母は三親等内であるから，里親として登録することはできない．従ってこのような場合には生活保護法による保護を受けるのが妥当である． 4　児童を施設に入れ又は他の里親に預けるよりも三親等内の伯父，伯母（叔父，叔母を含む．以下同じ．）に委託しておく方が，より児童に幸福であると思われる場合，その伯父，伯母が児童を養育する資力に乏しい場合は，里親として取り扱ってもよいことになっているが，その限界をどこに決めるか．その限界は，(1)　児童を預かつている場合には（イ）　生活保護法による保護を受けている場合，(2)　将来児童を預かる場合には（イ）　預かる家庭が現に資力が乏しく生活保護法による保護を受けている場合，(3)　児童を預かったことによって経済的に困難を生じ，生活保護法の適用を受けなければならぬ場合である．
	12	身体障害者福祉法	法律第283		（身体障害者手帳） 第十五条　身体に障害のある者は，都道府県知事の定める医師の診断書を添えて，その居住地（居住地を有しないときは，その現在地）の都道府県知事に身体障害者手帳の交付を申請することができる．ただし，本人が十五歳に満たないときは，その保護者（親権を行う者及び後見人をいう．ただし，里親に委託され，又は児童福祉施設に入所した児童については，当該里親又は児童福祉施設の長とする）が代わって申請するものとする．
1950	5	児童福祉法の一部を改正する法律（第4次改正）	法律213		里親の最低基準を定めることとした（第45条第1項）
1951	6	児童福祉法の一部を改正する法律（第5次改正）	法律202		昭和26年に新たに制定された社会福祉事業法との調整のために行われた．年長児童に対し，新たに保護受託者の制度を設けている．（第27条第1項第3号，第6項および第45条第1項）
		里親制度の運用に関する疑義及びこれが解答について	児発308	都道府県知事	里親は民法第846条による後見人の欠格事由がない限り後見人となることができる．後見人となる場合は，委託された児童に対して親権を行う者が遺言で後見人として指定した場合（民法839条）又は家庭裁判所によって後見人に選任された場合（民法841条）の2つである．

資料２　里親制度に関する法令・通知年表

年	月	法令・通知	文書番号	宛先	概要
	10	里親委託児童の奨学生採用について	児発1315	都道府県知事	里親に委託されている児童の上級学校進学について要望される場合は「児童福祉施設に収容中の児童の奨学生採用について」(昭和26年3月児発96) に準拠して取り扱う.
		保護受託者制度の運営に関する件	発児1313	都道府県知事	趣旨：義務教育修了児童については，適当な職業につかせる前段階として，社会生活への適応性を高め，同時に独立自活に必要な能力を与える準備が必要であることから保護受託者制度を設けた.
	11	児童福祉法の一部を改正する法律（第五次改正）の施行について	発児69	都道府県知事	年長児童の保護指導の一手段として保護受託者制度を創設したことが，改正の主要事項にあげられた.
	12	保護受託者制度の普及徹底について	児発1380	都道府県知事	保護受託者制度の啓発，宣伝にあたり，リーフレットを作成する場合等の参考として，別紙を送付する.
1952	2	所謂児童の人身売買事件の対策について	発児15	都道府県知事	保護受託者制度の活用：適当な職業に直ちには就けない児童について，その将来の自立を促進するため，保護受託者制度の活用を図るものとし，当該家庭等から保護受託者の許へ通勤し又は保護受託者の許へ同居して，独立自活に必要な指導を受けさせる等の措置等を考慮すること.
	7	児童福祉法の一部を改正する法律（第七次改正）の施行について	発児59	都道府県知事	児童の福祉を阻害する行為の禁止規定の整備に関する事項の一つとして，保護受託者制度を活用して，適正な就労の便宜を図ることがあげられた.
1967	10	里親に委託された児童（里子）に係る扶養控除の適用について	児発643	知事・指市長	里親に委託された児童（里子）についても所得税法（昭和40年法律第33号）に規定する扶養親族とされ，新たに扶養控除が適用されることとなった.
1974	9	短期里親の運用について	児発596	知事・指市長	保護者の疾病，傷害，拘禁等の理由により，1か月から1年の期間，保護者に監護させることが不適当であると認められる児童を対象とする．短期里親の認定にあたっては，両親がそろっ

					ていなくとも，児童の養育経験があり児童を適切に養育できると認められるものについては，認定して差し支えない．短期里親の登録の有効期間は，原則として2年間．短期里親制度は一時的にその地域内の家庭に委託して養育し，より健全に育成しようとするものであるから，福祉事務所ごとに，その地域の実情に即した数名の登録があることが望ましい．
	11	短期里親の運用に関する疑義及びこれが解答について	児育 28	知事・指市長	短期里親は，従来の里親制度の場合と同様に，その保護者が児童の生活全般にわたる監護を行なうことが困難であると認められる場合に，親代わりとして養育を委託されるものであり，単なる一時保護としての委託とは異なるので，おおむね1か月以上とされているものであること．しかし，個々の実情により，1か月を若干下回る場合を必ずしも否定するものでないので，個々の実情に応じ，適切な運用を図ること．
1986	4	在宅心身障害児（者）療育事業等の実施について（1983/6 児発 488 廃止）	児発 358	心身障害児福祉財団	児童が委託されていない里親，里親を希望している者等に対して，児童の委託を促進する事業を財団法人全国里親会に委託した．
1987	5	児童福祉施設（児童家庭局所管施設）における施設機能強化推進費について	児発 450	知事・指定都市・中核市市長	施設入所児童家庭生活体験事業：里親になることを希望している家庭等に入所している子どもを宿泊させ，家庭生活の体験をする．
	10	里親等家庭養育の運営について（1948/10 発児 50「里親等家庭養育の運営に関して」廃止）	発児 138	知事・指市長	里親制度の意義と養子縁組の意義がそれぞれ明文化された．主な改正は，(1) 里親の理念の変更，(2) 民間団体の活用，(3) 里親の認定条件を緩和し，“ひとり親”でも認める，(4) 5年ごとに再認する方式を導入する，(5) 毎年1度里親研修を行う，(6) 里親と通所施設への二重措置を認める．養子縁組について，特別養子制度を養子縁組の1つとして定めた．さらに，養子縁組に関する児童相談所の調査・認定，都道府県間の連絡，家庭裁判所との協力について規定した．また，障害児の里親制度にも道を開き，(1) 虚弱児，精薄児らの里親は，保母，ボラ

資料2　里親制度に関する法令・通知年表

年	月	法令・通知	文書番号	宛　先	概　　要
					ンティア経験者ら，必要な知識があること，(2) 指導，訓練を受ける必要がある障害児は施設に通わせてもよいと定めた．
		里親等家庭養育運営要綱の実施について	児発 901	知事・指市長	短期里親制度については，基本的には通常の里親制度の一環として，昭和62年発児138「里親等家庭養育の運営について」及び昭和62年児発第901「里親等家庭養育運営要綱の実施について」により運用されるものである．
		養子縁組あっせん事業の指導について	児発 902	知事・指市長	養子縁組あっせん事業とは，18歳未満の自己の子を他の者の養子とすることを希望する者及び養子希望者の相談に応じ，その両者の間で，連絡，紹介等養子縁組（特別養子縁組を含む）の成立のために必要な媒介的活動を反復継続して行う行為．社会福祉事業法（昭和26年法律第45号）第2条第3項第2号に規定する「児童の福祉の増進について相談に応ずる事業」に該当するものである．この事業を行う者は，同法第64条第1項に定める届出を行わなければならず，この旨指導を行うこと．
	11	特別養子制度における家庭裁判所との協力について	児育 27	民生主管部長	児童相談所も家庭に恵まれない児童の福祉向上を図る観点より，家庭裁判所からの調査の嘱託に応じるなど必要な関与を行うことが望まれる．
1988	5	家庭養育推進事業の実施について	児発 466	知事・指市長	里親及び里親になることを希望する者等に対し，研修を実施することにより，児童福祉への理解を深め，養育技術の向上，里親委託の促進及び里親の開拓を図り，もつて要保護児童の福祉の増進に寄与することを目的とする．この事業の実施主体は都道府県・指定都市とする．研修対象者は里親，里親になることを希望する者，養子縁組を希望する者及び関係機関の職員等とする．
1991	4	父子家庭等児童夜間養護事業の実施について	児発 385	知事・指市長	父子家庭等の児童を児童福祉施設，里親等に通所させ，生活指導，夕食の提供等を行うことにより，父子家庭等の生活の安定，児童の福祉の向上を図ることを目的とする．対象となる者は，父等の仕事等が恒常的に夜間にわたる父子家庭等の児童であって，この事業の対象として都道府県知事（指定都市の市長を含む．）が認めたものである．
1995	1	「兵庫県南部地震」の罹災者に対する支援等について	児家 1	民生主管部長	今回の災害による要保護児童に対しては，里親制度の積極的な活用による対応を行うとともに，特に，短期里親制度について円滑に活用する．

	4	子育て支援短期利用事業の実施について	児発 374	知事・指市長	この事業は，児童を養育している家庭の保護者が疾病等の社会的な事由や父子家庭が仕事の事由等によって，家庭における児童の養育が一時的に困難となった場合及び母子が夫の暴力により緊急一時的に保護を必要とする場合等に，児童福祉施設等において一定期間，養育・保護することにより，これらの児童及びその家庭の福祉の向上を図ることを目的とする．実施施設は，あらかじめ市町村長が指定した児童養護施設，母子生活支援施設，乳児院，里親等とする．
1998	2	児童養護施設等における児童福祉施設最低基準等の一部を改正する省令の施行に関する留意点について	児家 6	民生主管部長	児童養護施設，情緒障害児短期治療施設及び児童自立支援施設の長は，「保護者が死亡していたり，長期にわたって行方不明である児童等については，児童相談所に対し，親族家庭での引き取りや里親委託措置の検討を求めるように努めること.」としている.
	5	児童家庭支援センターの設置運営について	児発 397	知事・指市長	児童福祉法等の一部を改正する法律（平成9年法律第74号）により，新たに児童家庭支援センターが創設されることとなり，「児童家庭支援センター設置運営要綱」を定めた．児童家庭支援センターは，以下に定める事業を実施する．(1) 地域・家庭からの相談に応ずる事業，(2) 都道府県（児童相談所）からの受託による指導，(3) 関係機関等との連携・連絡調整.
1999	4	里親活用型早期家庭養育促進事業の実施について	児発 420	知事・指市長	児童養護施設等のうち，里親を活用した入所児童の家庭での養育に理解と熱意を持つ施設に里親への援助等を委託し，児童の自立支援に資することを目的とする．対象児童は児童養護施設等に入所している児童のうち，父母が死亡，行方不明，長期に入院中のため，家庭での生活体験を積むことが困難な児童であり，かつ里親委託が望ましい児童であって，児童福祉施設長の申請に基づき都道府県知事又は指定都市の市長が，本事業の対象とすることが必要と認めたもの．対象施設は児童養育施設等で当事業に理解と熱意があり，実施を希望する施設としている．費用として児童養護施設に年間百万円程度補助金を出す.
		乳児院における早期家庭復帰等の支	児発 421	民生主管部長	児童の早期家庭復帰等の支援を専門に担当する職員（家庭支援専門相談員）を1999年4月から乳児院に配置する.

年	月	法令・通知	文書番号	宛　先	概　　要
		援体制の強化について			家庭支援専門相談員の業務内容には，(1)　里親希望家庭の訪問・面談等による調整，(2)　委託後における相談・指導など里親委託促進のための業務が含まれる．
		厚生労働省組織令（6 月 7 日）	政令 252		第 96 条　家庭福祉課は，次に掲げる事務をつかさどる． 1　児童の養護その他児童の保護に関すること（障害者の保護に関することを除く．）． 2　乳児院，母子生活支援施設，児童養護施設，情緒障害児短期治療施設，児童自立支援施設，児童家庭支援センター及びこれらの職員を養成する施設の設備及び運営に関すること． 3　乳児院，母子生活支援施設，児童養護施設，情緒障害児短期治療施設，児童自立支援施設及び児童家庭支援センターの職員の養成及び資質の向上に関すること． 4　児童自立生活援助事業に関すること． 5　児童の不良行為の防止に関すること． 6　里親の監督に関すること． 7　児童の生活指導及び児童の育成に関する家庭の指導に関すること． 8　国立児童自立支援施設の組織及び運営一般に関すること． 9　母子及び寡婦の福祉の増進に関すること． 10　児童扶養手当に関すること． 11　前各号に掲げるもののほか，児童のある家庭の福祉の向上に関する事務で他の所掌に属しないものに関すること． 12　売春防止法第三十四条第二項に規定する要保護女子の保護更生に関すること． 13　配偶者からの暴力の防止及び被害者の保護に関する法律の規定による被害者の保護に関すること（婦人相談所，婦人相談員及び婦人保護施設の行うものに限る．）．
	8	里親に委託されている児童が保育所へ入所する場合等の取扱いについて	児家 50	民生主管部長	里親の就労，病気等により養育が困難になった場合，保育所を利用することができる．
		里親に委託されている児童が保育所	児家 51	民生主管部長	里親の就労，妊娠・出産，疾病，障害，介護等の理由から保育に欠けることとなった場合や，既に就労している里親に児童を委託する場合においても，里親に委託されている児童が保育所

		へ入所する場合の取扱いに係る留意点等について			に入所することを妨げない．これは，児童を措置変更するよりも，里親委託を継続することの方が，児童の最善の利益の観点から適切な場合に採られる取り扱いであり，児童の養育の継続性を確保し，健全な育成を図るために採られるものである．以上を通じ，里親制度の普及促進と積極的活用を図ることを目的とする．児童相談所長は，里親の指導担当者を定期的に里親家庭に訪問させ，児童の意向と養育状況を把握した上必要な指導を行うとともに，保育所での児童の状況についても把握に努める．
2001	3	ベビーホテル問題への積極的な取組について	雇児発 178	知事・指定市長・中核市長	児童相談所は，長期間ベビーホテルに預けている事情等家庭の状況を調査し，長期滞在児に対する措置，保護者に対する指導をすること． ①　里親委託，乳児院，児童養護施設等への入所措置．②　母子生活支援施設での母子保護の実施．③　保育所（夜間保育所，長時間延長保育実施保育所等）での保育の実施．④　乳児院における短期入所措置．⑤　子育て支援短期利用事業の活用．乳児院における短期入所措置の趣旨：乳児院において，保護者の出産，傷病，病気看護，出張，住み込みでの就労等のため，ベビーホテルに1か月未満であるが，家庭に引き取られることなく連続して数日間預けられている場合などの短期間の入所需要に対応することにより，児童の健全な育成に資するものである．「短期入所」とは，本通知に基づく入所であって，入所期間が1か月に満たないものをいう．入所対象：保護者が出産，傷病，病気看護等緊急の事情又は出張等の勤務上の都合など特別の事情により保護者のもとで養育できないことが止むを得ないものを広く対象とする．
2002	9	里親の認定等に関する省令	厚労令 115		里親の種類は，養育里親，親族里親，短期里親及び専門里親とし，それぞれについて定義と要件を明記した． 第四条　養育里親は，保護者のない児童又は保護者に監護させることが不適当であると認められる児童（以下「要保護児童」という.）を養育する里親として法第六条の三による認定（以下「里親認定」という.）を受けた者とする． 第十四条　親族里親は，次に掲げる要件を満たす要保護児童を養育する里親として里親認定を受けた者とする． 一　当該親族里親の三親等内の親族であること． 二　その両親その他要保護児童を現に監護する者が死亡，行方不明又は拘禁等の状態となった

年	月	法令・通知	文書番号	宛　先	概　　要
					ことにより，これらの者による養育が期待できないこと． 第十六条　短期里親は，一年以内の期間を定めて，要保護児童を養育する里親として里親認定を受けた者とする． 第十八条　専門里親は，二年以内の期間を定めて，要保護児童のうち，児童虐待の防止等に関する法律（平成十二年法律第八十二号）第二条に規定する児童虐待等の行為により心身に有害な影響を受けた児童を養育する里親として里親認定を受けた者とする．
		里親が行う養育に関する最低基準	厚労令 116		都道府県知事は，地方社会福祉審議会の意見を聴いて，その監督に属する里親に対し，最低基準を超えて当該里親が行う養育の内容を向上させるよう，指導又は助言をすることができる．里親が行う養育は，委託児童の自主性を尊重し，基本的な生活習慣を確立するとともに，豊かな人間性及び社会性を養い，委託児童の自立を支援することを目的として行われなければならない．里親は，前項の養育を効果的に行うため，都道府県（指定都市を含む）が行う研修を受け，その資質の向上を図るように努めなければならない．里親は，児童相談所長があらかじめ当該里親並びにその養育する委託児童及びその保護者の意見を聴いて当該委託児童ごとに作成する自立支援計画に従って，当該委託児童を養育しなければならない．
		里親の認定等に関する省令第十九条第二号の厚生労働大臣が定める研修	厚労告 290		都道府県又は都道府県からの委託を受けた社会福祉法人その他の者が行う研修である．別表にて研修科目等を規定している．
		里親の認定等に関する省令及び里親が行う養育に関する最低基準について （1987/10 発　児 138「里親等家庭養育の運営について」廃止）	雇児発 0905001	知事・指市長	里親制度は，発足当初，登録里親数は毎年増加したが，昭和 30 年代後半をピークに，それ以後は漸減の一途をたどっている．現在，我が国における要保護児童の処遇は，乳児院や児童養護施設などの施設での処遇が大きな割合を占めており，里親に委託されている要保護児童は，全体の約 6% にすぎない．しかし，児童の発達においては，乳幼児期の愛着関係の形成が極めて重要であり，できる限り，家庭的な環境の中で養育されることが必要である．特に，虐待など家庭での養育に欠ける児童を，暖かい愛情と正しい理解を持った家庭の中で養育する里親制度は極めて有意義な制度であり，その拡充が求められている．そこで，今般，里親制度の推進を計るため，「里親の認定等に関する省令」及び「里親が行う養育に関する最低基準」を制定することとし，里親制度の大幅な改善を行うこととした．以上，制定の趣旨である．

里親制度の運用について（1974/9 児発 596「短期里親の運用について」及び 1987/10 児発 901「里親等家庭養育運営要綱の実施について」廃止）	雇児発 0905002	知事・指市長	里親制度は，家庭での養育に欠ける児童等に，その人格の完全かつ調和のとれた発達のための温かい愛情と正しい理解をもった家庭を与えることにより，愛着関係の形成など児童の健全な育成を図るものであること．児童福祉施設の長は，里親とパートナーとして相互に連携をとり，協働して児童の健全育成を図るよう，里親制度の積極的な運用に努めること．特に，乳児院に配置されている家庭支援専門相談員等は，里親への支援等に努めること．里親が行う児童の養育は，個人的な養育ではなく，社会的な養育であるので，都道府県知事や児童相談所長は，児童の養育のすべてを里親に委ねてしまうのではなく，必要な社会資源を利用しながら，里親が行う養育を支援すること．
専門里親研修制度の運用について	雇児発 0905003	知事・指市長	専門里親研修は，都道府県（以下，指定都市を含む）が行う．都道府県は，他の都道府県，社会福祉法人その他適当と認める者に研修の実施を委託することができる．専門里親研修は，被虐待児等家庭養育の必要な児童を受け入れる専門里親として必要な基礎的知識や技術の修得など，専門里親の養成を行うとともに，その資質の向上を図ることを目的とする． 専門里親研修は，新規認定時の研修と，専門里親の登録更新時に実施する「継続研修」である．研修対象者は，下記のいずれかに該当する者であること．ア　養育里親名簿に登録されている者であって，養育里親として 3 年以上の委託児童の養育の経験を有するもの．イ　3 年以上児童福祉事業に従事した者であって，都道府県知事（指定都市にあっては，市長とする）が適当と認めたもの．
養子制度等の運用について（「里親等家庭養育の運営について」1987 年/10 発　児 138 及び「里親等家庭養育運営要綱の実施について」	雇児発 0905004	知事・指市長	児童福祉における養子制度の意義は，保護者のない児童又は家庭に恵まれない児童に温かい家庭を与え，かつその児童の養育に法的安定性を与えることにより，児童の健全な育成を図るものであること．養子縁組には，民法（明治 29 年法律第 89 号）第 792 条以下において規定する普通養子縁組と民法第 817 条の 2 以下において規定する特別養子縁組とがある．特別養子縁組は，養親となるべき者の居住地の家庭裁判所の審判により，養子と実方の父母及びその血族との親族関係を終了させる特別養子縁組を成立させることができる．養子となるべき者は，6 歳未満でなければならない．児童相談所長は，要保護児童対策の一環として，保護に欠ける児童が適当な養親を見出し，適正な養子縁組を結べるよう努める．

年	月	法令・通知	文書番号	宛　先	概　　要
		1987/10 児発 901 が廃止）			
		里親支援事業の実施について（1988/5 児発 466「家庭養育推進事業の実施について」廃止）	雇児発 905005	知事・指市長	里親及び里親になることを希望する者に対し，研修を実施することにより児童福祉への理解を深め，養育技術の向上，里親委託の促進及び里親の開拓を図る．さらに，委託児童の適切な養育を確保するために，委託児童の養育や里親自身に関する養育相談を実施する．里親養育相談事業の実施方法として，児童相談所等に里親対応専門員（非常勤）を配置し，里親家庭に対し，委託児童や里親自身に関する養育相談を実施する．専門里親研修の通信教育及びスクーリングは，社会福祉法人恩賜財団母子愛育会に委託することができる．
		里親の一時的な休息のための援助の実施について	雇児発 0905006	知事・指市長	里親の一時的な休息のための援助（レスパイトケア）は，委託児童を養育している里親家庭が一時的な休息のための援助を必要とする場合に，乳児院，児童養護施設等又は他の里親を活用して当該児童の養育を行うことを目的とする．実施施設は，当該都道府県（指定都市を含む）があらかじめ定めた乳児院，児童養護施設等又は里親とする．レスパイトケアは，年 7 日以内とする．
		里親制度に関する疑義及びこれが回答について	事務連絡	民生主管部長	親族里親の基礎研修も必要である．親族里親における費用徴収は委託直前の同一世帯にある扶養義務者が費用徴収対象者となる．専門里親に委託する児童は基本的には家庭復帰を原則としているので，2 年という期間を設定したが，必要があれば都道府県の判断で延長することができる．虐待を受けた児童については，実親が親族に対して強制的に引取を要求するような場合適切な対応が取りにくいなどの難しい面もあり，親族里親に委託することは，現在のところ考えていない．
2004	1	児童虐待防止対策における適切な対応について	雇児総発第 0130001	各都道府県・各指定都市児童福祉主管部長	施設や里親，あるいはしかるべき監護者等から子どもが強引に引き取られ，保護者による加害や子どもの安全が懸念されるようなときには立入調査を必要と判断しなければならない．

3	児童養護施設退所者等に対する生活福祉資金の貸付けについて	社援発第0331022	各都道府県知事	貸付対象は，児童養護施設等を退所し，又は里親の委託が解除された未成年者であり，かつ，就職又は就学が決まっている等自立する能力があると認められる者とする．法定代理人の同意が得られない場合には，児童養護施設等の長又は里親の意見書，児童養護施設退所者等への面接等により，当該借入申込者の自立の能力を確認の上，同意なしで資金の貸付けを行うこと．都道府県社協は，児童養護施設等又は里親との連携を密にし，児童養護施設等又は里親に対し，借受人の自立に向けた支援について積極的な協力を求めること．
	育児支援家庭訪問事業の実施について	雇児発0331032	知事・指定市長・中核市長	・育児支援家庭訪問事業実施要綱 本事業は，本来児童の養育について支援が必要でありながら，積極的に自ら支援を求めていくことが困難な状況にある家庭に過重な負担がかかる前の段階において，訪問による支援を実施することにより，当該家庭において安定した児童の養育が可能となること等を目的とする． 本事業の実施主体は，市町村とする．ただし，市町村が，事業の運営の全部又は一部を適切な事業運営が確保できると認められる社会福祉法人，特定非営利活動法人又は民間事業者等に委託することができる． 本事業の支援対象は，(1) 出産後間もない時期（概ね1年程度）の養育者が，育児ストレス，産後うつ病，育児ノイローゼ等の問題によって，子育てに対して不安や孤立感等を抱える家庭，又は虐待のおそれや，そのリスクを抱える家庭．(2) ひきこもり等家庭養育上の問題を抱える家庭や，児童が児童養護施設等を退所又は里親委託終了後の家庭復帰等のため，自立に向けたアフターケアが必要な家庭．(3) 児童の心身の発達が正常範囲にはなく，又は出生の状況等から心身の正常な発達に関して諸問題を有しており，将来，精神・運動・発達面等において障害を招来するおそれのある児童のいる家庭．
4	乳児院等における早期家庭復帰等の支援体制の強化について（1999/4「乳児院における	雇児発0428005	知事・指市長	乳児院，児童養護施設，情緒障害児短期治療施設及び児童自立支援施設に家庭支援専門相談員（ファミリーソーシャルワーカー）を配置する．対象児童は，(1) 虐待等の家庭環境情の理由により入所している家庭復帰が見込まれる児童．(2) 里親への委託が適切（可能）な児童．(3) 養子縁組が適切な児童． 里親委託推進のための業務

資料2　里親制度に関する法令・通知年表

年	月	法令・通知	文書番号	宛　先	概　　要
		早期家庭復帰等の支援体制の強化について」児発421廃止)			(1) 里親希望家庭への相談・養育指導, (2) 委託後における相談・養育指導, (3) 里親の新規開拓 養育里親における養子縁組推進のための業務 (1) 養子縁組希望家庭への相談・養育指導, (2) 養子縁組後における相談・養育指導
	9	里親制度の運営について	雇児発第0905002	知事・指市長	
	12	「児童福祉法等の一部を改正する法律」	法律135		・里親の定義が第6条の3に独立して規定された. 定義の内容は変更なし. ・里親は児童の監護・教育・懲戒に関して必要な措置をとる権限が認められた (第47条第2項). ・20歳に達するまで委託を継続できる (第31条). ・保護受託者制度は廃止され, 一定の要件を満たす里親は, 児童の養育にあわせて職業指導を行える.
		児童福祉法施行規則等の一部を改正する省令 (1948/3省令11「児童福祉法施行規則」第28条から第31条削除)	厚労令178		「里親が行う養育に関する最低基準」(平成14年厚生労働省令第116号) の見直しを行った. ・懲戒に係る権限の濫用禁止が盛り込まれた.
		「児童福祉法の一部を改正する法律」の施行について	雇児発1203001	民生主管部長	里親関係についての改正は, (1) 里親の定義規定の新設, (2) 里親の権限と義務の明確化, (3) 保護受託制度の廃止と里親の職業指導についての3点である.
2005	1	専門里親継続研修の実施にあたっての留意事項について	雇児福107001	民生主管部長	〈登録更新時の研修に組み入れていただきたい内容〉(1) 被虐待児の心理面の理解及びケアに関すること, (2) 児童福祉関係機関との連携の必要性に関する内容に関すること, (3) 少年非行に関すること, (4) 児童の権利擁護に関すること, (5) 事例検討, (6) 児童福祉行政の概要

	児童相談所運営指針の改正について（「児童相談所運営指針について」（1990/3児発133）廃止）	雇児発0214003	知事・指定市長	児童相談所運営指針が改正された．第4章第3節にて，里親制度についての指針が示されている．里親による職業指導，子どもの委託，里親の支援，里親を支援するための主な取組，都道府県等間の連絡についての注意事項等が示されている． ・里親による職業指導は，子どもの自立を支援することを目的として行われなければならず，子どもの労働力搾取がなされるようなことがあってはならない．児童相談所としては，こまめに職場を訪問するなどして子どもが置かれている状況等を常に把握し，子どもが里親や職場の他の者から不当な扱いを受けることのないよう十分注意する．
2	専門里親制度における非行等の問題を有する子どもへの対象拡大について	雇児福発0325001	民生主管部長	専門里親の委託対象に，虐待された子どもだけでなく非行等の問題のある子どもが加えられた．この改正の趣旨は，次の通りである．「非行等の問題を有する子どもであっても，その背景に，保護者や家族の不適切な養育行動，虐待による情緒不安及び他者への不信感が大きく影響している場合があり，それらが深刻化する前に専門的技術を身につけた里親へ委託し，家庭的な環境の中で安定した生活をおくることにより，非行等の問題の改善が図られ，その子どもの健全な成長が見込まれる場合もある．」
3	里親家庭への保護を要する子どもの委託の促進について	雇児福発0325002	民生主管部長	・虐待を受け，心に深い傷を負い，情緒面・行動面に問題を抱えている子どもについては，家庭での生活を通じて愛着形成を図る里親制度は意義深い制度である．施設に入所している子どもについても，年齢が低く，家庭の中で愛着形成を図る必要がある場合など里親による養育が適当と考えられる子どもについては，里親家庭に委託することが望ましい． ・児童養護施設は，児童福祉法の改正により，平成17年4月より，地域の子育てに関する相談に応じ，助言するよう努めることとされていることから，里親の養育に関する相談に応じるなど，里親を支える役割を担っていただきたい．
	里親委託推進事業の実施について	雇児発0403001	知事・指定市長・児相設置市長	事業内容（1）児童相談所，里親，施設関係者により，里親委託に関する目標を設置すること．（2）施設に入所している子どものうち本事業の対象となる子どもを特定し，名簿を作成すること．（3）登録里親数と委託里親数との間の乖離を解消するため，委託を受けてない里親に対し，受託希望の可否について移行調査を実施すること．（4）本事業の対象児童に対し，里親との交流や短期間の宿泊体験を行うなど，相性確認を十分行うこと．（5）元施設職員や施設の

年	月	法令・通知	文書番号	宛　先	概　　要
					ボランティア，福祉関係者に対し，里親制度の普及啓発を行い新たに里親候補者となる者を開拓すること．(6) 里親候補者に対し，施設に入所している子どもとの交流の機会を設けるなど，里親になるための動機付けを行うこと．
2006	4	「里親家庭への保護を要する子どもの委託の促進について」の一部改正について	児福発0403002	知事・指定市長・児相設置市長	施設に入所している子どものうち，子どもの状況等により，里親に委託することが適当であると考えられる子どもについては，積極的に里親への委託を進めていく必要がある．このために，児童相談所に「里親委託推進員」を配置するとともに，「里親委託推進委員会」を設け，施設と里親との連携を図りつつ施設から里親への子どもの委託を総合的に推進する「里親委託推進事業」を平成18年度から実施すること．
		「里親の一時的な休息のための援助の実施」の一部改正について	雇児発0403019	知事・指定市長・児相設置市長	レスパイトケアは，年7日以内であるが，都道府県の実施する研修に参加するために必要とする場合には，年7日を超えて利用できる．
		「里親家庭への保護を要する子どもの委託の促進について」の一部改正について	雇福発1002001	知事・指定市長・児相設置市長	・虐待を受け，心に深い傷を負い，情緒面・行動面に問題を抱えている子どもについては，家庭での生活を通して愛着形成を図る里親制度は意義深い制度である．この里親の登録者数を拡大し，里親への委託を促進するためには，里親支援の施策をはじめ，様々な施策を総合的に推進する必要がある．本通知は，改めてこれまでの里親制度に関連する施策を整理し，活用方法等を示すことにより，里親制度の推進につなげるものである． ・地域において，里親制度への理解を深めるためには，地区里親会が積極的に普及啓発活動に取り組んでいただくことが必要である．このため，各都道府県においては，「里親養育相互援助事業」を活用し，地区里親会による養育体験発表の機会や新規の里親家庭への相談に応じる場を設けるなど，地区里親会の取組を支援していただきたい．
2008	4	「里親支援機関事業の実施について」	雇児発0401011	知事・指定市長・児相設置	里親制度の普及促進や，里親研修の実施，子どもの委託までのマッチングの調整，里親家庭への訪問等による相談支援などの業務を総合的に実施するため，「里親支援機関事業実施要綱」を定め，平成20年4月1日から実施することとした． 事業内容1．里親制度普及促進事業：①普及啓発，②養育里親研修，③専門里親研修．

			市長・民生主管部長	2. 里親委託推進・支援等事業：①里親委託等推進員の配置，②里親委託等推進委員会の設置.
12	「児童福祉法等の一部を改正する法律」	法律 85		第6条の2第8項で，「小規模住居型児童養育事業」が規定された. 第6条の3において，里親は「養育里親」と「養子縁組によって養親となることを希望する里親」の2種類となった. 第6条の3第2項において養育里親には研修修了が義務付けられた. 第11条で，都道府県に対しては，里親の相談に応じ，必要な情報の提供や助言その他の援助をすることが義務化された.
	「児童福祉法施行規則」(2002/9 厚労令 115「里親の認定等に関する省令」廃止)	厚労令 150		(専門里親について必要な要件などを定める) 1 専門里親とは，2に掲げる要件に該当する養育里親であって，次の①から③までのいずれかに該当する要保護児童のうち，都道府県知事（指定都市及び児童相談所設置市の市長を含む.）がその養育に関し特に支援が必要と認めた者を養育するものとして養育里親名簿に登録されたものをいう. ①児童虐待の防止等に関する法律（平成12年法律第82号）第二条に規定する児童虐待等の行為により心身に有害な影響を受けた児童，②非行等の問題を有する児童，③身体障害，知的障害又は精神障害がある児童. 2 専門里親は，以下の①から③までの要件に該当する者とする. ①　以下のイからハまでのいずれかに該当すること. イ養育里親として三年以上の要保護児童の養育の経験を有する者. ロ三年以上児童福祉事業に従事した者であって，都道府県知事が適当と認めた者. ハ都道府県知事がイ又はロに該当する者と同等以上の能力を有すると認めた者. ②　専門里親研修（専門里親となることを希望する者が必要な知識及び経験を修得するために受けるべき研修であって，厚生労働大臣が定めるもの）の課程を修了していること. ③委託児童の養育に専念できること.

年	月	法令・通知	文書番号	宛　先	概　　要
		「児童福祉法施行規則」（2002/9 厚労令 116「里親が行う養育に関する最低基準」の一部改正）	厚労令		（里親制度の見直し，小規模住居型児童養育事業の創設等に伴い，規定の見直しを行う） 1 職業指導里親及び短期里親の廃止に伴い，関係規定を削除する. 2 里親支援機関の創設に伴う改正　里親支援機関の創設に伴い，関係規定を整備する. 3 里親が同時に養育する委託人数に関する改正 ・里親が同時に養育する委託児童及び委託児童以外の児童の人数の合計は 6 人を超えることができないとされていたところ，小規模住居型児童養育事業の創設に伴い，委託児童については，4 人までに改正する（委託児童及び委託児童以外の児童の人数の合計については従来通り）. ・専門里親が同時に養育する委託児童の人数は，2 人を超えることができないこととしていたところ，次の①から③までのいずれかに該当する委託児童について，2 人までとし，その他の児童も含めて同時に委託できる人数は，4 人までとする. ①　児童虐待の防止等に関する法律（平成 12 年法律第 82 号）第二条に規定する児童虐待等の行為により心身に有害な影響を受けた児童，②　非行等の問題を有する児童，③　身体障害，知的障害又は精神障害がある児童. ・施行日（平成 21 年 4 月 1 日）において現に委託児童を養育している里親は，現に養育している委託児童については，4 人を超える委託児童を養育することができる.
2009	3	平成 20 年度子育て支援対策臨時特例交付金（安心こども基金）の運営について	雇児発 305005	各都道府県知事	・児童養護施設の退所者等の就業支援事業 職業紹介を行っている企業等に委託して，施設退所者等に対するソーシャル・スキル・トレーニング，相談支援，就職活動支援，施設退所者等が働きやすい職場の開拓及び就職後の職場訪問等を行い，退所後の自立支援を図ることを目的とする. 対象者は，児童養護施設，乳児院，情緒障害児短期治療施設，児童自立支援施設，母子生活支援施設，ファミリーホーム，自立援助ホーム，里親の退所（予定）者及び保護者. ・児童養護施設等の生活向上のための環境改善事業 児童養護施設等の入所児等の生活向上のため，老朽化遊具や食品の安全のための機器の更新，ケア単位の小規模化等のための改修，学習環境整備のためのパソコン購入など環境改善を図ることを目的とする. 事業内容の一部に里親も対象となる.

	児童福祉法施行規則第一条の三十三の厚生労働大臣が定める基準	厚生労働省告示第225	知事・指定市長・児相設置市長	養育里親研修は，都道府県（指定都市及び児童相談所設置市を含む）又は都道府県からの委託を受けた社会福祉法人その他の者が行う研修であり，次に掲げるすべての科目について実施するものであること． 児童福祉論（講義），養護原理（講義），里親養育論（講義），発達心理学（講義），小児医学（講義），里親養育援助技術（講義），里親養育演習（講義・演習），養育実習（実習）
	児童福祉法施行規則第一条の三十六第二号の厚生労働大臣が定める研修	厚生労働省告示第226	知事・指定市長・児相設置市長	専門里親研修は，都道府県（指定都市及び児童相談所設置市を含む）又は都道府県からの委託を受けた社会福祉法人その他の者が行う研修であり，別表の科目の欄に掲げるすべての科目について実施するものであること． ・養育の本質，目的及び対象の理解に関する科目 社会福祉概論（講義），児童福祉論（講義），地域福祉論（講義），養護原理（講義），里親養育論（講義），発達臨床心理学（講義），医学（児童精神医学を含む）（講義），社会福祉援助技術論（講義） ・養育の内容及び方法の理解に関する科目 児童虐待援助論（講義・演習），思春期問題援助論（講義・演習），家族援助論（講義・演習），障害福祉援助論（講義・演習），専門里親演習（講義・演習） ・養育実習　養育実習（実習）
	児童福祉法施行規則第三十六条の四十二第二項の厚生労働大臣が定める基準	厚生労働省告示第227	知事・指定市長・児相設置市長	更新研修のうち，養育里親（専門里親を除く）に係るものは，都道府県（指定都市及び児童相談所設置市を含む）又は都道府県からの委託を受けた社会福祉法人その他の者が行う研修であって，次の各号の要件を満たす課程により行うものとする．次に掲げるすべての科目について実施するものであること． 児童福祉制度論（講義），発達心理学（講義），里親養育演習（講義・演習），養育実習（実習）
	行動計画策定指針	厚生労働省告示第1		家庭的養護の推進 里親制度を充実し，里親委託を推進するため，新規里親の開拓，子どもを受託している里親に対する支援の充実を図ることが必要である．また，里親委託率については，地域の実情に応じ，現在の委託率より一定以上委託率が上がるよう，目標を設定する．この際，児童相談所に

年	月	法令・通知	文書番号	宛　先	概　　要
					おける支援の強化のみならず，里親支援機関等の地域資源の活用を図りつつ，進めることが必要である．さらに，小規模住居型児童養育事業について，地域における普及の状況を踏まえつつ，家庭的養護の一形態として促進を図る必要がある．
		養育里親研修制度の運営について	雇児発0331009	知事・指定市長・児相設置市長	養育里親研修は，都道府県（指定都市及び児童相談所設置市を含む．以下同じ．）が行うこと．都道府県は，他の都道府県，社会福祉法人その他適当と認める者に研修の実施を委託することができる． 養育里親研修は，家庭養育の必要な児童を受け入れる養育里親として必要な基礎的知識や技術の修得を行うとともに，その資質の向上を図ることを目的とする． 養育里親研修は，養育里親の新規認定時の「基礎研修」，「認定前研修」と，養育里親の認定更新時に実施する「更新研修」であること．研修対象者は，(1) 基礎研修，認定前研修は養育里親になることを希望する者（以下「養育里親希望者」という．）(2) 更新研修は，養育里親であって認定更新を希望する者．
		小規模住居型児童養育事業の運営について	雇児発0331011	知事・指定市長・児相設置市長	小規模住居型児童養育事業における設備及び運営に関する基準として，「小規模住居型児童養育事業実施要綱」を定めた．
	4	平成21年度子育て支援対策臨時特例交付金（安心こども基金）の交付について	発雇児0701第9号	各都道府県知事	・交付の目的 この交付金は，都道府県が，「新待機児童ゼロ作戦」による保育所の整備等，認定こども園等の新たな保育需要への対応，及び保育の質の向上のための研修などを実施するとともに，地域の子育て力をはぐくむ取組等すべての子ども・家庭への支援，ひとり親家庭・社会的養護等への支援の拡充により，子どもを安心して育てることが出来るような体制整備を行うため，基金を造成し，当該基金を活用することを目的とする．
2011	3	「里親支援機関事業の実施につい	雇児発0330第4	知事・指定市	この事業の実施主体は，都道府県（指定都市及び児童相談所設置市を含む．以下同じ．）とする．

		て」の一部改正について（雇児発0905005「里親支援事業の実施について」廃止）	号	長・児相設置市長	都道府県は第3に掲げる事業内容の全部又は一部について，里親会，児童家庭支援センター，児童養護施設，乳児院，NPO等，当該事業を適切に実施することができると認めた者に委託して実施できることとする． 児童福祉法等の一部を改正する法律（平成20年法律第85号）の施行により，都道府県が行わなければならない業務として，児童福祉法（昭和22年法律第164号．以下「法」という．）第11条第1項第2号に「里親につき，その相談に応じ，必要な情報の提供，助言，研修その他の援助を行うこと」が規定され，同条第4項及び児童福祉法施行規則（昭和23年厚生省令第11号）第1条の38で，当該業務に係る事務の全部又は一部を，都道府県知事が当該業務を適切に行うことができる者と認めた者に委託することができることとされている．また，法第11条第5項に，委託を受けた者の守秘義務が規定されている．
		「小規模住居型児童養育事業の運営について」の一部改正	雇児発0330第5号	知事・指定市長・児相設置市長	この事業者については，主に次の場合が対象となる． ①　養育里親として委託児童の養育の経験を有する者が，養育者となり，自らの住居をファミリーホームとし，自ら事業者となるもの．②　児童養護施設，乳児院，情緒障害児短期治療施設又は児童自立支援施設（以下「児童養護施設等」という．）の職員の経験を有する者が，養育者となり，自らの住居をファミリーホームとし，自ら事業者となるもの（児童養護施設等を設置する法人が支援を行うものを含む．）③　児童養護施設等を設置する法人が，その雇用する職員を養育者とし，当該法人が当該職員に提供する住居をファミリーホームとし，当該法人が事業者となるもの． 養育者及び補助者は，家庭的養護の担い手として里親に準じ，可能な限り児童福祉法施行規則第1条の34及び第1条の37第2号に定める研修を受講し，その養育の質の向上を図るよう努めるものとする．
		「児童家庭支援センター設置運営等について」の一部改正について	雇児発0330第6号	知事・指定市長・児相設置市長	児童家庭支援センターは，里親及びファミリーホームからの相談に応じる等，必要な支援を行う． 児童や家庭に対する支援を迅速かつ的確に行うため，児童相談所，福祉事児童や家庭に対する支援を迅速かつ的確に行うため，児童相談所，福祉事務所，里親，児童福祉施設，自立援助ホーム，ファミリーホーム，要保護児童対策地域協議会，民生委員，児童委員，母子自立支援員，母子福祉団体，公共職業安定所，婦人相談員，保健所，市町村保健センター，精神保健福祉センター，教育委員会，学校等との連絡調整を行う．

年	月	法令・通知	文書番号	宛先	概要
		「里親制度の運営について」の一部改正について（2002/9雇児発0905001「里親の認定等に関する省令」及び「里親が行う養育に関する最低基準」について」廃止）	雇児発0330第8号	知事・指定市長・児相設置市長	別紙のとおり里親制度運営要綱を定めた．
	3	里親委託ガイドライン	雇児発0330第9号	知事・指定市長・児相設置市長	各都道府県，指定都市，児童相談所設置市及びその児童相談所並びに里親会，里親支援機関，児童福祉施設等の関係機関が協働し，より一層の里親委託の推進を図るため，別紙のとおり「里親委託ガイドライン」を定めたので，積極的な取組をお願いする．
	9	「養育里親研修制度の運営について」の一部改正について	雇児発0901第8号	知事・指定市長・児相設置市長	要保護児童（児童福祉法（昭和22年法律第164号）第6条の2第8項に規定する要保護児童をいう．）の親族である者に対しては，委託する予定の児童及び当該親族の状況に応じて必要な科目及びその内容を中心に研修を行うこととして，相当と認められる範囲で，養育里親研修の科目の一部を免除することができること．児童福祉法施行規則（昭和23年厚生省令第11号）第1条の37第2号の厚生労働大臣が定める研修（専門里親研修）を修了した者は，養育里親研修を修了したものとみなす．
	12	児童養護施設等及び里親等の措置延長等について	雇児発1228第2号	知事・指定市長・児相設置市長	1　措置延長の積極的活用について 児童養護施設等に入所した児童や里親等に委託した児童については，児童福祉法第31条により，満18歳を超えて満20歳に達するまでの間，引き続き措置を行うことができることから，当該規定を積極的に活用すること．具体的には， ①　大学等や専門学校等に進学したが生活が不安定で継続的な養育を必要とする児童等

					②　就職又は福祉的就労をしたが生活が不安定で継続的な養育を必要とする児童等 ③　障害や疾病等の理由により進学や就職が決まらない児童等であって継続的な養育を必要とするもの 2　中学校卒業や高校中退等で就職する児童の措置継続について 中学校卒業後就職する児童や高等学校等を中途退学し就職する児童については，卒業や就職を理由として安易に措置解除することなく，継続的な養育を行う必要性の有無により判断すること．
2012	3	社会的養護施設運営指針及び里親及びファミリーホーム養育指針について	雇児発0329第1号	知事・指定市長・中核市長・児相設置市長	「児童養護施設運営指針」「乳児院運営指針」「情緒障害児短期治療施設運営指針」「児童自立支援施設運営指針」「母子生活支援　施設運営指針」及び「里親及びファミリーホーム養育指針」を定めた．これらの指針の趣旨を踏まえ，社会的養護施設及び里親等における養育，支援等の向上に努めていただけるようお願いする．
2017	1	専門里親継続研修の実施にあたっての留意事項について	雇児福発0107001号	都道府県・民生主管部(局)長・指定市長	「専門里親研修制度の運営について」により，その登録更新時には，都道府県（指定都市を含む.）は養育技術の向上等を目的として継続研修を実施している．下記の内容を参考に，適切な時期に研修が実施できるよう特段の配慮を願います．1. 被虐待児の心理面の理解及びケアに関すること．2. 児童福祉関係機関との連携の必要性に関する内容に関すること．3. 少年非行に関すること．4. 児童の権利擁護に関すること．　5. 事例検討．6. 児童福祉行政の概要．
	3	里親支援事業の実施について	雇児発0331第44号	知事・指定市長・児相設置市長	都道府県は，事業を実施する際，委託先を里親支援機関（A型）として指定する．所管区域外において事業を適切に実施することができると認めた者についても，里親支援機関（A型）として指定し，委託することができる．また，里親会，児童家庭支援センター，里親支援専門相談員を置く児童養護施設又は乳児院であって，事業の委託を受けずに事業を行っている者については，その役割を明示するため，里親支援機関（B型）として指定すること．

年	月	法令・通知	文書番号	宛　先	概　　要
		養子縁組里親研修制度の運営について	雇児発0331第37号	知事・指定市長・児相設置市長	養子縁組里親研修は，家庭養育の必要な児童を受け入れるとともに，養子縁組によって当該児童の養親となるために必要な基礎的知識や技術の習得を行うとともに，その資質の向上を図ることを目的とする． 養子縁組里親研修は，養子縁組里親の新規登録時の「基礎研修」，「登録前研修」と，養子縁組里親の登録更新時に実施する「養子縁組里親更新研修」であること．
		社会的養護自立支援事業等の実施について	雇児発0331第10号	知事・指定市長・中核市長・児相設置市長	里親等への委託や，児童養護施設等への施設入所措置を受けていた者で18歳（措置延長の場合は20歳）到達により措置解除された者のうち，自立のための支援を継続して行うことが適当な場合には，原則22歳の年度末まで，個々の状況に応じて引き続き必要な支援を受けることができるよう別紙1のとおり「社会的養護自立支援事業実施要綱」を定めた． **【社会的養護自立支援事業実施要綱の事業内容】**（1）支援コーディネーターによる継続支援計画の作成，（2）居住に関する支援，（3）生活費の支給，（4）生活相談の実施，（5）就労相談の実施
2018	3	里親の登録業務の適正な実施について	子家発0309第2号	知事・指定市長・民生主管部(局)長・児相設置市長	里親の登録の適正な実施（1）暴力団員に対する対応について，（2）禁錮以上の刑に処せられた者等への対応について，（3）犯歴情報の確認について，（4）児童虐待及び被措置児童等虐待の確認について，里親の登録業務の適正な実施に努めていただくよう周知した．

出典：厚生労働省法令等データベースサービス http://wwwhourei.mhlw.go.jp/hourei/ より作成.

発行部局等	文書の宛先
厚労令：厚生労働省令	知事・指定市長：各都道府県知事・各指定都市長
厚労告：厚生労働省告示	民生主管部長：各都道府県・各指定都市民生主管部（局）長
厚大臣：厚生大臣通知	心身障害児福祉財団：社会福祉法人全国心身障害児福祉財団理事長
発児：厚生事務次官通知	知事・指定市長・児相設置市長：各都道府県知事・各指定都市長・各児童相談所設置市市長
発雇児：厚生労働事務次官通知	知事・指定市長・中核市長：都道府県知事・各指定都市市長・中核市市長
児発：厚生省雇用均等・児童家庭局長通知	
雇児発：厚生労働省雇用均等・児童家庭局長通知	
社援発：厚生労働省社会・援護局長通知	
児育：厚生省児童家庭局育成課長通知	
児家：厚生省児童家庭局家庭福祉課長通知	
雇児福発：厚生労働省雇用均等・児童家庭局家庭福祉課長	
児福発：厚生労働省児童家庭局福祉課長通知	
子家発：厚生労働省子ども家庭局家庭福祉課長	

初 出 一 覧

本書は2012年3月に名古屋市立大学大学院人間文化研究科に提出した博士学位論文「里親制度に関する研究――史的展開と里親の認識」に加除修正を行ったものである。各章は、以下の既発表論文をもとに執筆した。

第一章　「里親に関する研究の展望と課題――1998年〜2008年までの国内文献から」『名古屋市立大学大学院人間文化研究』12, 85-100, 2009年.

第二章　「児童福祉法成立期の里親委託の位置づけ」『岡崎女子短期大学研究紀要』44, 7-1, 2011年.

第三章　「里親制度における政策主体の意図――1960年代から1980年代の社会福祉の政策展開に着目して」『名古屋市立大学大学院人間文化研究』8, 83-97, 2007年.

第四章　「2002年の里親制度の改定に影響を及ぼした社会的要因――子どもの権利条約批准と児童虐待の社会問題化」『名古屋市立大学大学院人間文化研究』10, 77-89, 2008年.